다시 **자유언론**의 현장에서

나남
nanam

우 장 균

1964년 서울에서 태어나 광성고등학교와 서울대학교 정치학과를 졸업했다. 1990년 〈서울경제신문〉 기자로 언론계에 첫발을 내딛어 KBS PD를 거쳐 YTN 기자로 일했다. YTN 개국방송 앵커, 노조위원장 등을 거쳐 이명박 정부 출범과 함께 청와대 출입기자로 일하다 2008년 10월 인사위원회에 나가지도 못하고 강제해직됐다. 'MB특보' 출신 언론사 사장 임명에 반대의사를 표명한 것이 해고 이유다. 해고무효 소송 1심과 2심 모두 승소했지만 YTN 사측의 상고로 대법원 최종심을 기다리고 있다. 2010년 1월부터 한국기자협회장으로 일하고 있다.

나남신서 1603

다시 **자유언론**의 현장에서

2011년 10월 31일 발행
2011년 10월 31일 1쇄

지은이_ 禹長均
발행자_ 趙相浩
발행처_ (주) 나남
주소_ 413-756 경기도 파주시 교하읍
출판도시 518-4
전화_ (031) 955-4600 (代)
FAX_ (031) 955-4555
등록_ 제 1-71호(1979.5.12)
홈페이지_ http://www.nanam.net
전자우편_ post@nanam.net

ISBN 978-89-300-8603-5
ISBN 978-89-300-8001-9 (세트)
책값은 뒤표지에 있습니다.

나남신서 1603

다시 **자유언론**의 현장에서

우장균 지음

나남
nanam

머리말

판사는 판결문으로 말하고, PD는 프로그램으로 말하며, 기자는 기사로 말한다. 나는 기자이지만 기사로 말할 수 없다. 대통령 특보출신인 YTN 사장이 나의 펜과 마이크를 빼앗았기 때문이다.

기자가 옳은 것을 옳다고 말하듯 'MB특보' 출신 사장을 낙하산 사장이라 말한 것이 검찰에 기소되고 해직된 이유다. 해직시킨 것도 모자랐는지 YTN 사장은 해직기자는 기자가 아니라며 한국기자협회에 공문을 보내기도 했다. 내가 42대 한국기자협회 회장에 당선되는 것을 막기 위해서였다.

기자(記者)는 기록하는(記) 놈(者)이다. 사마천은 남성을 거세당하는 궁형이란 형벌을 당하고도 《사기》를 완성했다. 역사가와 기자는 기록하는 사람이다. 내 비록 사마천 손톱에 낀 때보다 못하지만 기록하는 자로서의 그의 정신을 따라야겠다고 생각했다.

이명박 정부와 YTN 사장이 나의 펜과 마이크를 빼앗았기 때문에 기자인 나는 기사로 말할 수 없다. 이명박 정부가 직업인 기자의 펜은 빼앗을 수 있지만 해직기자가 된 시민(市民)의 펜마저 빼앗을 수 없다. 시민의 펜으로 기사로 말하지 못하는 기록을 남긴다.

기자협회장이 된 뒤에도 머리에 든 것은 똥과 욕심밖에 없는 나에게 강의를 부탁하는 곳이 있었다. 대학생들에게 기자란 무엇인가를 어떻게 얘기할까 고민하다 영화를 모티브로 삼기로 했다. 영화는 싫어하는 사람이 없는 만국공통어다. 재미없는 언론과 기자 이야기를 풀어가기 위해 영화를 활용했다.

이 책에 나오는 영화는 모두 명작이다. 나도 감명 깊게 본 영화들이다. 그러나 기자나 PD라는 언론인에 대한 이야기를 영화와 연결시키는 것은 쉬운 일이 아니다. 견강부회라는 말은 이럴 때 쓰는 말이라 생각한다. 더러는 억지로 영화와 언론계 이야기를 끼워 맞춘 점이 있다는 것을 스스로 인정한다. 언론과 관련된 주제와 에피소드를 영화와 연관시켜 책의 제목도 '기자, 영화로 말하다'로 하려 했다. 그러나 마치 영화전문기자가 책을 내는 것 같아 제목을 바꿨다.

1987년 민주화 운동을 통해 대통령 직선제를 쟁취한 이후 민주주의의 근간인 언론자유를 다시 논하지 않아도 될 줄 알았다. 그러나 21세기 대한민국에서 박정희, 전두환 정권 때나 행해졌을 법한 언론과 언론인에 대한 탄압이 발생했다. 1974년과 1980년 군사정권에 의해 수많은 선배 언론인들이 해직되는 등 고초를 겪었다. 민주주의와 언론자유를 위해 절대권력과 싸운 선배 언론인들의 정신을 기리는 의미에서 책의 제목을 '다시 자유언론의 현장에서'로 정했다.

이 책은 또 새뮤얼 프리드먼의 책《미래의 저널리스트에게》(*Letters to a Young Journalist*)의 영향을 받았다. 많은 젊은이들이 화려함을 쫓아 기자, PD, 아나운서 등 언론인이 되려고 한다. 그러나 저널리스트 정신이 없이 화려함만 쫓다보면 불을 찾아 헤매는 불나방이 될 수도 있다.

이 책에 기자나 PD가 되고자 하는 분들을 위해 어떻게 공부하라는 내용은 없다. 다만 1990년 언론계에 첫발 내딛고 신문기자, 방송기자, 라디오 프로듀서, TV 프로듀서 등 다양한 언론 분야에서 체득한 경험과 견해가 미래의 기자와 PD들에게 조금이나마 도움이 되길 바란다.

보잘것없는 글을 책으로 만들어 주신 '언론 의병장' 나남 조상호 사장께 감사의 말을 남긴다. 한 달 넘게 책의 구성과 내용을 꼼꼼히 살펴준 공호성 후배에게도 고마움을 전한다.

그러나 그 누구보다 이명박 정부가 없었다면 이 책은 나오지 못했다. 나는 언론인으로 20여 년 밥벌이를 했지만 언론자유가 얼마나 중요한지 모르고 지냈다. 언론자유는 우리가 항상 마시는 공기 같은, 산소 같은 것이다.

언론이 제 기능을 못하면 자유, 인권, 복지, 평화 등 모든 것들이 위협을 받는다. 언론 민주주의의 중요성을 새삼스레 깨닫게 해준 이명박 정부에 고마움을 표한다.

2011년 10월

프레스센터 한국기자협회 사무실에서 해직기자

우장균

다시 **자유언론**의 현장에서

차 례

라디오 스타

개봉 2006년
감독 이준익
출연 박중훈 (최곤), 안성기 (박민수)

언제나 나를 최고라고 말해준
당신이 있어 행복합니다
라디오 스타

사람 사는 냄새가 들리는 라디오

혼자 빛나는 별은 없다

최곤은 한물간 가수다. 서울올림픽이 열리던 1988년 방송사 가요대전에서 가수왕을 차지했는데 20년이 지난 지금도 여전히 자신이 가수왕이라고 생각한다. 88년 이후 최곤은 대마초와 폭행사건에 연루돼 인생 낙오자로 전락하고 만다. 미사리 카페촌, 손님도 몇 안 되는 좁은 무대에서 그 시절 자신의 히트곡 〈비와 당신〉을 술기운으로 부르고 있다. 흘러간 가수지만 최곤에겐 박민수란 매니저가 있다. 민수는 제대로 된 기획사의 매니저가 아니라 최곤보다 나이가 좀 많은 형 같은 존재다. 민수는 뭐가 그리 좋은지 매니저가 필요 없는 가수 최곤을 위해 헌신한다. 최곤처럼 민수도 생활력은 빵점이다. 아내가 조그만 가게를 하면서 힘들게 생활하는 데 별 도움이 되지 못하고 있다.

가수왕 출신이라는 자존심만 갖고 있는 최곤은 어느 날 카페에서 손

ⓒ 영화사 아침 · 씨네월드

님과 시비가 붙어 유치장 신세를 지게 된다. 매니저 민수는 최곤의 합의금을 마련하기 위해 동분서주하던 중 방송국 국장으로부터 솔깃한 제안을 받는다. 평소 민수와 친분이 있던 국장은 최곤이 영월 방송국에서 DJ를 맡아 하게 되면 합의금을 마련해 주겠다는 제안을 한다.

최곤은 유치장에서 나와 민수와 함께 영월로 간다. 방송국은 한때 가수왕을 예우해 라디오 프로그램 타이틀을 〈최곤의 오후의 희망곡〉이라 했지만 최곤은 마뜩치 않다. 영월 인근 지역에만 방송되는 DJ자리라 우습게 여겼기 때문이다. 최곤은 강석윤 PD 말도 듣지 않고 막무가내 방송을 한다. 영화에는 진짜 가수 역할로 연기하는 김장훈도 등장한다. 김장훈과의 생방송 전화 통화중에 최곤은 방송중인 줄 모르는 김장

ⓒ 영화사 아침 · 씨네월드

훈으로부터 빌린 돈 갚으라는 말을 듣는다. 이런저런 이유로 DJ 최곤이 방송을 거의 포기하자 PD와 영월 지국장도 될 대로 되라는 식으로 방송을 한다. 최곤은 스튜디오로 종종 커피 배달을 시키는데 어느 날 배달 온 청록다방 김 양을 즉석 게스트로 방송에 출연시킨다. 김 양은 생방송에서 거침없이 자신의 이야기를 했는데, 그녀의 사연이 청취자의 심금을 울린다.

최곤의 방송은 조금씩 영월 주민들의 호응을 얻는다. 최곤과 강 PD는 청취자들의 반응이 좋아지자 더 이상 티격태격하지 않고 신이 나서 방송을 하게 된다. 그렇게 최곤의 방송은 100회를 맞고 영월이란 시골 동네의 상당히 실력 있는 이스트리버(영월 동강을 의미. 노브레인이 역을 맡았다) 라는 그룹사운드가 100회 공개방송에 출연해 분위기를 잡는다.

이렇게 저렇게 해서 인기를 끈 최곤의 방송은 마침내 전국방송이 된다. 더불어 88년 가수왕 최곤도 다시 인기를 얻게 된다. 서울의 대형 연예기획사가 최곤을 매니지먼트 하겠다고 나선다. 단, 민수가 매니저를 맡지 않는 조건이다. 대형 연예기획사는 민수의 80년대 매니저 방식이 더 이상 필요하지 않았기 때문이다. 민수는 최곤을 다시 스타로 만들기 위해 말없이 떠난다.

민수 없이 최곤이 혼자 전국방송을 하고 있는데 평소 알던 어린아이가 와서 집나간 아빠를 찾는 방송을 한다. 최곤은 그 아빠에게 집으로 돌아가라고 호통을 친 뒤 잠시 후, 자신도 사람을 찾는다고 방송한다.

"민수 형 어디야? 돌아와라 좀!"

매니저 민수는 최곤이 자신을 찾는 방송을 버스에서 우연히 듣는다. 함께 김밥을 팔던 민수의 부인은 최곤에게 다시 돌아가라고 말한다.

"딩 디딩디 딩디디 딩딩딩 한 번 보고 두 번 보고 자꾸만 보고 싶네."

비오는 날 영월 방송국에서 최곤은 귀에 익은 신중현의 노래 〈미인〉을 부르는 민수의 노래 소리를 듣는다. 그가 돌아온 것이다. 민수는 최곤에게 매니저 손가방을 던지고 최곤은 비를 맞으며 민수의 가방을 겨우 받는다. 민수는 최곤 곁에 다가서서 자신은 비를 맞으며 라디오 스타 최곤이 비에 맞지 않도록 우산을 펴준다.

〈라디오 스타〉란 영화 제목은 〈비디오 킬드 더 라디오 스타〉(*Video killed the radio star*)란 곡에서 따왔다. 1970년대 말 영국 그룹 버글스(Buggles)는 외모를 중시하는 영상매체의 등장으로 기존 가창력 있는 가수들의 생명력이 급격히 짧아진 당시 음악계를 비꼬아 이 노래를 불렀다.

머나먼 영월 방송국

1991년 KBS PD로 입사한 뒤 나를 포함한 8명의 신입사원이 라디오국으로 발령을 받았다. 8명 모두 TV PD가 되기 위해 입사시험을 치렀기에 입이 오리새끼처럼 나와 있었다. 라디오국 PD로 근무할 당시 공개방송을 위해 영월 방송국을 갔던 기억이 있다. 당시 KBS에서 가장 오지에 있는 방송국은 영월과 태백이었다. 요즘은 고속도로가 거미줄처럼 연결돼 있어 영월 가는 길이 나아졌다고 하지만 1990년대 초 영월은 서울에서 부산 가는 것보다 오래 걸렸다. 세조가 왕위를 찬탈하고 어린 단종을 유배한 곳이 영월 청령포라 한다면 오지임에 틀림이 없다. 산 넘고 물 건너 강원도로 들어가 한계령보다 더 꼬불꼬불한 길을 몇 굽이 넘어 영월에 도착했다. 방송국은 야트막한 언덕 위에 있었다. 방송국 건물로는 좀 초라해 보였다. 영화 속 장소를 실제 보면 실망하게 되는 경우가 많다.

90년대 초 영월 방송국을 실물로 보고 10여 년이 지난 뒤 영화 〈라디오 스타〉에서 다시 보게 됐다. 영화 속 영월 방송국이 훨씬 멋있었다. 영화 촬영감독은 평범한 시골 방송국을 고풍스런 방송국으로 바꾸는 마술을 가지고 있는 것 같다. 영화를 보면서 한 가지 궁금한 게 있었다. 시나리오 작가가 영월 방송국을 보며 영화의 영감을 떠올렸는지, 아니면 〈라디오 스타〉 줄거리를 잡고 영월 방송국을 선택했는지.

〈라디오 스타〉는 PD의 역할이란 관점에서 보면 리얼리티가 다소 떨어진다. 사실 최곤 같은 건방진 DJ가 있다면 아무리 왕년의 가수왕이라 해도 가만 놔둘 PD는 없다. 선장이 두 명 있을 수 없듯 방송 프로그램도 선장이 2명 있으면 그 프로그램은 산으로 올라갈 것이다. 리더는 PD다. 가끔 유명한 드라마 작가가 PD의 권한을 침해하는 경우는 있지만, 라디오 DJ가 선장인 PD의 권한을 침범하는 경우는 없다. 그 DJ 아니면 안 되는 라디오 프로그램은 없기 때문이다. 아마 〈라디오 스타〉 작가는 극중 라디오 PD를 여성으로 설정해 PD와 DJ의 물리적 충돌을 막아보려고 한 것 같다. 사실 〈라디오 스타〉는 한물간 가수와 매니저의 훈훈한 인간애가 주된 스토리 라인이기 때문에 PD와 최곤이 충돌해 스토리 라인을 산만하게 가져갈 필요는 없기 때문이다.

여성 PD가 있는데 라디오 스튜디오 안으로 다방 아가씨가 커피 배달을 하는 것도 리얼리티가 좀 떨어진다. 젊은 여성 PD가 프로그램을 관장하고 있는데 다방 아가씨를 부르는 것은 아무리 봐도 무리다. 최곤의 행동은 PD의 권한에 도전하는 것을 넘어 직장 내 성희롱이라 봐도 될 듯하지 않은가.

그러나 마지막 장면에 안성기가 박중훈에게 조그만 손가방을 던지는 장면은 리얼리티가 있다. 요즘 매니저들이 어떤 모습인지 모르지만 90년대 초 매니저들은 안성기처럼 목욕가방 같은 손가방을 늘 들고 다녔다. 매니저들은 대부분 남성이었는데 여성처럼 핸드백을 갖고 다닐 수는 없는 노릇이었다. 그렇다고 서류가방을 들고 다니는 것도 뭔가 어색했다. 목욕가방 같은 손가방에는 방송스케줄을 적은 수첩과 지갑 그리고 삐삐 같은 것들이 들어있었다. 90년대 초는 통신수단이 삐삐에서 휴대전화로 옮겨가는 시기였다. 당시 방송국에선 일선 기자들에게 휴대전화를 지급했지만 PD들은 거의 지급받지 못했다. 그런데 매니저들은 모두 휴대전화를 들고 다녔다. PD들이 매니저에게 전화해 가수의 출연을 요청하면 밖에서도 즉각 스케줄을 관리하기 위해 휴대전화는 매니저에게 필수품이었다. 그런데 90년대 초 휴대전화는 무전기처럼 커서 매니저들의 목욕가방엔 들어가지 못했다. 그래서 한 손엔 무전기, 다른 한 손엔 손가방을 들고 다녔다.

라디오 생방송의 매력

교양과 시사 프로그램을 방송하는 라디오 1국에 배치된 나는 조금씩 라디오 프로그램 제작에 재미를 느끼기 시작했다. 라디오 교양 프로그램 가운데 〈라디오 전국연결〉이 있었다. KBS 네트워크를 이용해 전국의 소식을 현지에서 직접 듣는 프로그램이었다. 한 달에 한 번 지방 방송국을 직접 찾아가 현지에서 전국방송을 했다. 최곤이 영월에서 지역방송을 하다 전국방송을 하는 것처럼.

〈라디오 전국연결〉은 신입 PD들을 교육시키는 곳이었다. 내가 전국연결에 배치됐을 때 KBS 공채 1기 PD 선배가 팀장을 맡고 있었다. 내가 18기로 입사했으니 언론사에서 보면 하늘같은 선배였다. 박 모 팀장은 여성 PD로 꼼꼼한 면도 있었지만 남자 PD 선배보다 시원시원한 성격이었다. 박 선배는 나를 훈련시키려고 했는지 지방출방을 자주 보냈다. 나는 〈라디오 전국연결〉을 하면서 한 달에 한 번 이상 지방출장을 갔다. 1992년 나는 20대 후반 총각이라 지방출장을 가서 취재하는 것은 새로운 도전이었고 신나는 일이었다.

라디오 PD는 TV PD와 달리 주로 혼자 지방출장을 간다. TV는 카메라맨이 꼭 있어야 하지만 라디오는 PD가 혼자 녹음기 하나 들고 가면 취재가 가능하기 때문이다. 현지에서 생방송으로 전화연결을 할 때도 있었다. 인터뷰 상대가 있으면 인터뷰폰이란 기기를 사용했다. 말이 인터뷰폰이지 전화기에 마이크를 달아 PD와 인터뷰 상대가 서로 주거니 받거니 대화를 할 수 있도록 만든 단순한 기기였다.

전라남도 영광에 출장을 갔을 때였다. 나는 영광에서 환경운동을 하는 초등학교 선생님과 생방송으로 인터뷰를 하겠다고 박 선배에게 보고했다.

"박 선배, 영광에 원자력 발전소가 있지 않습니까? 그런데 환경운동가 선생님이 저준위 폐기물 관리가 제대로 안된다고 하네요."

"원자력 발전소 폐기물 문제는 민감한 문제니까 그 선생님이 너무 과격한 말은 하지 않도록 해야 돼."

"네, 제가 할 질문은 미리 서울로 보낼게요."

오후 3시 〈라디오 전국연결〉 방송이 시작됐다. 당시 조건진 아나운서와 가수 방미가 사회를 봤다. 전국 8도를 혼자 김삿갓처럼 방랑하는 PD를 두 사회자들은 팔도 PD라 불렀다.

"오늘은 팔도 PD가 어디에 나가있죠?"

"네. 우장균 PD가 저 멀리 전남 영광에 가 있다고 하네요."

"거기 무슨 일이 있나요? 팔도 PD 나와 주세요."

사회자의 콜을 받고 나는 환경운동가 선생님과 생방송 인터뷰를 했다. 영광 원자력 발전소에서 나오는 폐기물 문제에 대해 5~6분 정도 방송했다. 생방송은 별 사고 없이 끝마쳤다. 당시 휴대전화가 없어 공중전화로 서울 박 선배에게 전화했다. 박 선배 목소리가 좀 차가왔다.

"선배, 방송이 뭐 잘못됐나요?"

"야! 너는 방송에서 '팔아먹고'라는 말을 쓰냐? '팔아먹고'가 뭐냐? 미국이 뭘 팔아먹었다는 거야?"

"아~ 네, 선배 앞으로 주의하겠습니다."

"알았다. 조심해서 올라오기나 해."

인터뷰를 끝내면서 한 다음과 같은 클로징 멘트 때문이었다.

"1979년 쓰리마일 섬에서 원자력 발전소 사고가 난 미국은 자국 땅에선 10여 년째 원자력 발전소를 건설하지 않으면서 해외에는 원전기술을 팔아먹고 있습니다."

미리 조사한 내용이었기 때문에 팩트는 틀리지 않았지만 박 선배는 이 말이 마음에 안 들었던 것이다. 박 선배 입장에선 KBS 심의실 등에서 지적받을 수 있기 때문에 주의를 준 것이다. 그러나 생방송에서 하고 싶은 말은 했다고 생각해 그때 영광에서 서울로 올라오는 길이 멀지만은 않았다.

PD 입장에서 모든 라디오 생방송의 매력은 긴장감이다. 생방송은 틀렸다고 다시 시작할 수 없기 때문이다. "다시 갑시다." 이런 사인을 줄 수 없다. 특히 PD가 생방송에 직접 출연하는 것은 긴장감이 더하다. 생방송을 하며 PD가 스튜디오 안에 있는 DJ나 사회자에게 큐 사인을 주는 것은 그렇게 긴장되지는 않는다. 물론 PD가 생방송에 직접 출연하는 것도 경험이 쌓이면 좀 여유가 생긴다.

〈라디오 전국연결〉이 끝나고 〈생방송 오늘〉이란 프로그램 PD가 됐다. 라디오 정보센터란 곳에서 만든 프로그램인데 정미홍 아나운서(훗날 조순 서울시장 시절 서울시 대변인)가 사회를 맡았다. 정미홍 아나운서는 PD 후배인 나에게도 방송에 대해 많은 것을 알려주었다. 정 아나운서는 〈KBS 9시 뉴스〉 앵커도 했던 선배라 방송 진행에 대해 프로근성이 강했다.

〈생방송 오늘〉도 〈라디오 전국연결〉처럼 PD가 현장에서 취재를 해 방송하는 코너가 있었다. 1993년 3월 28일 부산 구포역 인근에서 무궁화호 열차전복 사고가 있었다. 나는 메인 PD의 지시를 받고 서울 서부역에 설치된 프레스센터로 갔다. 프레스센터에는 모두 기자들이었고 PD는 나 혼자였다. 기자들 어깨 너머 우여곡절 끝에 취재해서 여의도로 돌아왔다. 정신없이 5분 정도 분량의 원고를 써서 한 장 복사를 해서 생방송 전에 사회자인 정미홍 아나운서에게 주었다. 원고는 5개 정도 질문과 답변 형식으로 돼 있었다. 정미홍 아나운서가 내가 작성한 원고대로 질문하면 나는 미리 준비한 답변을 하면 되는 것이다.

스튜디오 밖에서 PD 선배의 큐 사인에 따라 정미홍 선배가 오프닝 멘트를 한 뒤 나에게 질문했다. 그런데 정 선배가 내가 써준 대로 질문하지 않고 다른 질문을 했다. 당초 첫 질문이 "구포역 사고가 언제 어떻게 일어났나요?" 였는데, 정 선배가 나에게 한 질문은 "사고 피해가 컸죠?" 였다. 사고 피해는 뒤에 나오는 질문인데 그 답변을 순간 당황해서 찾을 수 없었다. 1~2초 정도 시간이 흐른 것 같았다. 라디오에서 1초간 아무 소리가 없으면 방송사고에 해당한다. 밖에서 PD 선배가 뭐 하냐고 사인이 들어왔고 나는 얼떨결에 보이는 원고를 읽었다.

정미홍 선배는 두 번째 질문을 먼저 했지만 나는 어리석게도 첫 번째 질문에 대한 답변을 한 것이었다. 내용상 방송사고였지만 그렇게 크게 티는 나지 않았다. 모두 구포역 사고 관련소식이기 때문에 비슷비슷한 내용이었다. 다행히 정 선배가 두 번째 질문부터 내가 준비한 원고대로 읽을 수 있도록 배려해 방송은 무사히 마칠 수 있었다.

정 선배는 방송이 끝나자 웃으며 "오늘 방송 잘했어요" 하고 뼈 있는 말을 했다. 정 선배는 신참 PD에게 생방송 출연이 얼마나 어려운 것인가를 가르쳐 주었다.

CD케이스 속 수표

라디오 PD로 3년간 일하며 2년은 시사 교양 PD로 일했고, 1년은 음악 PD로 일했다. KBS 1 라디오는 시사 교양국이었고, 2 라디오는 음악 예능국이었다. 2 라디오는 1 라디오와 분위기가 완전히 달랐다. 프로그램 진행자도 1 라디오에 비해 연예인이 많았고 출연자들도 대부분 당대 인기가수였다.

1990년대 초는 음반이 레코드판에서 CD로 바뀌는 시기였다. 어떤 가수는 레코드판으로 신곡을 발표했고, 어떤 가수는 CD로 신곡을 발표했다. 요즘은 인터넷으로 음악을 다운받기 때문에 음반을 레코드점에서 사는 경우가 줄어들었지만 90대 초는 음반이나 테이프를 사서 음악을 듣는 것이 대세였다.

2 라디오로 옮겨 와서 한 달 정도 지났을 때 한 트로트 가수 매니저가 데스크석에 앉아 있는 이 모 PD 선배를 찾아왔다. 이 선배는 나와 같이 2 라디오로 처음 왔기 때문에 음악 예능국 분위기에 익숙하지 못했다. 매니저는 주뼛주뼛 이 선배에게 말했다.

"저기 이 PD 선생님, 혹시 제가 지난번 드렸던 CD 들어 보셨나요?"

"아니 못 들었는데, 언제 나에게 CD 줬나?"

"제가 며칠 전 이 PD님 책상에 K가수(편의상 K가수라 함) CD 놓고 갔었는데 그거 듣지 못하셨어요?"

"K가수? 그런 가수 CD 본 적 없는데 …"

"아이고 이를 어쩌나? 그 CD 안에 50만 원짜리 수표를 넣었는데 …"

K가수는 지금 이름도 기억나지 않는 무명 트로트 가수였다. K가수 매니저도 역시 경험이 별로 없는지 어리바리했다. 그 당시 가수 매니저들의 집중 공격대상은 KBS 2 FM PD였다. 지금은 2 라디오가 FM으로도 나가지만, 당시는 수도권에서 AM으로만 나갔기 때문에 청취자가 상대적으로 적었다. 아마 어리바리 K가수 매니저는 2 FM PD에게 줄 CD를 이 선배에게 준 것 같다.

매니저가 울상을 지으며 라디오국을 떠나간 뒤 이 선배와 나는 선배 책상과 그 주변을 샅샅이 뒤졌다. 그러나 K가수 CD는 나타나지 않았다. 라디오 2국은 외부 출연자나 손님들이 많이 오는 곳이기 때문에 뒤

늦게 CD 행방을 찾는다고 나타날 리 없었다. 나는 그 이후로 가수 매니저가 "선생님! ○○가수 CD 음반 나왔습니다. 들어봐 주십시오" 하고 CD를 놓고 가면 그 안에 내용물부터 살펴봤다. 그러나 보조 음악 PD에게는 수표가 아니라 천 원짜리 지폐 한 장 들어있지 않았다.

1990년대 초는 일부 음악 PD들이 촌지사건으로 검찰에 불려가 곤욕을 치른 터라 매니저에게 촌지 받는 것은 매우 위험했다. 최근 방송을 다시 시작한 가수 구창모는 1991년 갑자기 가요계를 떠난 이유가 PD사건이라고 밝혀 화제가 됐다. PD사건이란 1990년 음악 예능 PD들이 가수를 프로그램에 출연시켜 주는 대가로 매니저들에게 금품을 받은 사건으로, 당시 연예계를 발칵 뒤집어 놓았다. 구창모는 방송에 나와 그 당시 심경을 전했다.

"나는 PD사건 참고인으로 검찰조사를 받았는데, 매우 강압적인 분위기였다. 조사받는 과정에서 '10원짜리', '인간쓰레기'라는 말까지 들었다. 나름대로 음악에 대한 자긍심을 가지고 명성과 인기를 얻었는데 그 이야기를 듣고 상처받아 은퇴를 결심했다."

90년대까지 가수들이 자신의 신곡을 대중들에게 알리는 방법은 라디오와 TV를 통한 홍보였다. 특히 라디오 음악 채널은 가장 효과적인 홍보매체였다. 대중가요는 많이 들으면 귀에 익숙해지게 마련인데 라디오에서 자주 들리는 신곡들이 인기를 끌 수밖에 없었다. 그런데 당시 한 달에 새로운 음반이 10개 이상 나왔다. 음반이 10개면 신곡은 100곡이 넘게 된다. 100곡 신곡 가운데 곡 하나가 인기를 얻는 것이 쉽지 않았다.

신곡이 새 상품이라면 새 상품은 라디오라는 진열대를 통해 대중들에게 선보일 수밖에 없다. 그런데 그 진열대는 청취자들의 신청곡을 빼면 신곡을 틀어줄 수 있는 진열대는 극히 제한적이었다. 진열대는 두세 개 상품밖에 올릴 수 없는데, 신상품은 매달 100개가 넘으니 음반 제작자들은 음악 PD들에게 촌지를 줄 수밖에 없는 구조적 문제가 있었다.

보조 음악 PD로 있으면서 받지 못하던 촌지를 교양 PD를 하면서 받은 적이 있다. 프로그램 이름은 생각나지 않지만 선배 PD 지시로 농협 장터에 라디오 중계차 PD로 갔을 때였다. 라디오 중계차는 보통 PD가 가지 않지만 선배는 중계차 현장 분위기를 알게 하기 위해 보냈다. 트로트 가수가 장터 현장에서 농협 관계자와 생방송 인터뷰도 하고 노래도 한 뒤 중계차 연결이 무사히 끝났다. 나는 별 역할 없이 생방송 연결을 지켜보고 있다가 방송이 끝난 뒤 모두 수고했다고 인사를 나눴다. 그런데 농협 관계자가 수고하셨다면서 봉투 하나를 내밀었다. 나는 받을 수 없다고 사양했는데 어디서 나타났는지 중계차 기술감독이 참견했다. "우 PD가 중계차 처음이라 잘 모르는 거 같은데 받는 것이 예의"라고 말했다. 평소에 라디오 중계차 연결에 나오지 않던 PD가 불쑥 나와 촌지를 거부하는 것이 못마땅해 보였을 것 같다. 체면은 있는 대로 구기고 기술감독 선배의 눈치를 보며 봉투를 들고 중계차를 탔다. 중계차에 타자마자 기술감독에게 봉투를 줬다.

"어 10만 원짜리 수표잖아, 우 PD 만 원짜리 10장 없어?"

"없는데요."

"운짱 형님! 만 원짜리 10장 없어요?"

운전기사로부터 만 원짜리 10장을 받은 기술감독은 수표는 운전기사에게 주고 능숙한 솜씨로 나와 기사에겐 3만 원씩 주고 자신은 4만 원을 가져갔다. 나는 비겁하게도 기술감독 선배가 4만 원을 가져간 것에 스스로 위안했다. 그렇게 나는 언론인이 되고 처음으로 달콤한 선악과의 맛을 봤다.

그곳에 사람이 있다

2 라디오에 와서 처음 맡은 프로그램은 〈희망가요〉였다. 역시 보조 PD 역할이었다. 가수 이택림 씨와 아나운서 정은아 씨가 진행했다. '희망가요'란 제목에서 알 수 있듯이 청취자들이 신청한 노래가 많이 방송됐지만 청취자들이 직접 전화로 노래자랑을 하는 코너가 매일 있었다. 오후 2시에서 4시 사이에 진행되는 〈희망가요〉 가운데 30분은 전화 노래방 시간이었다. 90년대 초는 전국적으로 노래방이 인기를 끌기 시작한 시기였다. 원래부터 노래를 좋아하는 국민이지만 동네마다 노래방이 생겼으니 전 국민이 가수가 되는 날이 멀지 않아 보였다.

전화 노래방은 월요일부터 금요일까지 매일 생방송으로 진행됐다. 요즘 〈슈퍼스타 K〉, 〈위대한 탄생〉 등 국민들이 직접 참여하는 오디션 프로그램이 큰 인기를 끌고 있는데 〈희망가요〉 전화 노래방은 국민 참여 오디션 프로그램의 원조라 할 수 있다.

전화 노래방에 참여하는 청취자들은 다양한 직업을 가졌다. 〈슈퍼스타 K〉나 〈위대한 탄생〉은 20~30대 젊은 사람들이 많이 참여하는데, 전화 노래방은 30~40대가 많이 참여했다. 전화 노래방은 KBS

TV에서 송해 씨가 진행하는 〈전국노래자랑〉과 성격이 비슷했다. 청취자들이 부르는 노래도 〈전국노래자랑〉처럼 당시 인기가요보다는 주로 자신의 애창곡이었다. 노래를 잘 부르는 사람들이 많지 않았다. 노래를 잘 부르는 사람이라 하더라도 전화로 반주를 들으면서 노래를 부르는 것은 쉬운 일이 아니었다.

〈희망가요〉 전화 노래방 시간이 되면 기타 반주자가 스튜디오에 들어왔다. 기타 반주자는 수년 동안 방송에 출연해서 청취자들의 눈높이에 맞춰 반주를 해줬다. 노래방 기기를 스튜디오에 갖다 놓고 생방송을 하는 것도 생각해 본 적이 있다. 그러나 생방송에 출연한 청취자들이 키나 음정과 박자를 맞추지 못하는 경우가 종종 있어 노래방 기기는 한계가 있다고 판단했다.

전화 노래방은 〈전국노래자랑〉처럼 축제처럼 즐기는 코너였다. 노래를 다 부르지 못하고 탈락해도 참여자들은 흥겨워서 노래를 불렀다. 가수 남진의 〈님과 함께〉를 불렀던 참여자의 에피소드는 이제 전설이 된 지 오래다. "저 푸른 초원 위에~"라고 노래를 시작했는데 처음부터 음정이 맞지 않아 심사위원이 '땡'하고 쳤는데 신바람이 난 참여자는 노래를 계속 불렀다.

"땡 해도 나는 좋아. 나는 좋아 나는 좋아 님과 함께면~"

요즘 〈슈퍼스타 K〉나 〈위대한 탄생〉의 참여자들은 탈락하면 울지만 전화 노래방에서 탈락한 사람 가운데 우는 사람은 보지 못했다. 아니 정확히 말하면 심사위원이 '땡'하고 쳐도 우는 목소리는 들어본 적이 없다. 전화 노래방은 목숨 걸고 노래를 부르는 코너가 아니라 일반 국민들이 노래실력이 좀 부족해도 신청할 수 있는 국민 참여 코너였다.

〈희망가요〉엔 전화 노래방 말고 국민들이 직접 참여하는 코너가 하나 더 있었다. 라디오 중계차로 삶의 현장을 찾아가는 코너였다. 주로 봉제공장 등 작은 공장이나 사무실을 찾아가서 현장의 목소리를 들었다. 나른한 오후 2시 일하는 사람들이 하고 싶은 말도 하고 노래도 부르는 시간이었다. 봉제공장은 단순 작업을 매일매일 반복하는 곳이다. 10~20명 정도 되는 사람들이 모여서 일하는 가내 수공업이니 라디오를 틀어 놓고 작업을 하는 공장이 많다. 밥도 먹고 눈꺼풀이 무거워지는 오후 2시의 중계차 연결은 일하는 사람들이 라디오로 〈희망가요〉를 듣다 잠이 확 깨는 시간이었다.

〈희망가요〉 중계차 연결은 라디오는 혼자 또는 몇몇이 자동차나 집에서 듣는 것이라고 생각했던 나의 고정관념을 깨주었다. 라디오는 혼자 운전하는 사람의 친구일 뿐 아니라 함께 공장에서 일하는 사람들의 친구이기도 했다. 라디오는 텔레비전과 달리 청취자가 라디오에 시선을 두지 않아도 섭섭하게 생각하지 않는다. 청취자가 라디오에서 나오는 소리에 집중하지 않고 딴 일을 해도 오래된 친구처럼 옆에서 계속 말을 걸기도 하고 노래도 불러 준다. 〈희망가요〉 PD로 있으면서 전화 노래방이나 중계차 연결에 참여한 청취자들이 즐거워하는 목소리를 들으면 내 마음도 함께 즐거워졌다.

술 먹으며 한 인터뷰

보조 PD가 아니라 메인 PD가 돼 제작한 첫 프로그램은 〈르포 이웃사람들〉이다. 〈르포 이웃사람들〉은 〈인간시대〉 같은 휴먼다큐 프로그램이다. 라디오 휴먼다큐라 PD 입장에서 TV 휴먼다큐에 비해 제작이 수월한 장점이 있었다. 휴먼다큐는 주인공 섭외가 프로그램의 성패를 좌우한다. 라디오 휴먼다큐라는 점 때문에 비디오보다 오디오를 살릴 수 있는 주인공을 섭외하기 위해 노력했다. 무성영화 시대 마지막 변사로 더 이상 변사를 할 수 없어 대전 시내 극장에서 영사기를 돌리는 할아버지, 남원 땅에서 명창이 되기 위해 판소리를 공부하는 학생 등이 내가 찾아간 사람들이었다.

〈르포 이웃사람들〉을 제작하면서 기억에 남는 주인공은 빗자루 도사다. 임동규 선생의 별칭이다. 임 씨는 1979년 한 평도 되지 않는 감옥에서 빗자루를 들고 검법을 익혔다. 임 씨는 광주일고와 서울대 상대를 나와 1970년대 말 노동운동에 전념했다. 1979년 통혁당 재건위 사건에 연루돼 감옥에 들어간 뒤 임 씨는 무기형을 받고 수감중 또다시 '남민전 사건'에 연루돼 무기형을 받아 '쌍 무기수'로 불렸다.

세상 빛을 볼 날도 기약이 없다고 생각한 임 씨는 감옥에서 《무예도보통지》란 책을 넣어달라고 부탁했다. 《무예도보통지》는 정조 때 조선의 자주국방을 위해 마련된 군사훈련용 병서다. 임 씨는 무려 10여 년의 세월로 《무예도보통지》에 수록된 24반 무예를 복원했다.

작가와 함께 나는 광주로 내려가 빗자루 도사를 만났다. 경당과 조선대학교에서 임 씨의 제자들이 24반 무예를 하는 모습을 녹음했다. 라디오라 학생들이 무예를 하면서 내는 기합과 소리를 녹음기에 열심히 담았다. 저녁을 먹은 후 우리는 빗자루 도사의 집으로 갔다. 임 씨는 당시 혼자 살았다. 부인이 있었는데 '쌍 무기수'가 된 뒤 임씨가 감옥에서 이

혼을 해 줬다고 했다. 빗자루 도사와 술을 마시면서 인터뷰했다. 임 선생 집에 있는 막걸리에 김치와 오징어를 안주 삼아 술자리가 벌어졌다. 녹음기를 켜 놓고 우리는 술을 마시면서 자연스럽게 이 얘기 저 얘기를 나눴다. 1시간짜리 테이프를 2번 바꾸었으니 3시간 가까이 대화가 녹음된 것이다.

그런데 서울에 돌아와 녹음실에서 임 씨의 녹취를 듣는데 중간중간 오징어 씹는 소리가 들렸다. 오징어 씹는 소리가 그렇게 크게 들어갈 줄 미처 생각하지 못했다. 인터뷰 내용은 술을 먹으면서 하는 것이라 아주 자연스러웠는데 오징어 씹는 소리 때문에 프로그램 녹취로 쓸 만한 곳을 찾기가 어려웠다. 그래도 인터뷰 테이프를 여러 번 들으며 30분 〈르포 이웃사람들〉 '빗자루 도사 편'을 완성할 수 있었다.

최근 빗자루 도사 임동규 씨의 근황을 신문을 통해 접했다. 임 씨는 나이 일흔이 넘어 건강이 급속도로 나빠졌다고 한다. '쌍 무기수'로 감옥생활을 한 후유증으로 좌골신경통이 생겨 걷기가 불편하다고 했다. 역사에서 사라질 뻔했던 조선의 무예를 복원한 빗자루 도사의 노년이 편치 않아 보였다.

〈라디오 스타〉 영화를 보며 20대 후반 나의 빛나던 젊은 시절이 주마등처럼 지나갔다. 사실 라디오 스타는 없다. 내가 라디오 PD로 일할 때 만난 사람은 MC를 제외하면 모두 평범한 사람들이다. MC들도 '라디오 스타'라기보다 '텔레비전 스타'의 명성으로 라디오 MC가 된 사람들이다. 〈라디오 스타〉를 보면서 20년 전 라디오 PD로 있을 때 몰랐던 것을 새삼 느꼈다. MC, 엔지니어, 작가, 매니저 그리고 라디오 PD 등 모든 스태프가 소통하며 하나가 될 때 프로그램도 살고 스타도 탄생하는 것이다. 그래서 "스태프가 밥상을 차려 놓으면 저는 그저 맛있게 먹기만 하면 돼요"라는 배우 황정민 씨의 말은 진정성이 있다.

> "곤아 너 아냐? 별은 말이지 자기 혼자 빛나는 별은 없어. 다 빛을 받아서 빛나는 거야."

박하사탕

개봉 2000년
감독 이창동
출연 설경구(김영호), 문소리(윤순임), 김여진(양홍자)

박하사탕
이창동 감독의 두번째 작품
2000
다시 시작하고 싶다!
0101
peppermint
0>
candy
www.peppermintcandy.co.kr

기자는 정의를 위해
밥숟갈 놓을 수 있어야

"나 다시 돌아갈래!"

〈박하사탕〉을 대표하는 대사다. 주인공 김영호가 기찻길에서 마주 오는 기차를 향해 외치는 말이다. 이 강인한 장면과 대사는 영화가 개봉한 지 10년이 지났지만 아직도 나의 뇌리에 또렷하다.

"나 다시 돌아갈래!"는 영화 포스터에도 나와 있듯이 "다시 시작하고 싶다!"는 뜻이다. 주인공은 어떤 인생을 살았기에 마주 오는 기차 앞에서 다시 돌아가고 싶다고 외쳤을까?

〈박하사탕〉은 구성에서부터 파격적이다. 시간의 흐름을 거슬러 올라가면서 영화는 전개된다. 영화가 시작할 때 주인공은 마흔 살인데 끝날 때는 스무 살이 된다. 영화는 1999년에서 시작해 1979년으로 거슬러 올라가 끝난다.

1999년 봄, 마흔 살이 된 영호는 젊은 시절 함께 어울렸던 동네 모임

ⓒ 이스트필름 · NHK

〈가리봉 동우회〉의 야유회에 예고 없이 나타난다. 영호는 옛 친구들과 잠시 옥신각신한 뒤 기찻길 철로 위에 선다. 기적소리를 내며 기차가 달려오지만 보이지는 않는다. 영호가 두 팔을 벌리며 절규하는 장면에서 영화는 현재에서 과거로 이동한다.

야유회에 가기 며칠 전 영호는 어렵게 구한 권총으로 자살을 결심한다. 마흔 살이 됐지만 직업도 없고 아무런 의욕도 없다. 그런데 어느 날 어떤 사내에 이끌려 윤순임을 만나게 된다. 순임은 영호의 첫사랑. 몹쓸 병에 걸려 죽음을 앞두고 있다.

영호는 순임 곁에서 박하사탕을 보고 서럽게 운다. 박하사탕은 영화의 제목이자 마흔 살 영호가 다시 돌아가고 싶은 젊은 시절이다.

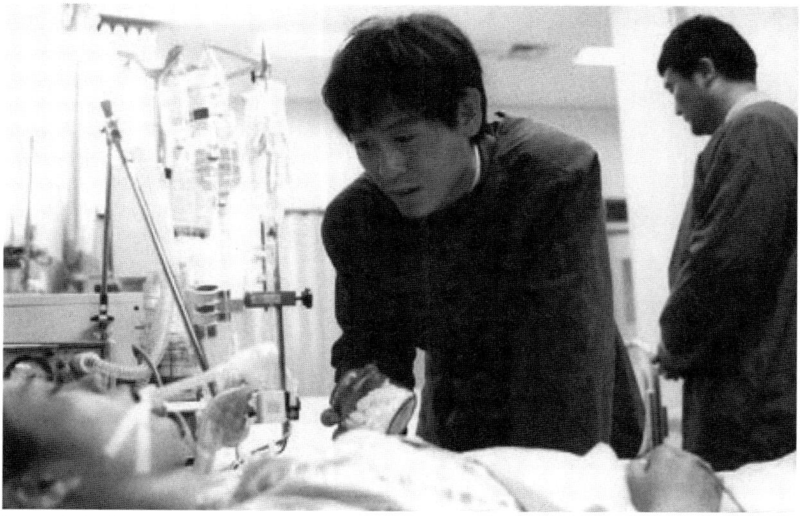
ⓒ 이스트필름 · NHK

1994년 여름 서른다섯 살 영호는 가구점 사장이다. 영호의 아내 양홍자는 운전교습 강사와 바람을 피우고 영호는 가구점 경리와 바람을 피운다. 영호는 경제적으로 여유가 있지만 가정은 파탄나고 정신은 점점 썩어가고 있었다.

1987년 봄 영호는 세상과 타협한 경찰이다. 아내 홍자는 배가 불러 곧 영호의 아이를 낳을 것 같다. 그러나 영호는 아내를 사랑하지 않는다. 한때 모든 일에 열정을 가졌지만 이제는 형사라는 일도 억지로 할 뿐이다. 그러다 영호는 범인을 잡기 위해 지방으로 갔다가 술집여자의 품에서 첫사랑 순임을 생각하며 울음을 터뜨린다.

1984년 가을 영호는 풋내기 형사다. 영호는 선배 형사들이 피의자를 고문하는 모습을 받아들이지 못한다. 그러나 영호도 곧 폭력성에 물들어간다. 영호는 운동권 학생을 잡아들이고 고문까지 앞장서 한다. 영호는 그를 따라다닌 홍자와 결혼한다. 타락한 세상에 점점 물이 든 영호가 순수한 영혼, 첫사랑 순임을 받아들일 수는 없었을 터.

1980년 광주민주화운동이 일어나던 해 영호는 전방부대의 신병이다. 어느 날 영호는 진압군으로 출동하는 트럭에서 자신을 면회 왔다가 허탕치고 돌아가는 순임을 본다. 그리고 투입된 곳은 어두컴컴한 밤 광주 시내. 집으로 가던 여고생과 마주친 영호는 급박한 상황에서 여고생을 향해 M16 소총을 발사한다.

1979년 영화의 끝이다. 영호는 구로공단 야학에 다니는 동료들과 소풍을 간다. 소풍을 함께 간 사람들 중에 순임도 있었다. 영호와 순임은 소풍 장소에서 처음 보자마자 호감을 갖게 된다. 가을 햇살이 따사롭게 비추고 있을 때 순임이 영호에게 박하사탕을 건넨다.

광주민주화투쟁과 언론인 학살

영화 〈박하사탕〉에서 젊은 김영호가 세상에 오염되고 타락하기 시작하는 결정적 사건은 광주민주화투쟁이다. 광주민주화투쟁은 그 시대를 살았던 많은 사람들의 인생에도 크건 작건 영향을 미쳤다.

1980년 한국기자협회 회장을 맡았던 김태홍 기자도 광주민주화투쟁이란 거대한 소용돌이를 벗어날 수 없었다. 김태홍 기자는 1942년 광주에서 태어나 광주일고와 서울대 문리대를 졸업했다. 1970년 〈한국일보〉 기자로 언론계 첫발을 내딛어 합동통신 기자로 일하다 1980년 3월 31일 한국기자협회 회장에 출마해 당선됐다. 박정희 대통령이 김재규에 의해 피격된 이후에도 여전히 유신의 잔재는 곳곳에 남아 있었다. 당시 기자협회 사무실에는 중앙정보부에서 2명, 보안사에서 2명, 치안본부에서 1명, 남대문경찰서에서 1명 등 모두 7명의 기관원이 파견돼 있었다. 그들은 모두 10시가 되면 기자협회 회장실로 출근했다. 당시는 박정희 군부정권에 이어 전두환 신군부정권이 기반을 다지던 때였다. 제주도를 제외하고는 계엄상태였고 전두환이 나서서 공포정치를 앞장서 지휘할 것이라는 소문이 파다하던 시기였다.

김태홍 회장은 1980년 5월 중순 한국기자협회 운영위원회 회의를 열었다. 일선 기자들과 함께 5월 20일을 디데이(*D-day*)로 정하고 신군부에 항의하기 위해 신문제작을 거부하기로 했다. 그러나 신문제작 거부투쟁에 앞서 5·17 비상계엄 확대조치가 내려지고 수백 명의 민주화인사들이 수배자가 돼 도피했다. 그 가운데 22명은 TV로 공개 수배된다. 김태홍 회장은 TV로 방송된 수배명단에서 두 번째로 나오는 거물이 돼 있었다. 그는 공개수배된 상태에서 숨어 지내다 8월 27일 전남 강진에서 경찰에 붙잡혔다. 김태홍 회장은 바로 남영동 대공분실로 끌려갔고 8월 28일부터 한 달 동안 거기서 지냈다.

국철 남영역 뒤에 있었던 대공분실은 1987년 박종철 군 고문치사 사건으로 널리 알려진 곳이다. 당시 경찰은 수사관이 책상을 '탁' 치니 '억' 하고 쓰러졌다고 공식 발표했고 사건을 은폐하려 했다. 박종철 고문치사 사건은 6·10 민주화운동의 도화선이 됐다. 남영동 대공분실은 사라지고 2006년 그 자리에 인권센터가 들어섰다. 박종철 군이 숨진 509호 조사실의 욕조와 변기를 비롯한 취조현장은 그대로 보존돼 있다. 부끄럽지만 또렷이 기억해야 할 역사다.

김태홍 기자는 자서전 《작은 만족이 아름답다》에서 고문기술자 이근안과의 만남을 생생히 증언한다.

> 이근안은 키가 175㎝쯤 되고 몸무게는 85㎏ 정도 되며 검은 피부에 눈은 퉁방울 같고 항상 핏기가 돌았다. 거기에다가 어깨와 팔뚝은 기중기같이 생겼다. 그의 몸 자체가 어떤 고문기구보다 더 잔혹한 고문기구였다. 나는 이근안에게 보름 동안 매를 맞는 등 취조를 받았다. 취조라는 게 주로 맞는 일이었다.
>
> "김대중한테 자금을 받아 기자들을 포섭하고 서클을 만들었지?"
>
> 조서를 작성하고 중간중간에 자기들이 원하는 방향으로 끌고 가기 위해 때리는 식이었다. 방에는 바닥에 고정된 철제 테이블과 의자가 있었다. 내 태도가 좋지 않다고 불평하던 이근안은 그 철제 테이블로 턱을 내밀게 했다.
>
> "새끼야, 목을 빼!"
>
> 그러면서 이근안은 목덜미 앞부분을 주먹으로 쳤다. 그 순간 목뼈가 부러지는 줄만 알았다. 그 통증과 충격으로 인해 목이 부어올라 다음 끼니부터 밥 넘기기가 어려웠다.

"내가 말이다. 합기도 7단이고 합기도장 관장까지 했어. 중앙정보부에서도 악질들 다룰 땐 나를 부른다는 거 아냐? 나는 팔다리를 빼기도 하고 맞추기도 해."

그렇게 보름 동안 새벽 서너 시까지 심문을 받았다.

이근안은 보통 집요한 사람이 아니었다.

"내가 이렇게 하는 건 오직 국가를 위해 하는 거야."

거짓자백을 강요하며 나를 칠성판에 눕혔다. 얼굴을 수건으로 덮고 가슴과 팔다리를 묶은 다음 수건 위에 물을 부어대기 시작했다. 물 몇 주전자를 먹고 내가 협조를 하겠다고 했더니 그때서야 물 붓는 것을 멈추었다.

김태홍 기자는 1980년 10월 2일 대공분실에서 서대문 구치소로 옮겨졌다. 김 기자는 서대문 구치소로 가게 되자 마치 지옥에서 해방된 것 같은 기분이 들었다고 한다. 다시 대공분실로 불려 가는 일이 없을 거라는 생각 때문이었다. 그런데 11월말쯤 남영동에서 누군가 찾아왔다. 김 기자는 특별 면회실로 걸어가면서 불안에 떨었는데 이근안과 다른 한 명의 요원이 더 있었다. 그들은 기자협회회장과 합동통신사 사직서를 꺼내놓고 서명하라고 했다. 김 기자는 속으로 안도의 한숨을 내쉬었다. 다시 남영동으로 끌려가는 줄 알고 마음을 졸였던 것이다.

'그런 사직서라면 몇 장인들 못 써주겠냐.'

기자도 샐러리맨 노동자다. 강제 해직되는 건 생활인으로서 사형선고지만 고문기술자에게 모진 고문을 당하는 것보다 나은 일이었다. 고문은 인간이 인간에게 할 수 있는 가장 추악하고 잔인한 행위다. 기자협회장이었던 김 기자가 11월 말 이근안에게 사직서를 써줬다고 하니

1980년 다른 기자들보다 오히려 늦게 강제 해직된 셈이다.

고문후유증

2010년 3월 나는 현직 기자협회장으로 김태홍 선배를 만나러 갔다. 선배를 직접 만난 것은 처음이었다. 김 선배는 루게릭병에 걸려 서초구 반포동에 있는 자택에서 투병하고 있었다.

김태홍 선배는 60대 말 루게릭병에 걸린 것을 알았다. 아파트에 들어섰을 때 김 선배는 대학병원에서 조금 전 퇴원한 것처럼 한양대병원 로고가 새겨져 있는 침대 위에 누워 있었다. 침대 위에 누워 있어도 되는데 한사코 간병인을 불러 휠체어 위에 본인을 앉혀 달라고 했다.

"날씨가 좀 따뜻해지면 일주일에 한 번 간병인이 끄는 휠체어를 타고 밖에 나갈 거야. 스티븐 호킹 박사도 루게릭병에 걸렸는데 나는 그 사람보다 병이 빠르게 진행되는 것 같아."

김 선배는 불치의 병에 걸려 사지를 쓰지 못하는 처지가 됐지만 말씀 한 마디 한 마디가 의연했고 얼굴 표정에 기품이 있었다. 전두환 정권 때 이근안의 모진 고문을 어떻게 이겨냈는지 선배를 직접 보니 알 수 있었다. 이근안은 '인간백정', '지옥에서 온 장의사' 등 듣기만 해도 섬뜩한 별명을 갖고 있었다. 몽둥이로 온몸을 때리는 것은 기본이고, 칠성판에 몸을 묶고 얼굴에 수건을 뒤집어씌운 다음 샤워기를 들이대 숨을 못 쉬게 하는 물고문이 그의 특기였다. 물고문으로 부족하면 새끼발가락에 전깃줄을 감아 전류를 흘려보내는 전기고문을 했다. 이근안은 연행돼 온 사람들에게 먼저 한 손으로 사과를 으깨 보이면서 공포분위기를 조성했다. 물고문과 전기고문, 관절 뽑기, 날개 꺾기, 집단 구타 등 온갖 고문에 통달한 이근안은 안기부 등 다른 기관으로 '고문 출장'을 다녔다.

"김태홍 씨는 어쩌면 그렇게 남영동 밥을 잘 먹어?"

김 선배가 1980년 남영동에 끌려갔을 때 그곳 경찰들이 놀림조로 한 말이다. 김 선배는 전두환 정권 때 두 번 옥고를 치렀지만 그 당시 사진을 보면 천하장사처럼 당당해 보였다. 그런 김 선배가 팔다리 근육이 없어졌고 얼굴도 많이 수척해졌다. 김 선배는 대화 도중 목이 마르다며 물 먹는 것을 도와달라고 말했다. 나는 물컵을 들어 김 선배 입에 조심스럽게 가져다 드렸다. 목 근육도 많이 없어졌는지 물도 시원스럽게 들이키지 못했다. 손을 잡아 봤다. 온기는 있지만 손가락에는 전혀 힘을 느낄 수 없었다. 손의 감각과 느낌은 있지만 근육이 없어 손발을 움직일 수 없다고 말했다.

김 선배가 의연하게 투병하는 모습을 보니 한편으로는 마음이 조금 편해졌지만, 아무래도 김 선배가 저렇게 몹쓸 병에 걸린 것은 고문 후유증이 아닌가 하는 생각에 마음이 무거웠다. 물론 고문 후유증으로 루게릭병이 걸린다는 연구결과는 없지만 이근안 같은 인간이, 같은 인간을 짐승보다도 못하게 고문하는데 어떤 병이든 안 걸리겠는가?

고문기술자 이근안이란 존재를 세상에 알린 사람은 김근태 씨다. 김근태 씨는 1985년 9월 4일부터 9월 20일까지 모두 10차례 물고문과 전기고문을 당했다. 9월 20일 마지막 고문이 끝났을 때 그는 자신이 죽을 수도 있다고 생각했다. 김근태 씨는 제발 고통 없이 죽여 줄 것을 애원

했다. 그러자 고문기술자들이 말했다.

“다른 사람은 다 불 것이라며 살려 달라고 하는데 너는 죽여 달라고? 그래, 끝까지 반항하는 놈은 깨끗이 죽여주겠다!”

김근태 씨는 지옥의 나락에서도 끝까지 정신을 놓지 않았다. 진술조서가 끝나면 정신이 혼미한 상태에서도 수사관 이름과 서명을 머릿속에 각인시키려고 온 힘을 다했다. 고문이 잠시 멈추는 사이 틈틈이 고문기술자들의 손목시계를 보고 시간을 기억했다. 김근태 씨는 ‘하물며 당국도 어느 정도 존재감을 인정하는 민청련 의장에게까지 이렇게 포악한 고문을 하는데 … 다른 이들에겐 어떻게 했을까’ 하고 생각했다고 한다.

김근태 씨는 변호사를 통해 훗날 고문기술자 이근안으로 밝혀진 ‘김전무’를 비롯해 고문에 가담한 경찰관 8명을 고발했다. 이근안은 1988년 12월 수배됐고, 11년 동안 도피생활을 하다 1999년 10월 검찰에 자수했다. 이근안은 징역 7년의 형기를 마치고 2006년 출소했다.

이근안은 출소하고 2년 뒤인 2008년 목사가 됐다. 목사가 된 그는 최근 언론과의 인터뷰에서 자신은 ‘고문기술자’가 아니라 ‘심문기술자’라고 말했다.

“전교조가 학생들에게 북한을 왜곡 찬양하는 교육을 가르치고, 간첩죄로 잡혀도 재판과정에서 무죄로 풀려나는 것을 보면서 울화가 치밀어 오르지 않을 수 없었다. 감옥에서 배신 없는 나라를 찾다 보니 하늘나라를 찾게 되고 그래서 예수쟁이가 됐다.”

이근안이 2011년 3월 한 인터넷 매체에 말한 내용이다. 그는 과거 자신이 애국자였다고 한다.

5·17 이후 신군부는 언론탄압에 저항하는 기자들을 마구잡이로 잡아들였다. 용공혐의를 조작하거나 광주관련 유언비어를 살포했다는 이유로 체포했다. 권력을 잡은 신군부는 허문도 등을 내세워 비판적인 기자를 골라내 해고시키라고 언론사에 강요했다. 신군부의 압력에 복종한 언론사 사주는 퇴사를 노골적으로 강요했으면서도 마치 기자들이 스스로 회사를 떠나는 것처럼 사직서를 받아냈다. 사직서를 스스로 내지 않으면 김태홍 기자처럼 남영동 대공분실에 끌려갈 것이라고 으름장도 놨다. 당시 해직을 당했던 기자들은 언론사가 취하는 이러한 인사조치 방법에까지 신군부가 깊숙이 관여하고 있다는 것을 몰랐다고 한다. 언론사마다 기자들의 성향을 파악해서 보고하는 내부 조력자가 있지 않고서는 불가능한 일이었다.

훗날 밝혀진 일이지만 신군부가 언론사에 하달한 해직기자 명단보다 실제 해직기자는 더 늘었다. 언론사 사주(社主)가 그 전부터 쫓아내고 싶던 기자들을 신군부가 내려보낸 해직기자 명단에 끼워 넣었기 때문이다. 1980년 언론통폐합 당시 살아남은 언론사 가운데 상당수 사주들은 전두환에게 견마지로(犬馬之勞)를 아끼지 않았다. 언론사 사주 입장에서 신문사를 살려준 것도 고마운데 전두환 덕분에 바른말 잘하는 기자들을 앓던 이 빼내듯 강제 해직시켰기 때문이다.

신군부는 권력에 저항하는 기자들을 강제 해직시키면서 언론통폐합을 착착 진행했다. 언론사가 하루아침에 통폐합됐으니 많은 기자들이 일자리를 잃게 됐다. 강제해직과 언론통폐합으로 5공화국 당시 1천 명이 넘는 기자들이 직장을 잃었다. 바로 옆에 있던 기자들이 신군부에 끌려가고 해직당하는 것을 본 기자들은 군사정권과 언론권력에 전혀 자기 목소리를 내지 못하게 돼 버렸다.

그러나 전두환 정권 당시 기자들이 목소리를 제대로 내지 못한 이유는 1천 명이 넘는 기자가 해직되었기 때문만은 아니었다. 전두환은 말을 듣지 않는 기자들은 해직시키고 살아남은 기자들에겐 달콤한 사탕을 나눠줬다. 5공 시절 기자들에겐 근로소득세 감면 혜택을 줬다. 기자가 특혜를 받고 전두환 앞에서 꿀 먹은 벙어리가 된 것이다. 특히 청와대 출입기자 가운데 일부는 설날이면 전두환을 찾아가 세배하고 상당한 액수의 세뱃돈을 받았다는 말이 80년대 기자들로부터 전해지고 있다.

재벌들로부터 수천억 원의 돈을 뜯어낸 전두환은 쿠데타에 동참한 후배 정치군인들뿐 아니라 자신을 미화시켜 준 언론인들에게도 통 크게 돈을 뿌렸다. 전두환은 언론사에도 특혜를 주며 기자들의 월급을 올려줬다. 1980년 이전 기자들은 박봉에 시달렸다. 은행원이나 대기업에 다니는 사람들보다 적었던 기자 월급이 5공화국 들어서면서 크게 늘어난 것이다. 1980년대 당시 제일 돈을 많이 주던 곳이 증권회사나 종합상사였다. 그 물 좋던 곳보다 월급을 더 많이 주는 언론사가 하나둘씩 생겨났다. 기자들이 언론 민주주의 같은 이상보다는 먹고사는 현실에 안주할 수 있도록 배려 아닌 배려를 해준 것이다. 박봉에 시달렸지만 권력을 감시한다는 사명감과 자존심으로 살았던 기자들이 이젠 권력 주변에 안주하며 점차 기득권 의식을 갖게 됐다. '당근과 채찍'이 효력을 본 것이다.

이렇게 신군부와 언론사 사주의 입맛에 따라 길들여진 기자들은 5공을 거치면서 지금까지도 문제가 되고 있는 권언(權言) 유착의 문화를 형성해 왔다. 흔히 언론을 제 4부라고 말한다. 그것은 4부로서 권력을 행사하라는 뜻이 아니라 입법・사법・행정 권력 3부가 권력을 부당하게 행사하는 것을 감시하라는 뜻에서 명명된 것이다. 5공화국 당시 살아남은 기자 가운데 상당수는 제 4부의 권한을 남용했다. 그들은 기자 자신의 영달과 출세를 위해 정치권력과 경제권력에 교언영색(巧言令色)하기에 바빴다.

1980년대 5공화국 시절엔 김태홍 선배를 비롯한 해직기자가 1천 명을 넘었지만 최소한의 상식과 양심을 헌신짝처럼 던져버린 기자들도 그만큼 많았다. 정도의 차이는 있지만 5공화국 이후에도 언론탄압에 희생되는 언론인들이 늘어났지만 동료기자들을 권력에 팔아넘기는 언론인도 그만큼 늘어났다.

기자해직은 '오감차단'

'기자는 정의 위해 밥숟갈 놓을 수 있어야'

이외수 씨의 말이다. 2010년 한국기자협회 창립 46주년을 맞아 〈기자협회보〉가 강원도 화천군을 찾아 이외수 씨와 인터뷰를 가졌다.

– 젊은 시절 이외수는 타협을 모르는, 시대와 불화했던 소설가로 기억합니다. 과거와 달리 트위터 등을 통해 세상과 적극적으로 만나고 계십니다.

"타협은 불의와 결탁하는 것이지요. 지금도 전 불의와 결탁하고 싶은 마음이 추호도 없습니다. 그래서 소통을 '조화'로 보면 좋을 것 같아요. 제 인생에서 제가 얻은 것의 반을 세상에 내주고 싶다는 것입니다. 그것이 조화의 한 방식이자 세상에 대한 보시라고 생각합니다."

-종종 정부를 풍자, 비판하는 글로 세간에 화제가 되시곤 합니다. 현 이명박 정부에 대해 어떻게 평가하십니까?

"사실 현 정부에 대해서는 일절 기대를 안 하기로 했어요(웃음). 제가 기대하는 반대편으로만 가고 있으니까. 일례로 저는 자연은 그냥 놔두면 녹색성장한다고 보는데 강제 녹색성장을 시키려는 듯하고, 또 녹색성장해야 할 젊은이들이 갈색으로 변하는 것 같기도 합니다. 제가 그간 써온 소설과 정반대이니 좋을 리 있나요. 모든 작가는 시대의 감시자입니다. 〈꿈꾸는 식물〉(1978년)이 첫 장편소설인데 그때부터 모든 작품에 걸쳐 그 시대와 그 정부에 대해 비판을 해왔습니다. 새삼스러운 일이 아닙니다. 부당한 것에 대해 부당하다고 말해야 이 세상이 더 나아지는 데 도움이 되죠. 좋은 소리만 할 수 없는 까닭입니다."

-한국 언론상황에 대해서도 비판한 적이 있으신데요. 실제로 1980년대 이후 30여 년 만에 기자 대량해직사태 등이 일어났고 정부의 언론장악에 대한 비판의 목소리도 높습니다.

"언론이라고 하는 것은 국민의 눈과 귀, 입을 대신하는 것인데, 그것까지 봉쇄해 버리면 국민을 불구화시키는 것 아닙니까. '오감차단'이라고 할 수 있습니다. 권력지향적인 작가 말고 어떤 작가가 그걸 좋아할 수 있을까요. 기자뿐 아니라 연예인들을 출연하지 못하게 막는 것도 일종의 해직사태일 겁니다."

–이른바 '상식'이 실종됐다는 얘기가 유독 많은 것 같습니다. 그 중 하나가 '좌빨'(좌익 빨갱이) 논란인데요. 선생님도 일부 세력으로부터 좌빨이라는 공격을 받으셨지요?

"한국사회가 가장 악질적으로 변한 걸 꼽아 보라면, 자기와 의견이 다른 사람은 무조건 좌빨로 몰아가는 졸렬함일 겁니다. 저는 그게 왜 짜증나고 어처구니없냐 하면, 사회지도층이라 자처하는 보수진영 인사들 중 본인은 물론이고 사돈의 팔촌까지 군대를 안 간 사람이 얼마나 많으냐는 겁니다. 제 아버지는 화랑무공훈장을 받고 국립묘지에 안장되셨고, 저도 36개월을 속된 말로 박박 기다가 제대했고, 아들 둘도 병역을 마쳤어요. 그런데 3대째 나라 지킨 집안의 가장한테 좌빨이라니. 이런 말도 안 되는 논리가 먹히는 시대가 바로 '청맹과니의 시대'입니다. 아무나 좌빨로 몰아가며 진실을 못 보게 하는 것이 바로 진실 왜곡이자 진실을 눈멀게 하는 '눈 빼기 작전'이죠. 오히려 그런 사람들이 광복을 건국으로 고치며 대한민국 역사를 부정한 일도 있었는데, 그렇다면 단군은 건국 안하고 대체 어디서 뭘 했다는 건가요?"

–기자협회 8천여 명의 기자들에게 한 말씀 부탁드립니다.

"밥숟갈 놓을 각오로 임해야 한다는 말을 하고 싶습니다. 정의를 위해서라면 굶어도 좋다는 정신 … . 작가도 역시 그런 존재라고 생각해요. 인간의 진정한 아름다움과 행복을 위해서는 혼자만의 밥숟갈을 놓을 수 있어야 합니다."

– 갑자기 궁금해졌는데 혹시 좋아하는 언론인이 있습니까.

"(웃으며) 밥술 놓은 언론인들은 다 좋아합니다. 스스로 그만둔 언론인이 아니라 박해받은 언론인을 말하는 겁니다. 박해에도 불구하고 언론인답게 제 소리를 내는 언론인들은 다 좋아하지요."

김태홍 선배 등 1980년대 해직기자들의 지난 발자취를 돌아보며 그리고 이외수 선생의 말씀을 들으며 2008년 10월 6일 함께 해직된 노종면 위원장과 나눈 대화가 생각난다.

노종면 "선배, 80년 전두환 정권 시절 해직기자 선배들은 고초가 우리 해직기자보다 심했을 거예요."

우장균 "전두환 정권 7년 동안 해직된 것도 힘들었지만 아마 많은 기자선배들은 고문도 당했을 거야."

노종면 "선배, 저는 감옥은 가서 버틸 수 있겠지만 고문은 아마 버티기 힘들 것 같아요."

우장균 "나는 끌려가 고문을 당할 것 같으면 아는 거 다 말하고 언론민주주의 같은 거 하지 않을 테니 고문만 하지 말라고 부탁할 거야."

노종면 "80년대 고문당하고 감옥에서 고생하신 언론계 선배들은 정말 대단하신 분들 같아요."

21세기 대한민국 해직기자들은 30년 전 해직기자 선배들처럼 고문은 당하지 않았다. 그러니 다행이라 생각하고 이명박 정권의 국가 공권력에 감사해야 할까? 그렇지 않다. 국가 공권력이 개과천선해 고문하지 않은 것이 아니라 국민의 힘으로 고문하지 못하도록 한 것이기 때문이다. 박정희, 전두환, 노태우 30년 넘게 군인들이 통치하던 시대에 비일비재했던 국가 공권력의 고문은 문민 대통령이 등장하면서 100% 없어졌다고 말할 순 없지만 눈에 띄는 고문사건은 거의 사라졌다.

그럼에도 불구하고 이명박 정부 이후 대한민국 언론 민주주의는 1980년 말 노태우 정권 수준으로 후퇴했다. 물론 1980년대 초 전두환 정권 수준으로 언론 민주주의를 탄압하지는 못한다. 깨어 있는 시민들이 있기에, 촛불을 든 시민들이 있기에 우리는 언론 민주주의를 지킬 수 있는 것이다. 자유와 민주주의는 국가권력이 선물처럼 주는 것이 아니라 국민의 힘으로 지켜내는 것이다.

〈박하사탕〉은 순수하게 시작했지만 결국 비극적 결말을 맺게 되는 어느 남녀의 첫사랑을 다룬 영화다. 나는 1990년 알싸한 박하사탕을 먹는 기분으로 기자로서 첫발을 걸었다. 대학시절 막연한 꿈이었던 기자가 됐지만 현실은 그렇게 낭만적이지 않았다. '정의가 힘'이라는 믿음은 꿈이었고, 현실은 '힘이 곧 정의'였다.

나는 해직기자가 됐으니 기자를 처음 시작할 때 꿈을 이룬 것인가? 그렇다면 그 꿈은 아마 그렇게 좋은 꿈은 아니었던 것 같다. 그럼에도 불구하고 나는 영화 〈박하사탕〉을 통해 기자는 정의를 위해 밥숟갈 놓을 수 있어야 한다는 직업인으로서의 당위를 얘기하고 싶었다.

영화에서 영호는 과거 어디로 그토록 돌아가고 싶은 것이었을까? 순임과 처음 만난 때였을까? 〈박하사탕〉 마지막 소풍 장면은 영화의 처음 영호가 절규하는 장면과 겹쳐진다. 〈박하사탕〉 마지막 장면에서 스무 살 영호와 순임이 처음 만나 강변을 거닐며 수줍게 대화를 나눈다.

순임 "이상해요. 여긴 한 번도 와본 적이 없거든요. 그런데 옛날에 와본 데 같아요."
영호 "그럴 때가 있어요. 그런 건요, 꿈에서 본 거래요."
순임 "정말 꿈이었을까요? 영호 씨, 그 꿈이요. 정말 좋은 꿈이었으면 좋겠어요."

슈렉

개봉 2001년
감독 빅키 젠슨, 앤드류 애덤슨
출연(목소리) 마이크 마이어스(슈렉),
에디 머피(당나귀),
카메론 디아즈(피오나 공주)

2001년 여름 가장 재미있는 상상이 세상을 움직인다!
슈렉
SHREK
www.cjent.co.kr

발상의 전환에 감동이 있다

이제 그만 신데렐라를 꿈꾸자

슈렉은 성 밖 늪지대에 사는 못생기고 얼굴이 무지무지 큰 괴물이다. 슈렉의 생활은 엽기적이다. 더러운 진흙으로 샤워를 즐기고 애벌레를 쥐어짠 치약으로 이를 닦고 동화책은 화장실 휴지로 사용한다. 사람들은 괴물이라는 편견 때문에 슈렉과 어울리지 않는다. 슈렉도 그런 사실을 잘 알고 있다. 슈렉은 다른 사람들과 어울리지 않고 혼자 사는 것이 편하다고 생각한다.

어느 날 슈렉만의 고요한 안식처에 동화 속 주인공들이 쳐들어와 난장판이 된다. 알고 보니 숏다리 파콰드 영주가 동화 속 주인공들을 다 쫓아낸 것이다. 그 중에서도 당나귀 동키는 잠시도 가만히 있지 않고 까불거리며 떠들어댄다.

혼자만의 공간을 빼앗긴 슈렉은 파콰드 영주와 담판을 지으러 떠난

ⓒDreamworks / 배급: CJ엔터테인먼트

다. 슈렉은 수다쟁이 당나귀 동키와 함께 파콰드 영주를 만나 동화 속 주인공들이 어지럽혀 놓은 자신의 안식처를 되찾게 해달라고 한다. 파콰드 영주는 성에 갇힌 피오나 공주를 구해와 자신과 결혼하게 해주면 슈렉에게 조용한 삶을 되찾아 주겠다고 약속한다.

영주의 약속을 믿고 슈렉은 공주를 구하기 위해 먼 길을 떠난다. 피오나 공주는 용암 골짜기에 있는 용의 성에 갇혀 있다. 엄청난 불을 뿜는 용 때문에 공주를 구하는 길은 만만치 않다. 그러나 불 뿜는 무서운 용은 당나귀 동키에 첫눈에 반하고 슈렉은 그 틈을 노려 피오나 공주를 구해낸다.

그런데 피오나 공주는 왕자를 기다리는 백설공주나 신데렐라와는 다르다. 공중에서 한 바퀴 돌며 이단옆차기를 날리는 맹렬 여성이다. 해

© Dreamworks / 배급: CJ엔터테인먼트

가 지면 〈지킬박사와 하이드〉처럼 예쁜 공주에서 슈렉과 같은 괴물로 변한다. 슈렉은 이 엽기적인 공주에게 점점 마음이 가는데, 어느 날 공주가 슈렉의 엉덩이에 꽂힌 화살을 뽑아 주자 더욱 호감을 느낀다. 동키는 슈렉의 마음을 공주에게 고백하라고 충고하지만 슈렉은 자신이 괴물이라는 생각에 망설인다.

어느 날 우연히 당나귀 동키는 공주의 비밀을 알게 된다. 공주도 슈렉을 좋아해 당나귀 동키에게 자신의 비밀을 지켜줄 것을 부탁한다. 그러나 슈렉은 동키와 공주의 비밀 대화를 잘못 듣고 공주가 자신을 혐오한다고 오해한다. 슈렉은 동키 역시 공주와 한 패라고 생각하고 파콰드 영주에게 공주를 넘기고 헤어진다. 피오나 공주와 슈렉은 끝까지 서로 좋아하는 마음을 전하지 못하고 파콰드 영주와 피오나 공주는 결혼식을 올리게 된다. 슈렉은 공주에 대한 자신의 사랑이 식지 않았다는 것을 뒤늦게 깨닫고 결혼식장으로 향한다. 슈렉이 타고 온 용으로 인해 결혼식은 물거품이 된다.

슈렉과 피오나 공주는 비로소 서로의 사랑을 확인하고 키스를 나눈다. 그러나 영화는 백설공주 이야기와 같은 멋진 상상을 배반한다. 이런 기대와 상식을 배반한다. 낮에는 예쁜 공주, 해가 지면 괴물 공주가 되었던 피오나 공주는 슈렉의 키스를 받자 슈렉과 같은 괴물 공주가 된다. 피오나는 잠시 당황하지만 슈렉은 피오나에게 지금의 모습이 아름답다고 말한다. 정석은 파괴됐지만 〈슈렉〉의 반전은 유쾌하다. 또한 〈슈렉〉은 외모지상주의에 빠진 우리 모두의 고정관념을 비웃고 있지만 그 비웃음은 결코 불쾌하지 않다.

공감할 수 있는 발상의 전환

〈슈렉〉처럼 개그나 코미디도 고정관념을 깨야 시청자들의 반응이 좋다. 〈개그콘서트〉(이하 개콘)의 '발레리 NO' 역시 고정관념을 깬 반전 소재로 시청자들의 인기를 얻었다. 발레 하면 흔히 〈백조의 호수〉처럼 하늘하늘한 발레리나가 하얀 옷을 입고 춤을 추는 것을 떠올린다. 그러나 '발레리 NO'에서는 전혀 발레리노 같지 않은 남자 무용수 4명이 나온다. 남자 3명이 러시아 발레학교에서 발레 선생님에게 좌충우돌 발레를 배우는 것이 주된 스토리 라인이다.

〈개콘〉에 나오는 발레리노는 발레를 거의 하지 않는다. 개그맨 발레리노들도 공연장이나 영화 속 무용수처럼 흰색 타이즈를 입고 무대에 등장한다. 그런데 이들 개그맨들은 발레를 배우는 것에는 관심이 없고 오직 남성의 주요부분을 가리느라 필사적이다. 개그맨들은 마치 싱크로나이즈드 스위밍 선수들처럼 호흡을 척척 맞춘다. 매번 아슬아슬하게 동료의 손이나 기구를 이용해 중요부분을 가리는데 거의 아크로바트 수준이다.

'발레리 NO' 코너가 인기 있는 또 하나의 비결은 개그맨들의 대사가 많지 않다는 데 있다. 요즘 일부 개그코너는 말장난이 심오해 귀를 기울여 잘 들어도 무슨 뜻인지 바로 알아들을 수 없을 때가 있다. '발레리 NO'는 그럴 염려가 없다. 아무 생각 없이 즐기면 된다. 이 개그가 무슨 뜻인가 하고 긴장하면서 볼 필요가 전혀 없다. 그런데 이런 소재가 성적 수치심을 유발한다며 시청자위원회 같은 곳에서 지적을 받을 수 있다. 〈개콘〉 PD는 이러한 위험한 소재를 발상의 전환으로 남녀노소 시청자들이 박장대소하는 코너로 만들었다. 그런데 이런 단순한 구성으로 매주 지루하지 않게 이끌어가는 것은 쉽지 않다. 〈개콘〉 PD는 이런 지루함을 없애기 위해 출연 개그맨들에게 많은 연습을 요구하고 있다.

〈개콘〉은 발상의 전환이 있는 코너들로 꾸준히 시청자들의 사랑을 받고 있다. 2009년부터 2010년 사이 인기를 끌었던 '남보원'(남성인권보장위원회)도 발상의 전환이 돋보였던 코너다. '남보원'은 남성들이 평소 여성에게 느꼈던 불공평한 대우에 대해 토로하는 것이 주된 내용이다. 개그의 힘은 누구나 이해할 수 있는 공감이 코너에 녹아들었을 때 제대로 발휘된다. 일상생활에서 오랫동안 있어 왔지만 무심코 지나친 부분을 '남보원'은 세밀하게 끄집어냈다. '남보원'을 보면서 40~50대도 비슷한 경험을 했다고 생각하며 웃으면서 고개를 끄덕인다. 남성들이 불평하는 내용을 위원회나 노동조합이 시위나 농성을 하듯 처리해 더욱 웃음을 자아냈다. 발상의 전환이 참신하기 때문에 많은 시청자들의 사랑을 받은 코너였다.

이 코너의 출발은 김석현 PD가 개그맨 황현희에게 준 미션에서 비롯됐다. 정부부처에 여성부는 있는데 남성부는 없으니 역 성차별을 개그 소재로 다뤄 보면 어떻겠느냐는 것이었다. PD의 발상전환이 대박 코너의 밑거름이 된 것이다. 황현희는 정부부처나 정치권에서 펼치는 남녀평등 문제를 다루지 않았다. 그는 소심한 남자들이 데이트 중 겪었을 법한 억울함에 초점을 뒀다. 박성호는 여기에 당시 강기갑 민주노동당 대표의 캐릭터를 추가했다. 황현희는 붉은색 민주노총 조끼를 입고 머리에는 띠를 둘렀다. 최효종은 사무직 노동자 대표로 출연해 황현희 주장에 북으로 장단을 맞춘다. 민주노동당을 개그소재로 삼아 웃음거리로 만드는 것이 아니냐는 오해도 받았다. PD와 개그맨들은 투쟁의 이미지를 찾다 보니 자연스럽게 강기갑 대표와 민노당, 민노총을 떠올렸다고 한다.

'남보원'은 시위현장에서 들을 수 있는 8자 구호가 나온다. 몇몇 구호는 지금 봐도 발상이 기발하다.

"니 생일엔 명품가방! 내 생일엔 십자수냐!"
"손이 없냐 발이 없냐! 가방 들고 소변봐라! 집에서는 귀한 아들! 너한테는 짐꾼이냐!"
"커피값은 내가 내고! 쿠폰도장 니가 찍냐! 커피값은 내가 냈다! 진동 오면 니가 가라!"
"영화표는 내가 샀다! 팝콘값은 니가 내라! 팝콘값도 내가 냈다! 집에 갈 땐 혼자 가라!"

"난~ 등산했을 뿐이고"

2008년 유행어 가운데 하나는 개그맨 안상태의 "난~ ○○했을 뿐이고"다. 안상태가 〈개그콘서트〉의 '봉숭아학당'에 나와 기자역할을 하는 것이다. 이 또한 발상의 전환이 돋보이는 개그다. 기자가 현장상황을 열심히 전하다가 상황이 급변해 당황하는 모습이 그대로 방송에 나간다는 설정이다. 여기서 포인트는 '난~'이다. '난~'은 억양과 톤을 끝에서 내려야 한다. 그러면 갑자기 현장상황이 기자에게 불리해졌다는 것을 알 수 있다. 여기에 안상태의 표정연기가 가미돼야 제 맛이 난다.

이 반전개그는 〈개콘〉 PD의 조언으로 대박을 이뤘다. 안상태는 대학로 한 극단의 '어색극단'이란 코너에 등장, 어색한 말투로 연기를 시작했다. 그런데 반응이 싸늘했다. 그때 이를 우연히 본 〈개콘〉 PD가 캐릭터는 재미있다고 칭찬했다. PD는 거기에다 "이라크 등 전쟁현장에 나가있는 특파원 연결 뉴스 설정을 추가하라"고 조언했다. 안상태는 PD의 충고를 받아들여 반전을 살짝 넣어 자신만의 어리바리한 특파원 캐릭터를 만들어냈다.

안상태가 열연한 이 코너를 보면서 대학 때 겪었던 일이 문득 생각났다. 1985년 1월 나는 대학 서클 선후배들과 겨울 산행을 갔다. 치악산행 전날 밤 우리는 회장단이 준비한 복사물을 읽고 통일관련 토론을 벌였다. 명색이 대학 서클이라 토론회를 했던 것 같다. 다음날 산행이라 술을 많이 마시지 않고 잠자리에 들었다. 이튿날 10여 명의 회원이 눈이 발목까지 차는 치악산을 향해 떠났다. 대부분 등산화가 없었다. 전기공학과 정재윤이란 친구가 교련할 때 신는 워커를 신으면 좋다고 해 미리 검은색 헝겊으로 된 교련화를 신었다. 재윤이는 하얀 헝겊을 준비해 왔다. 헝겊을 교련화에 묶고 눈이 온 산에 가면 아이젠 대용이 된다며 고맙게도 내 교련화에 흰 헝겊을 묶어줬다.

산행을 마치고 치악산 민박집에서 하루를 더 보냈다. 이튿날 서울로 가려고 했는데 헝겊이 교련화와 함께 꽁꽁 얼어붙어 떨어지지 않았다. 치악산에서 2박 3일 신나게 놀고 서울 청량리역으로 돌아왔다. 그런데 요즘도 있는지 모르겠지만 당시 청량리역 출구 왼편에 간첩을 신고하는 대공분실인지 하는 조그만 사무실이 하나 있었다. 10여 명 서클 선후배들은 이미 청량리역을 빠져나가고 있는데 ….

난 ~ 대공분실에서 나온 아저씨와 눈 마주쳤고!

순간 내 몰골은 내가 봐도 공비 같고!

난 돈이 없어 교련화 신고 산행한 것뿐이고!

아이젠 없어 교련화에 헝겊 댄 것뿐이고!

경찰인지 안기부원인지 나보고 오라고 손짓하고 있고!

아저씨에게 약간 불쌍한 표정 지어 봤지만 소용없고!

엄마 보고 싶고!!!

그때 한 선배가 다행히 내가 대공분실로 끌려가는 것을 보았다. 대공분실에 들어가니 사복을 입은 아저씨가 신분증 내라고 한 뒤 내 배낭에 있는 물건을 다 꺼냈다. 그러면서 "배낭에 버너는 없는데 왜 코펠만 있냐"고 다그쳤다. 그리고 문제의 통일관련 세미나 자료.

분명 내 것이 아닌데 고려연방제 부분에만 밑줄을 쫙쫙 긋고 별표까지 해 놓은 자료였다. 1분이 여삼추다. 시간이 10여 분쯤 지난 뒤 내가 끌려가는 것을 본 선배가 조선공학과 대학원 선배와 함께 대공분실에 들어섰다. 그 대학원 선배가 어떻게 잘 얘기했는지 모르겠지만 무사히 풀려날 수 있었다.

발상의 전환, 블랙투쟁

검은색은 지성의 상징이다. 불어로 검은색은 'noir'라고 한다. 주윤발 등이 한때 풍미했던 홍콩 영화를 홍콩 느와르라고 했는데 그때 느와르가 불어의 '검은색'이라는 뜻이다. 영어 ignorant(무식한)는 '지성이 없다'라는 말과 통한다. 지성을 뜻하는 no(검은색) 앞에 not을 뜻하는 ig가 붙어있는 단어다. 시상식이나 영화제에 나온 연예인은 지성미를 뽐내려면 온몸을 검은색으로 치장하면 된다. 검은색은 공정성이 생명인 심판들이 주로 입고 나온다. 또 뉴스앵커도 시청자들의 신뢰감을 주기 위해 검은색 옷을 입는 경우가 많다.

흑인 인권운동의 검은색은 예외다. 1968년 멕시코올림픽에서 미국의 흑인 육상선수 2명은 각각 금메달과 동메달을 따고 시상식에서 검은

장갑을 낀 채 한 손을 높게 쳐올린다. 마틴 루터 킹 목사가 암살당한 지 여섯 달이 지난 뒤 열린 올림픽이었다. 1960년대 미국은 남부에서 백인이 흑인을 상대로 흑인이라는 이유만으로 테러를 가하는 시대였다. IOC(국제올림픽위원회)는 성명을 내고 그들의 블랙투쟁에 대해 올림픽 정신을 훼손하는 폭력적 행위라고 비난했다. 두 선수는 메달을 빼앗기고 올림픽을 정치적으로 이용했다는 비난 여론에 시달렸고 살해 위협을 받았다.

그러나 이들이 전한 침묵의 메시지는 KKK단이 흑인들을 무참히 학살하던 시절 흑인들이 더 이상 노예의 후손이 아니란 걸 보여줬고 세월이 흐르며 더욱 빛을 발휘했다. 이들의 블랙투쟁은 40년이 지나 역사상 처음 흑인 미국 대통령을 만드는 밑거름이 됐다.

또 다른 예외가 YTN의 블랙투쟁이다. 2008년 11월 26일 방송통신심의위원회는 전체 회의를 열고 YTN 뉴스 프로그램에 대해 '시청자에 대한 사과'를 의결했다. 시청자에 대한 사과는 방송사 재허가 여부를 심사할 때 4점이 감점되는 중징계다. 징계사유는 YTN 앵커, 기자, 기상캐스터가 상복을 연상시키는 검은색 의상과 넥타이 등을 착용하고 방송에 나왔다는 것이다. YTN 노조가 10월 8일 기자 6명을 해고하는 등 중징계를 내린 사측에 항의하는 뜻에서 앵커가 검은색 옷을 입고 진행하는 '블랙투쟁'을 펼쳤던 것에 대한 대가였다. 방통심의위 징계결정에 방통심의위 노조가 '또 한 번의 정치적 심의를 지켜보면서'라는 제목의 비판성명을 냈다.

"정권의 낙하산 인사를 거부하다 동료들이 해고, 정직 등 중징계를 받고 있는 작금의 상황에서, 시청자들에게 자신들의 현실을 간접적으로나마 알리고자 며칠간 진행했던 '처절한 몸부림'이 과연 공적 책임을 망각하고, 시청자를 오도하고, 품위를 지키지 않고, 예의를 다하지 않아서 결국 시청자에게 사과까지 해야 하는 중차대한 잘못이라는 것인가?"

시청자들의 항의도 잇따랐다.

"YTN 블랙투쟁 사과받고 싶지 않다. 국민의 자존심을 짓밟아 버린 방통심의위가 사과하라."
"최진실 씨 죽었을 때 연예프로에서 다들 검은 옷 입고 나왔는데 그때도 시청자를 우롱한 것이냐. 블랙투쟁 YTN만 한 것도 아닌데 다른 방송사도 다들 징계 내릴 것이냐?"

YTN 블랙투쟁은 발상의 전환이 돋보이는 언론사 노조의 투쟁이었다. 이 블랙투쟁은 〈돌발영상〉을 처음 만든 노종면 위원장을 중심으로 기획됐다. YTN 노조가 낙하산 투쟁을 하며 물리력을 직접 행사한 적은 없다. YTN 노조집회에 남대문경찰서 형사는 물론 대규모 전경들도 배치돼 있어 물리력을 행사하는 즉시 공권력에 의해 경찰에 연행됐을 것이다. YTN 노조는 물리력 행사보다 기발한 발상으로 이명박 정부와 낙하산 사장을 곤혹스럽게 만들었다. 블랙투쟁의 전개과정과 방통심의위의 징계과정은 많은 언론을 통해 보도됐고 대량해고에 대한 더 많은 관심을 불러 모으게 된다.

YTN 블랙투쟁은 10월에 있었다. 10월은 가을이다. 가을에 방송사 앵커들은 검은 옷을 많이 입는다. 남성 앵커들은 거의 대부분 검은색 아니면 짙은 색이고 여성 앵커들도 여름에 비해 검은색과 짙은 색 옷을 많이 입고 나온다. 아마 YTN 노조가 블랙투쟁을 한다고 언론에 간접적으로 알리지 않았다면 방통심의위 위원들은 블랙투쟁을 했다는 사실조차 몰랐을 것이다. 지금 생각해 보면 징계결정을 내린 방통심의위의 박명진, 박천일, 손태규, 박정호, 김규칠 위원들은 YTN 낙하산 투쟁을 적극 홍보해 준 셈이다. 이들 위원들의 중징계 결정을 시민들은 인터넷 등을 통해 세상에 알렸다. 이명박 정부의 치부를 깨어 있는 시민들에게 이보다 더 극적으로 알릴 방법이 있을까 싶다. 아이러니다.

바보의 나눔

2010년 4월 7일 명동성당 문화관 꼬스트홀에서 '바보의 나눔' 창립식이 있었다. '바보의 나눔'은 김수환 추기경 선종 1주기를 맞아 천주교 서울대교구가 설립한 재단이다. 재단은 가난하고 소외된 이웃을 돕기 위해 설립됐다. 창립식에서 가장 주목받은 사람은 김연아 선수였다. 김연아 선수가 재단 홍보대사로 위촉장을 받을 때 많은 사진기자들이 셔터를 눌렀다. TV에서만 보다 김연아 선수를 가까이 본 것은 처음인데 멋졌다.

정몽준, 정세균, 노회찬 등 당시 정당대표와 문화부 차관에 이어 기자협회 회장도 재단 창립식 인사말을 해야 했다. 무슨 말을 할까 고민하다 김수환 추기경께 편지를 올리는 것으로 인사말을 대신하기로 했다. 생전에 김수환 추기경을 직접 만나 뵌 적은 없지만 추기경이 아직 우리 곁에 살아 계신다고 생각하며 편지를 썼다. 나도 예의 인사말 대신 나름 '발상의 전환'을 해 보고 싶었다. 반응이 썰렁하면 어떡하나 하는 소심한 걱정도 했지만.

추기경님 안녕하세요?

추기경님 생전에 한 번도 가까이서 뵌 적도 없는데 오늘 제가 한국기자협회장이란 이유로 이 자리에 섰네요. 추기경님께서 언론 민주주의의 중요성을 늘 강조하셨기 때문에 신부님들이 기자대표에게 한 말씀 올리라고 한 것 같습니다. 무슨 말씀을 드릴까 고민하다 추기경님이 1986년 전두환 정권 시절 하신 신문 인터뷰 기사를 찾아봤습니다. 추기경님이 이렇게 말씀하셨더군요.

"민주화 그 자체보다 절실한 것이 저는 언론과 표현의 자유라고 생각합니다. 보도지침 같은 것을 통해 언론을 통제하는 것이 아니라 언론을 통해 받아들일 것을 찾아나서는 그런 자신 있는 정부가 되었으면 합니다."

지금 다시 들어도 우리 모두에게 생생한 말씀입니다. 추기경님은 또 불의에는 엄했지만 가난하고 힘없는 분들에게는 자애로웠죠. 1968년 해고노동자의 복직을 촉구하는 한국 천주교 최초의 시국선언에 이름을 올린 막내주교가 있었죠. 그분이 바로 김수환 추기경님이었습니다. 저도 해고노동자입니다. 21세기 대한민국 첫 강제 해직기자 6명 중 한 명이죠. 아마 추기경님이 살아 계셨다면 해직기자들에게 큰 힘이 되어 주셨을 텐데 … . 권력의 회유와 겁박을 못 이기는 척하고 받아들였다면 해고는 되지 않았을 텐데 … . 전 추기경님처럼 큰 바보는 못되고 작은 바보인 것 같습니다.

오늘 많은 분들이 추기경님의 바보정신을 기리려 여기 모였네요. 한국기자협회 소속 8천 명 기자들도 추기경님 정신을 이어받아 항상 옳은 것은 옳고 그릇 것은 그르다고 말하고, 보다 낮은 곳에 있는 분들을 생각하며 기사를 쓸 수 있도록 노력하겠습니다. 추기경님, 오늘은 여기까지 말씀 드려야겠네요. 안녕히 계세요.

한국기자협회장 우장균 올림

인사말 끝부분에 "추기경님, 오늘은 여기까지 말씀 드려야겠네요. 안녕히 계세요"라고 말하자 조금 진지한 성당 안은 큰 웃음소리로 가득 찼다. 작은 '발상의 전환' 덕분에 김연아 선수 다음으로 큰 박수를 받았다. 이 한 줄의 말이 '썰렁한 반응'에 대한 나의 걱정도 다 날려버렸다.

〈슈렉〉 포스터에도 나와 있듯이 가장 재미있는 상상이 세상을 움직인다. 인간에게 상상력이 없다면 세상은 삭막한 곳이 될 것이다. 상상력은 영화나 책 같은 문화 콘텐츠뿐 아니라 정치나 경제 분야에도 필요하다. 기자가 쓴 글이나 PD가 만든 프로그램에 상상력이 없다면 독자나 시청자들은 아마 하품을 하며 다른 곳에 시선을 돌릴 것이다. 상상력의 힘은 바로 발상의 전환에서 나오지 않을까 싶다.

국가대표

개봉 2009년

감독 김용화

출연 하정우(차헌태), 성동일(방종삼 코치), 김동욱(최흥철), 최재환(마재복), 김지석(강칠구)

© KM컬쳐 · 랜덤하우스코리아픽처스

국가권력에 대한 질문은 언론의 의무

국가의 상징에 감동하다

1996년 전라북도 무주, 동계올림픽 유치를 위해 정식종목 중 하나인 스키점프 국가대표팀이 급조된다. 스키점프 선수가 한 명도 없는 상황에서 먼저 코치부터 임명된다. 어린이스키교실 강사 방종삼 코치가 스키점프 국가대표 코치로 임명된 뒤 선수들을 뽑기 위해 동분서주한다. 제대로 된 스키점프 선수들을 구할 수 없자 방 코치는 공포의 외인구단처럼 선수들을 영입한다. 그의 온갖 감언이설(甘言利說)에 오합지졸 멤버들이 하나둘 모인다.

입양아 차헌태는 미국 이름 밥(Bob)으로 불린다. 어릴 적 주니어 알파인 스키 미국 국가대표였던 헌태는 친엄마를 찾아 한국에 왔다가 방 코치의 눈에 띈다. 신체적 조건이나 스키 경험이 가장 훌륭한 선수 후

© KM컬쳐 · 랜덤하우스코리아픽처스

보지만 헌태는 어머니 찾기에만 관심이 있다. 그런 헌태를 방 코치는 스키점프 국가대표가 되면 친엄마를 쉽게 찾을 수 있다고 유혹한다.

방 코치는 이어 여자에만 관심이 많은 나이트클럽 웨이터 흥철, 밤낮으로 숯불만 피우며 아버지가 시키는 대로 살아온 고깃집 아들 재복, 할머니와 어린 동생을 돌봐야 하는 소년 가장 칠구, 그리고 그런 칠구 형을 끔찍이 사랑하는 어딘가 모자란 것처럼 보이는 동생 봉구까지 선수 5명을 선발한다.

방 코치는 선수들을 모아놓고 동기부여를 한다. 만약 금메달을 따면 헌태에게는 친엄마와 함께 살 수 있는 아파트를 줄 것이라 하고, 할머니를 봉양하고 동생을 살펴야 하는 칠구에게는 군 면제를 약속한다. 어린 자식과 외국인 아내가 있는 재복에게도 금메달만 따면 군 면제를 받을 것이라고 유혹한다.

스키점프가 뭔지도 모르지만 한때 스키 좀 타봤다는 이유로 뽑힌 이들이 모이면서 대한민국 최초 스키점프 국가대표팀이 결성된다. 그러나 스키점프 훈련법에 대해 잘 알지 못하는 코치와 점프 경험이 전혀 없는 국가대표 선수들의 훈련은 좌충우돌의 연속이다. 제대로 된 연습장이 없어 점프대 공사장을 전전해야 했고, 제대로 된 보호 장비나 점프복도 없이 오토바이 헬멧, 공사장 안전모 등을 쓰고 맨몸으로 훈련에 임해야 했다. 스키 국가대표는 시속 90㎞의 승합차 위에 스키점프 자세로 고정한 채 위험천만한 질주를 하는 등 목숨을 건 훈련을 한다. 또 문을 닫고 폐쇄된 놀이공원 시설을 점프대로 개조한 뒤 뛰어내리는 등 다른 나라 스키점프 국가대표들이 할 수 없는 훈련을 한다.

우여곡절 끝에 스키점프 국가대표가 오버스트도르프 월드컵에 참여한다. 외국선수들이 비웃고 무시했지만 그들은 최선을 다한다. 하늘도 이들의 노력을 가상히 여겼는지 대한민국 국가대표는 운이 좋게 나가노 동계올림픽 출전 자격을 얻게 된다. 그러나 한국은 동계올림픽 개최지 선정에 탈락하게 되고, 스키점프 국가대표팀은 해체 위기에 처한다. 그러나 헌태와 칠구, 봉구, 흥철, 재복은 비가 오는 날 굳게 닫힌 스키점프 훈련장에 이심전심으로 모인다. 그 광경을 본 방 코치는 위원장에게 찾아가서 눈물을 흘리면서 올림픽에 한 번만 도전하게 해달라고 사정한다.

결국 나가노올림픽에 출전한 스키점프 국가대표 선수단은 한 명씩

ⓒ KM컬쳐 · 랜덤하우스코리아픽처스

차례로 점프대 위에 선다. 맨 먼저 점프한 차헌태는 멋지게 성공한다. 2번째 김흥철은 착지한 뒤 까불다가 넘어지면서 점수가 조금 깎인다. 3번째로 나선 재복도 무주에서 고깃집을 하는 아버지의 응원에 힘입어 점프에 성공한다. 4번째 칠구가 도전하려고 하자 갑자기 눈보라가 거세진다. 경기를 연기시켜야 하는 날씨지만 경기는 그냥 진행된다. 엄청난 눈보라 속에서 칠구는 점프를 하지만 큰 부상으로 2차시기에 출전할 수 없게 된다. 칠구의 부상으로 모두 절망하고 있는데 칠구 동생인 후보 선수 봉구가 자신도 할 수 있다고 나선다. 스키점프 2차시기가 시작되고 헌태, 흥철, 재복은 한국을 메달권에 올려놓는다.

3위권으로 올라간 한국, 마지막 후보 선수 봉구가 기준선만 넘어 착지에 성공하면 메달 확정이다. 봉구는 점프는 잘했지만 착지를 제대로 하지 못해 한국은 하위권으로 밀려난다. 그러나 나가노올림픽에 모인 전 세계 사람들은 한국 스키점프 국가대표 선수들에게 박수갈채를 보낸다.

국가가 나에게 해준 것이 뭐가 있나?

영화 〈국가대표〉에 나오는 스키 선수들은 대한민국 사회에서 소외된 청년들이다. 미국으로 입양됐던 소년은 청년으로 성장한 뒤 어머니를 찾기 위해 국가대표가 되고, 할머니와 동생의 생계를 책임져야 되는 청년은 군 면제를 받기 위해 국가대표가 된다. 어쩌면 국가가 버린 청년들이다. 그런 청년들이 온갖 어려움을 극복한 뒤 태극마크를 달고 하늘을 멋지게 날아오르는 순간 관객들은 2002년 월드컵 때 '대~한~민국'을 외쳐댔던 감격과 감동에 빠져든다.

대한민국, 국가의 상징이 국민에게 갖는 진정한 의미는 무엇인가? "대한민국은 민주공화국이다. 대한민국의 주권은 국민에게 있고, 모든 권력은 국민으로부터 나온다" 라고 적혀있는 대한민국 헌법 1조는 아직 실현되지 않은 당위를 얘기하고 있을 뿐이다

'쌍용차 사태'나 '용산 참사'에서 보여준 국가, 좀더 구체적으로 말하면 2008년 출범한 이명박 정부의 공권력은 '유전무죄 무전유죄'라는 말이 대한민국 민주공화국 국민들 사이에서 마치 유령처럼 떠돌게 하고 있다. "현대국가의 실행위원회는 전체 부르주아의 공동집행위원회에 지나지 않는다"고 한 맑스의 말을 곱씹어 볼 만한 대목이다.

〈개그 콘서트〉의 인기코너 '나를 술푸게 하는 세상'은 2010년 6월 6일 방송을 끝으로 시작 반년 만에 막을 내렸다. 이 코너는 '봉숭아학당'처럼 많은 개그맨이 나오지 않는다. 밤이 늦은 시각 파출소를 배경으로 경찰관 한 명이 있고, 여기에 무슨 잘못을 저질러 파출소에 왔는지 모르지만 술에 취해 온 남녀 2명이 있다. 이 코너에 나오는 취객들은 TV 뉴스에 나오는 것처럼 파출소에서 폭력을 휘두르는 등 난동을 부리지 않는다. 통행금지도 없는 요즘이기에 12시가 넘었다는 이유로 파출소에 잡혀 온 것도 아니다. 술을 먹고 돈을 내지 않아 파출소에 온 것 같지도 않다. '나를 술푸게 하는 세상' 코너엔 그들이 왜 경찰서에 왔는지 생략돼 있지만 아마 술 먹고 촛불집회 등에 참여해 세상을 향해 욕 한 번 했거나 벽에 쥐 그림을 그렸다가 경찰에 끌려온 듯하다.

이 코너에 나오는 경찰관은 비교적 소통이 되는 공무원이고 공권력이다. 이명박 대통령과 '고소영', '강부자' 내각이 배우고 따라야 할 국민과 소통하는 공무원이다. 우리 주변에 이렇게 친절하게 소통하는 경찰관이 많다면 세상은 그렇게 슬픈 곳만도 아닐 것이다. 파출소 경찰은 동네 복덕방 할아버지처럼 술 취한 남자와 여자가 횡설수설해도 얘기를 잘 들어준다. 이 코너의 주인공은 술 취한 남녀지만 경찰관을 보는 재미도 쏠쏠하다. 국민과 소통이 부족한 대통령과 그 주변 권력이 우리를 슬프게 하지만 그런 경찰이 세상 어딘가에 있기에 그래도 희망이 있다고 '나를 술푸게 하는 세상'은 말하는 것 같다.

이 코너의 주인공은 개그맨 박성광이다. 박성광 씨가 매주 일요일 밤

술 취해 하는 말이 시청자들을 대리만족시켜 주었다. 박 씨는 술에 취했지만 분명하고 또렷하게 "1등만 기억하는 더러운 세상"이라고 외친다. 신자유주의를 추종하는 이명박 정부가 이끄는 대한민국엔 오직 1등만 있을 뿐이다. 지금 40대 이상들에겐 패자부활전이라도 있었지만 21세기 대한민국에서 젊은이들은 한 번 패배하면 영원한 낙오자가 되기 쉽다. 비정규직 88만 원 세대는 정규직을 꿈꾸지만 그 꿈은 쉽게 이루어지지 않는다. 국가, 정부 그리고 정권이 한 번 패배한 2등부터 꼴등에게 해준 것은 과연 무엇인가?

박 씨는 그래서 소통하지 않는 정부와 국가를 향해 다시 외친다.

"국가가 나에게 해준 게 뭐가 있냐?"

"국가가 국민을 위해 무얼 해줄까를 생각지 말고, 국민이 국가를 위해 무얼 할 수 있는지를 생각하라"는 케네디(John F. Kennedy) 대통령의 말을 정면으로 뒤집는 말이다. 박 씨가 "1등만 기억하는 더러운 세상", "국가가 나에게 해준 게 뭐가 있냐?"고 외칠 때마다 시청자들은 속이 시원해졌다. 〈개그 콘서트〉의 PD는 예능 PD지만 〈PD 수첩〉, 〈추적 60분〉을 제작하는 시사교양 PD보다 강력하게 시청자들에게 시사적인 화두를 던지고 있었다. 〈추적 60분〉이 60분 동안 비정규직 문제나 사회 양극화 문제를 다룬 것보다 개그맨 박 씨가 매주 일요일 밤 나와 "1등만 기억하는 더러운 세상"을 외칠 때 오히려 각성의 임팩트가 더 클 수 있다.

〈개그 콘서트〉는 국민들의 가려운 곳을 긁어줬지만 이명박 정부의 심기는 불편하게 만들었다. 이명박 정부 입장에서 불온하다고 생각할 수 있는 예능 프로그램은 무사할 수 없었다. 한나라당 의원이 나서면서 '나를 술푸게 하는 세상'은 위기에 봉착한다.

한선교 의원은 2010년 4월 19일 KBS 결산 승인을 위한 회의에 출석한 김인규 사장에게 "요즘 KBS의 어느 오락 프로그램을 가장 좋아하느냐?"고 물은 뒤 "저는 〈개그 콘서트〉를 즐겨보는데, 한 코너를 볼 때마다 마음이 안 좋다"면서 '나를 술푸게 하는 세상' 코너에 나오는 '1등만 기억하는 더러운 세상'이란 대사가 없으면 더 재밌겠다고 말했다. 한 의원은 " 〈개콘〉을 보면서 가장 찝찝한 부분"이라며 "어떻게 김인규 사장이 취임했는데도 이 프로그램에서 그런 대사가 나오는 것인지 도저히 이해되지 않는다"고 말했다. 김 사장이 나서서 개그맨 박성광 씨의 대사를 없애야 한다는 외압으로 들리는 대목이었다.

한 의원이 국회에서 발언할 때만 해도 〈개그 콘서트〉 PD는 즉각 "공감대가 있으니 시청자들이 좋아하는 것 아니겠냐"며 '1등만 기억하는 더러운 세상' 대사를 없앨 생각이 없다고 밝혔다. 그러나 한 의원 발언이 있고 한 달여가 지난 뒤 결국 '나를 술푸게 하는 세상' 코너는 통째로 폐지되고 말았다. 많은 시청자와 네티즌이 "코너 폐지는 외압이 아니냐?"며 KBS 시청자 게시판 등에 항의했다. 시청자들은 정권의 압력과 KBS 사장의 지시로 하루아침에 코너가 폐지되는 것이라고 생각할 만했다.

코너 폐지가 결정되고 난 뒤 〈개그 콘서트〉 PD는 외압에 의한 폐지는 사실무근이라며 "한선교 의원이 발언하기 전부터 코너 폐지를 놓고 고민하고 있었다"고 말했다. 담당 PD는 "이보다 더 인기가 있는 프로그램이 더 빨리 종영된 적도 있다"며 6개월 정도 이어지면서 소재가 바닥나 폐지했을 뿐이라고 말했다. 한선교 의원 발언 직후 기개를 보이던 PD의 모습은 아니었다.

그러나 나는 〈개그 콘서트〉 PD에게 아쉬움보다 칭찬의 박수를 보낸다. 집권 여당의 국회의원이 KBS의 돈줄을 심의하는 국회에서 한 발언이니 KBS 사장이 그냥 지나치지 않았을 것이다. 인사권을 쥐고 있는 KBS 사장에게 PD나 기자가 사사건건 호기 있게 대들 수도 없는 노릇이다. 비겁하다고 말할 수 있겠지만 때로는 살아남는 것이 중요할 때도 있다. PD는 프로그램으로 말할 뿐이다.

〈개그 콘서트〉 PD는 기자 수백 명이 하지 못한 일을 했고, 시사 PD 수십 명이 하지 못한 일을 했다. 수백 개의 기자 리포트나 수십 개의 시사 프로그램보다 〈개그 콘서트〉의 한 코너가 시청자들을 즐겁게 하고 깨어 있는 시민이 되도록 도와주었다. 〈개그 콘서트〉 PD 본인은 정작 그렇게 생각하며 코너를 만들지 않았을지 모르지만 "1등만 생각하는 더러운 세상"과 "국가가 나에게 해준 게 뭐가 있냐?"라는 대사는 시민사회단체 운동가나 야당 정치인의 말보다 시민들에게 울림이 있었다.

'나를 술푸게 하는 세상'은 너무 재미있어 배꼽을 잡고 웃게 해 주었고, 보고 나면 우리가 사는 세상에 대해 각성하게 해 주었다. 앞으로도 우리가 사는 세상은 정도의 차이만 있지 '1등만 생각하는 더러운 세상'이 될 가능성이 높다. 그래서 그런 사회가 영원히 고착되지 않도록 시민사회의 힘이 필요한 것이다.

국가원수와 정권에 질문하다

〈PD 수첩〉은 권력에 거침없이 질문을 던지는 프로그램을 많이 제작했다. 2005년 황우석 신화를 깨트릴 때도 그랬고 2010년 검찰 스폰서 의혹을 고발할 때도 그랬다. 황우석 씨와 검찰 뒤엔 거대한 국가권력이 있었다. 그러나 〈PD 수첩〉이 스스로 국가로 상징되고픈 대통령과 정권을 향해 직접 던진 질문은 '광우병 관련 논란'이다. 2008년 6월 〈PD 수첩〉이 이명박 정권을 향해 던진 질문에 공감한 국민들은 거리로 나온다. 2002년 월드컵 때 시청광장을 가득 메웠던 시민들보다 많은 수가 거리로 나와 서울역에서부터 세종로 사거리까지 인산인해를 이루었다. MBC 김보슬 · 이춘근 PD는 2008년 4월 〈PD 수첩〉 프로그램으로 국가를 상대로 질문을 던졌다.

"국민이 먹어야 할 미국산 쇠고기 과연 광우병에서 안전한가?"

그러나 김보슬 PD는 광우병 위험 보도 프로그램이 나가고 1년 뒤 검찰에 체포된다. MBC 〈PD 수첩〉의 '미국산 쇠고기 광우병 위험' 보도에 대한 명예훼손 혐의로 김보슬 PD가 2009년 4월 15일 밤 전격 체포된 것이다. 그동안 검찰의 소환을 거부하며 여의도 MBC 본사 안에서 생활해온 김보슬 PD는 회사 밖으로 잠시 나왔다가 밤 8시께 서울 잠원동 약혼자의 집 앞에서 검찰 수사관에게 붙잡힌다.

김보슬 PD가 체포 위험까지 무릅쓰면서 MBC 사옥 밖으로 나온 것은 3일 뒤 4월 18일 예정된 결혼식 준비 때문이었다. 약혼자가 눈 뜨고 지켜보는 앞에서 3일 뒤면 웨딩드레스를 입을 약혼녀가 검찰에 붙들려 간 것이다. 김보슬 PD는 혼인식장을 예약하고, '꽃처럼 웃는 날'이라고 적힌 청첩장까지 만들어 두었지만, 집에도 못가고 MBC 본사에서 생활해 하객들에게 청첩장을 전달하지 못했다.

"국가가 정말 이래도 되나요?"

김보슬 PD가 검찰에 체포되기 전 한 말이다. 2008년 6월 농림수산식품부가 '〈PD 수첩〉보도로 장관과 정부 협상단의 명예가 훼손됐다'며 제작진을 수사의뢰한 뒤 김 PD는 계속 공권력에 시달려 왔다. 당시 수사팀장이었던 임수빈 전 서울중앙지검 형사 2부장은 언론자유를 근거로 〈PD 수첩〉 PD에 대한 체포와 수사 그리고 처벌이 어렵다며 사직서를 내기도 했다. 한마디로 현직 검사가 농림수산식품부가 수사의뢰한 명예훼손 혐의는 어불성설이라고 사표로 말한 것이었다.

그러나 국가 공권력은 집요했다. 검찰이 사건을 재배당했다. 일반적으로 명예훼손 혐의 사건의 경우 긴급체포까지 가는 경우가 없었지만 〈PD 수첩〉 PD에게는 이런 관례와 상식이 통하지 않았다. 당시 MBC가 코리아리서치센터에 의뢰해 성인 남녀 1천 명을 대상으로 긴급 전화 여론조사를 실시한 결과 "담당 PD를 체포까지 한 것은 지나친 처사"라는 의견이 72.3%로 압도적으로 높게 나타났다. 김 PD는 체포되기 전 인터뷰에서 "이명박 대통령이 스스로 대국민 사과를 했는데 협상의 책임을 지고 사퇴한 장관이 광우병 위험성을 보도한 제작진을 명예훼손으로 고소하는 게 이해되지 않는다"며, "지금 같은 시대에 명예훼손 혐의로 '언론사'가 압수수색을 당해도 되는 것이 맞느냐?"고 반문했다.

서울중앙지법은 2010년 1월 20일 MBC 〈PD 수첩〉의 '다우너 소(주저앉는 소)가 광우병에 걸렸거나 걸렸을 가능성이 높다'는 내용과 '아레사 빈슨이 인간광우병에 걸려 사망했거나 사망했을 가능성이 높다'는 보도에 대해 모두 "허위 사실이라고 보기 어렵다"며 광우병 보도로 인한 명예훼손으로 보기 어렵다며 무죄를 선고했다.

대통령은 그날 밤 〈아침이슬〉을 들었나?

> "저는 청와대 뒷산에 올라가 끝없이 이어진 촛불을 바라보았습니다. 시위대의 함성과 함께, 제가 오래전부터 즐겨 부르던 〈아침이슬〉 노랫소리도 들었습니다. 캄캄한 산중턱에 홀로 앉아 시가지를 가득 메운 촛불의 행렬을 보면서, 국민들을 편안하게 모시지 못한 제 자신을 자책했습니다."

2008년 6월 19일 이명박 대통령의 특별 기자회견 연설문 가운데 한 부분이다. 이 대통령이 이 연설문을 낭독할 때 나는 청와대 출입기자로 대통령 바로 앞에 앉아 있었다. 대통령 기자회견은 청와대 춘추관에서 한다. 춘추관 기자회견장은 수백 명 기자들이 참석할 수 있는데 보통 방송기자들이 맨 앞줄에 앉는다. 연설문은 기자회견 전에 미리 배포돼 이 내용을 알고 있는 나는 당시 대국민 사과문을 읽는 대통령의 얼굴을 무심히 바라볼 수 있었다.

기자회견문은 전체적으로 미국산 쇠고기를 수입하면서 국민들의 건강권을 제대로 살피지 못한 점에 대해 사과한다는 내용이었다. 국민들이 촛불을 들고 〈아침이슬〉을 부르는 거대한 합창을 들으며 자책했다는 대통령의 회견문은 대통령이 한미 쇠고기 협상 과정의 문제점을 거울로 삼아 앞으로 국민과 소통하겠다는 의지였다.

그러면서 이 대통령은 이날 15분간 회견문을 발표하며 3번 머리를 숙였다. "사과드리기 위해서", "제 자신을 자책했다", "뼈저린 반성을 하고 있다"는 표현으로 몸도 낮췄다. 나는 미리 받은 기자회견문에서 대통령이 즐겨 부르던 〈아침이슬〉을 들었다는 대목에 눈길이 갔다. 그래서 대통령이 그 대목을 읽을 때 유심히 대통령의 얼굴과 표정을 지켜봤다. 그런데 가장 감동이 전해져야 할 〈아침이슬〉 대목에서 전혀 진정성이 전해지지 않았다. 대통령의 얼굴 표정은 그냥 누군가 써 준 원고를 읽는 듯했다. 나는 당시 이 대통령의 표현력이 부족해서 그렇게 느껴진 것이라 생각했다.

촛불 정국 때 뼈저린 반성을 한다고 했던 이명박 대통령은 2년이 지난 뒤 '쇠고기 촛불시위'를 강도 높게 비난했다. 2010년 5월 11일 국무회의에서 이 대통령은 "촛불시위 2년이 지났다. 많은 억측들이 사실이 아닌 것으로 판명됐음에도 당시 참여했던 지식인과 의학계 인사 어느 누구도 반성하는 사람이 없다"고 말했다. 이 대통령은 "반성이 없으면 사회발전도 없다"며 "한 일간지가 2주년을 맞아 집중기획 형식으로 이를 재평가한 것은 바람직하다고 말하고 싶다"고 말했다. 2010년 〈조선일보〉가 게재한 '촛불시위는 이념집단이 만들어낸 쇠고기 동란이었다'는 취지의 기획보도를 높이 평가한 것이다.

이 대통령의 2010년 이 날 발언은 2년 전인 2008년 촛불시위로 위기를 맞았을 때 5월 22일 "모두 저의 탓", 6월 19일 "뼈저린 반성을 하고 있다" 등 두 차례나 국민들 앞에 사과했던 것과는 정반대의 태도였다. 그럼 뼈저리게 반성했다던 대통령이 2년 지난 뒤 〈조선일보〉 광우병 특집을 보고 갑자기 국민들을 상대로 반성하라고 한 것일까?

나는 그렇지 않을 것이라 생각한다. 이 대통령은 잘 모르겠지만 이 대통령의 측근들은 2008년 당시부터 촛불시위를 사회 불온세력들이 국민들을 부추겨 민란을 일으키려다 실패한 것으로 생각하고 있었다. 이명박 정권은 촛불이 전국을 뒤덮을 때는 가만히 숨죽이고 있다가 촛불이 차츰 약화되면서 촛불과 관련된 단체나 사람들을 반정부 단체나 국가전복 세력으로 몰아갔다.

한국기자협회도 촛불시위와 관련해 불법폭력시위 단체로 낙인 찍혔다. 경찰청이 작성한 '2008년 불법폭력시위 관련단체 현황통보' 자료에 따르면 한국기자협회, 한국PD연합회, 한국방송기술인연합회 등 언론단체도 폭력시위단체 반열에 올랐다. 이명박 대통령이 뼈저리게 반성한다는 말이 국민들 귓가에서 채 가시기도 전에 국가의 공권력은 마구잡이식으로 건전한 시민단체와 언론단체를 폭력단체로 몰아갔다.

한국기자협회에는 2011년 현재 160개 언론사와 8천 명의 기자들이 가입돼 있다. 〈동아일보〉와 〈조선일보〉는 1964년 한국기자협회 창립 초창기 때부터 기자협회 회원사였다. 한국기자협회는 지금도 〈동아일보〉, 〈조선일보〉, 〈중앙일보〉와 〈경향신문〉, 〈한겨레〉 등 보수와 진보 매체가 공존하는 언론단체다. 보수 언론사의 기자들도 가입돼 있는 한국기자협회를 광우병 시위에 참석한 폭력단체라고 했으니, 이명박 정부의 공권력이 촛불시위 당시 제정신이 아니었던 것 같다.

2008년 촛불시민에 고개 숙이고 사과했던 절대권력은 민심의 바다가 잠잠해지기만을 기다렸다. 그리고 시위가 수그러들자 바로 촛불시민을 무더기 형사처벌하고, 〈PD 수첩〉 김보슬 PD 등을 기소하고, 1,800여 개 시민단체들에 대해 정부 지원금을 끊었다. 이명박 대통령은 G20 대회를 서울에 유치하면서 대한민국의 국격을 높이는 계기가 됐다고 말했다. 나라의 국격은 G20 대회를 개최한다고 올라가는 것이 아니고 국가지도자가 국민들에게 최소한의 신의를 지킬 때 상승하는 것이다. 촛불시위가 마치 성난 바다와 같이 절대권력이 탄 배를 흔들 때는 두 차례나 국민들 앞에 서서 머리를 숙였던 대통령이 2년이 지나 국민을 상대로 사과를 촉구한 것을 보고 어찌 훗날 역사가 품격 있는 지도자의 모습이라고 평가하겠는가? 나는 42대 한국기자협회장으로 이명박 대통령에게 질문을 하고 싶다.

"진정 2008년 〈아침이슬〉을 들으며 자책을 했습니까?"

이 대통령이 2010년 청와대 참모들에게 '촛불반성'을 언급하면서 역사에 남길 촛불기록을 만들라고 지시한 것까지 길게 언급하고 싶지 않다. 그러나 이 말 한 마디는 이명박 정권에 말해 주고 싶다. 현재의 권력이 당대의 기록을 남긴다고 해서 그것이 오롯이 역사가 될 수 없음을 동서고금의 역사는 이미 말하고 있다.

언론은 국민을 대신해 국가권력에 질문할 권리와 의무가 있다. 무소

불위의 국가권력을 감시하고 견제하지 않는 언론은 이미 언론이 아니기 때문이다. 오만 방자한 권력의 주구들은 가끔 '국가는 곧 국민'이 아니라 '국가는 곧 대통령'이라 착각하기도 한다. 국가는 살아 움직이는 유기체가 아니라 하나의 상징이다. 따라서 국민은 국가를 원망하기에 앞서 국가와 국민 사이를 이간시킨 위정자를 탓해야 할 것이다.

국가권력이 국민을 버려도 국민은 국가를 다시 찾는다. 그리고 언론은 일부 국민만 잘 먹고 잘사는 국가가 되지 않도록 대통령을 포함한 국가권력을 상대로 끊임없는 질문을 해야 할 것이다.

"나랑 동생을 3천만 원에 다른 나라에 입양 보냈어요. 그런 나라에 다시 국가대표라니 웃기는 거 알죠?"

〈국가대표〉에서 미국에 입양됐다가 어머니를 찾기 위해 한국에 온 차헌태가 스키 국가대표 코치에게 한 대사다. 그러나 헌태는 그렇게 말해 놓고 결국 국가대표가 됐다.

"국가가 국민에게 해준 게 무엇인가?"

8월의 크리스마스

개봉 1998년
감독 허진호
출연 한석규(정원), 심은하(다림),
신구(아버지), 오지혜(정숙),
이한위(철구)

시간이 얼마 남지 않았는데...
나는 긴 시간이 필요한 사랑을 하고 있다.
8月의 크리스마스

그 무엇보다 사람이 소중하다

"사랑을 알려준 당신께 고맙다는 말을 남깁니다"

서울 변두리 초등학교 운동장. 주인공 정원이 내레이션을 하면서 영화는 시작된다.

> "내가 어렸을 때 아이들이 모두 가 버린 텅 빈 운동장에 남아 있기를 좋아했다. 그곳에서 내 곁에 없는 어머니를 생각하고, 아버지도 그리고 나도 언젠가는 사라져 버린다는 생각을 하곤 했었다."

정원은 나이든 아버지로부터 물려받은 작은 사진관을 운영하는 사진사다. 30대 중반 정원은 불치의 병에 걸려 죽음을 담담히 준비하고 살아가고 있다. 정원의 곁에는 사진사였던 아버지와 이따금 집에 찾아오는 결혼한 여동생 정숙이 있다. 그러던 어느 날 다림이라는 20대 초반의 아가씨가 사진관에 나타난다. 다림은 정원의 사진관 근처 도로에서 주차

ⓒ 우노필름

단속을 하는 아가씨다. 매일 비슷한 시간에 사진관 앞을 지나고, 단속한 차량의 사진을 맡기면서 다림은 정원에게 조금씩 익숙해져 간다.

시한부 인생을 살고 있는 정원에게 다림은 당돌하지만 생기 넘치는 아가씨다. 다림은 잘못 찍어 초점이 맞지 않는 사진을 놓고 정원의 잘못이라 우기기도 하고, 한낮의 땡볕을 피해 사진관으로 들어와 여름이 싫다고 투덜거리기도 한다. 다림은 이것저것 귀찮은 부탁을 해도 군소리 없이 다 들어주는 정원에게 호감을 갖는다. 주차단속을 하며 생긴 기쁜 일, 나쁜 일들을 투덜거려도 정원은 그저 빙긋이 웃으며 이야기를 들어줄 뿐이다.

정원은 자신에게 남은 시간이 그리 많지 않음을 잘 알고 있다. 그러나 자신도 모르는 사이 정원은 다림이 사진관에 오는 시간을 기다리게 된다. 어느 날 갑자기 정원은 상태가 악화돼 병원에 실려 간다. 그 상황을 모르는 다림은 문 닫힌 사진관 앞을 서성인다. 어느덧 다림도 다른 곳으로 전출을 가, 더 이상 사진관에 나타나지 않는다. 정원은 다림을 만나러 그녀가 일하는 곳으로 가지만 찻집에 앉아 분주하게 움직이는 다림을 유리창 너머로 바라볼 뿐이다.

크리스마스를 며칠 앞두고 정원은 자신의 영정 사진을 찍는다. 그리고 크리스마스이브. 정원이 죽고 없는 사진관에 다림이 찾아온다. 사진관은 '출장중'이라는 팻말과 함께 문이 닫혀 있다. 사진관 안을 가만히 들여다보던 다림의 시선이 한곳에 머무는데, 정원의 죽음을 모르는 듯 얼굴에 웃음이 가득하다. 미소를 머금은 채 떠나는 다림의 뒤로 사진관 진열장엔 맑고 밝은 웃음을 짓고 있는 그녀의 흑백사진이 액자에 넣어져 걸려 있다.

이 영화의 라스트 17분엔 대사가 나오지 않는다. 자신의 죽음을 다림에게 끝까지 알리지 않는 정원과 정원의 죽음을 모르는 천진난만한 다림, 그리고 서울의 변두리라고 설정돼 있지만 실제는 전북 군산에 있는 초원 사진관이 있을 뿐이다. 대사 없는 마지막 17분에 정원의 내레이션이 영화 초반부처럼 다시 나온다.

> '내 기억 속의 무수한 사진들처럼 사랑도 언젠가 추억으로 그친다는 것을 난 알고 있었습니다. 하지만 당신만은 추억이 되질 않았습니다. 사랑을 간직한 채 떠날 수 있게 해준 당신께 고맙다는 말을 남깁니다.'

ⓒ 우노필름

영화 속 가슴 짠한 장면

〈8월의 크리스마스〉는 시한부 인생을 사는 정원의 이야기를 다루었지만 최루영화는 아니다. 손에 잡히지 않는 정원과 다림의 사랑도 관객에게 눈물을 강요하지 않는다. 오히려 정원은 죽었지만 다림은 사진관에 걸려있는 자신의 사진을 보면서 함박웃음을 지을 뿐이다. 관객들이 이 영화를 보며 가장 가슴 아프게 본 장면은 영화 마지막 부분. 정원이 다림을 멀리서 보며 '사랑을 간직한 채 떠날 수 있게 해준 당신께 고맙다는 말을 남깁니다' 라는 내레이션 때일 것이다. 정원과 다림의 안타까운 사랑을 다룬 영화지만 〈8월의 크리스마스〉 대사 속에 사랑한다는 말은 한 마디도 없다. 오직 정원의 마지막 내레이션에 사랑이란 말이 나올 뿐.

연인들의 사랑! 그러나 〈8월의 크리스마스〉에서 내가 명장면이라고 선택한 2개 모두 공교롭게도 남자들 사이의 이심전심을 영상에 담은 것이다.

그 중 하나는 정원이 아버지에게 리모컨 사용법을 알려줄 때다.

아버지가 TV를 보다가 정원을 부른다.
"정원아!"
"예, 아버지!"
"테이프 좀 틀어줄래?"
"테이프요? 빌려오신 거예요?"
"그래. 〈지상에서 영원으로〉야. 옛날에 니 엄마하고 같이 봤잖아."
정원은 테이프를 넣고 아버지 옆에 앉는다.
"아버지, 아버지가 한번 해 보세요. 제가 설명해 드릴게요. 테이프 넣으시면 자동으로 플레이 되거든요. 그러니까 티브이 전원하고요…"
아버지는 정원이 시키는 대로 해 보지만 자꾸 틀린다.
정원, 화가 나서 나가버린다. 아버지 혼자 남아 리모컨을 눌러 본다.

정원은 자신이 죽은 뒤에도 아버지가 혼자 비디오를 볼 수 있도록 리모컨 사용법을 알려 주지만 귀가 잘 들리지 않는 아버지는 아들의 설명을 알아듣지 못해 자꾸 틀리기만 한다. 정원을 화를 내고 나가지만 자신의 방에서 하얀 종이에 큰 글씨로 비디오 사용법을 적어 내려간다.

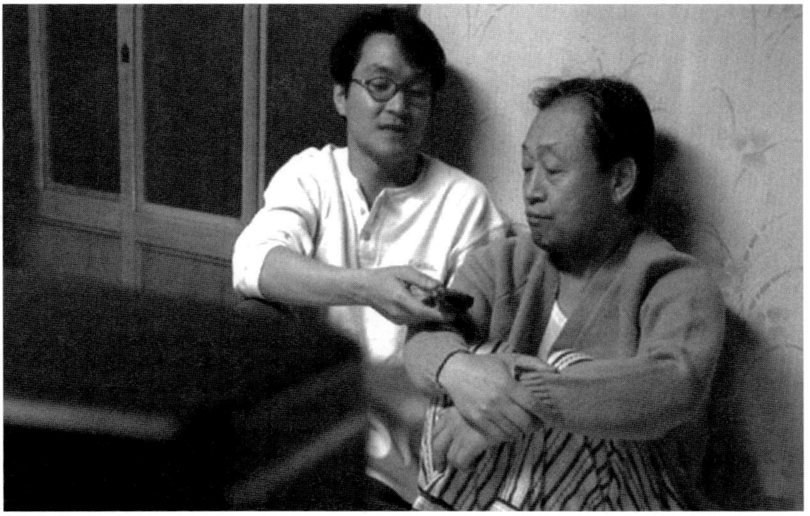

ⓒ 우노필름

세상 대부분 아버지와 아들은 그렇게 대화가 많지 않다. 그런 부자관계를 갖고 있는 남자들이라면 이 장면을 보며 가슴이 먹먹해졌을 것이다. 자신이 죽으면 누가 아버지를 위해 비디오를 틀어 줄 것인지 생각하며 애써 화를 내며 안타까움을 달래는 한석규의 연기도 일품이지만, 아들이 리모컨 사용법을 가르쳐 주는 이유를 알면서도 무심한 표정과 무뚝뚝한 말투로 일관하는 신구의 연기는 절제미의 압권이다.

부모가 돌아가시면 하늘이 무너지는 슬픔, 천붕(天崩)이라고 하고, 자식이 먼저 가면 땅이 꺼지는 듯한 아픔, 참척(慘慽)이라고 한다. 인생의 순리를 깨는 참척의 고통이 천붕보다 더한 아픔으로 다가오지 않을까. 정원의 아버지는 아들이 죽어가는 참척의 고통을 온몸으로 삭이고 있었다.

이 영화에서 명장면으로 분류되진 않지만 나는 정원이 태권도장을 하는 친구인 철구와 술 먹고 대화하는 장면을 보며 가슴이 찡했었다.

식당에서 계산을 마치고 나오는 정원과 철구.
"빨리 나와. 계산 맞아. 빨리 와. 철구야. 나 한잔만 더 먹고 싶어."
"안돼. 나 몸도 예전 같지 않고 그래 가지구…."
"모퉁이집 가서 한잔만 더 하면 되잖아."
"그만해. 이 새끼 술꾼 다 됐네."
"너 스물아홉 살 마지막 날에 나한테 뭐라고 그랬어?"
"내가? 몰라."
"몰라?"
"저 새끼 이상하네."
"술 먹고 죽자."
"이히힝 … 야! 너 어디가? 야 얌마. 야 너 왜 그래? 엉? 무슨 일 있냐너? 안 먹던 술까지 먹고."
"말 시키지 마"
"말해 봐. 에이씨, 오줌도 안 나오네. 어유, 되게 마려웠는데 안 나오네."
정원이 철구에게 귓속말 한다.
"나 곧 죽는다."
"야 이 새끼 이거 술 처먹으려고 별 수작을 다하네. 그래 인마 먹자.

이 새끼야."

"술 먹어?"

"처먹어, 그래 이 새끼야."

"술 먹어?"

"먹어 이 새끼야."

"술 먹고 죽자!"

내가 영화 속 정원이라면 가장 친한 친구에게 시한부 인생 선고를 받았다는 얘기를 어떻게 할 수 있을까? 정원은 술 힘을 빌려 오줌을 누는 친구 철구에게 농담처럼 "나 곧 죽는다"고 말한다. 영화가 후반부에 접어들면서 철구는 죽음이 임박했음을 친구들에게 알린다. 친구들은 정원의 사진관에 모여 함께 사진을 찍는다.

철구도 정원의 마음을 이해하는 관포지교(管鮑之交)와 같은 친구다. 정원과 철구는 길거리에서 함께 오줌을 눈다. 정원이 술의 힘을 빌려 자신이 시한부 인생을 알리지만 철구는 애써 농담으로 받아넘긴다. 정원과 철구에게도 함께한 시간, 스물아홉 빛나던 청춘이 있었다.

"술 먹고 죽자!"

빛나던 시절을 회상하며 이렇게 같이 외쳐 줄 친구가 한 명이라도 있다면 그 인생은 그렇게 외롭지 않다고 할 수 있다.

명분이냐 사람이냐?

〈8월의 크리스마스〉는 가슴 아픈 사랑 이야기이기도 하지만 평범한 사람들의 소중한 삶의 이야기다. 영화 곳곳에는 '그 무엇보다도 사람이 소중하다'는 메시지가 있다. 이념, 투쟁, 명분, 원칙보다 사람이 소중하다.

2008년 여름, YTN 기자들은 대통령 선거 당시 이명박 후보의 언론특보였던 구본홍 씨가 사장으로 오려 하자 '낙하산 사장' 저지투쟁을 시작한다. 구본홍 씨는 이명박 대통령과 고려대 선후배 사이로 대통령 당선에 공헌했다는 보답으로 언론사 사장자리를 선물 받았다. 공정성이 생명인 뉴스전문 채널에 언론특보를 사장 자리에 앉히다니. 이 과정에서 수십 명의 기자가 해직과 정직 등 중징계를 당했다.

총파업을 하루 앞둔 2009년 3월 22일 일요일 새벽, 경찰은 집에서 쉬고 있는 4명의 YTN 기자들을 긴급체포한다. 당시 YTN 사측이 고발한 업무방해 혐의를 조사하던 경찰은 노종면 위원장 등 4명의 기자들이 '정당한 사유 없이 출석 요구에 응하지 않았다'고 체포 사유를 밝혔다. 그러나 이는 사실과 달랐다. YTN 노조 간부와 남대문경찰서 담당 형사는 26일 목요일에 출석해 조사받기로 통화까지 마친 상태였다.

YTN 사측은 기자 등 조합원들을 상대로 고소고발을 남발했다. 덕분에 나도 두 번 남대문경찰서에 출두해 조사를 받았다. YTN 조합원들은 사측의 고소로 남대문경찰서로부터 4차례에 걸쳐, 적게는 수 명 많게는 수십 명이 조사 요구를 받아왔지만 100% 모두 경찰 출석에 응했다. 노종면, 조승호, 현덕수, 임장혁 기자는 일요일 새벽 집에서 아침밥도 먹지 못하고 어린 자식들이 보는 앞에서 경찰에 끌려간다.

기자 4명이 긴급체포된 것에 대해 국내 여론뿐 아니라 국제 여론도 분노했다. '국경없는 기자회'(Reporters without Borders) 파리본부의 뱅상 브러셀 씨는 직접 서울 남대문경찰서를 찾아 YTN 노조 위원장 노종면 기자를 면회했다. 뱅상 씨는 "YTN 사태는 복잡한 문제이나 핵심은 자유언론, 편집권 독립에 있다고 본다"며, "언론인들은 편집권 독립과 언론의 자유를 보호해야 할 의무가 있다"고 말했다. 4명의 기자 가운데 노종면 기자만 구속되고 3명의 기자는 남대문경찰서에서 풀려났다.

노조위원장이 구속됐지만 YTN 노조는 합법적 파업을 모범적으로 해 나갔다. 매일 아침 수백 명의 조합원들이 모여 집회를 갖고 파업의 의지를 서로 확인했다. YTN 간판 앵커들이 파업집회에 사회를 보며 함께 울고 함께 웃었다. 신출내기 기자들은 함께 팀을 이뤄 파업 리포트를 제작해 매일 아침 집회에서 조합원을 상대로 방송했다. 기자 초년병 후배들이 손수 만든 리포트는 실제 방송보다 재미있어 아침 파업 집회에서 가장 기다려지는 대목이었다.

구속된 노종면 위원장은 서울구치소로 이감됐다. 노 위원장은 옥중서신을 써 조합원들에 용기와 힘을 주었다. 4월 1일 위원장 구속적부심을 하루 앞두고 노사 타협안이 성안됐다는 소식이 들려왔다. YTN 노조와 사측은 3월 29일부터 파업과 위원장 구속 문제를 놓고 물밑작업을 벌여왔었다. 노사합의안을 인준할 것인가를 놓고 노조 비상대책위원회가 긴급하게 열렸다. 노사합의 가운데 핵심은 회사와 노동조합 모두 서로에게 제기한 고소, 고발을 취하한다는 것이었다. 구속적부심을 하루 앞둔 상황에서 이러한 합의는 위원장 석방을 위해 필요했다.

문제는 '2008년 10월에 발생한 해고자들에 대해서는 법원의 결정에 따르기로 한다'는 합의문 7조였다. 이 조항을 들어 비대위 몇몇 젊은 기자들이 합의문을 받을 수 없다고 나섰다. 노측 대표로 협상에 나선 기자가 합의문 7조가 만들어질 수밖에 없는 상황에 대해 설명했다. 노측 대표는 구본홍 사장은 재량권이 없다고 봤다. 청와대 눈치를 보고 있는 것으로 보였다. 노종면 위원장의 석방 가능성은 높아졌지만 해직기자 문제를 풀지 못한 합의안에 상식이 있는 기자들이 이의를 제기하는 것은 당연했다. 명분과 원칙을 소중하게 생각하는 기자들에게 노사합의안은 쉽게 받아들일 수 있는 것이 아니었다.

무거운 분위기 속에서 합의안을 받자는 조합원들과 합의안을 인준할 수 없다는 조합원들이 팽팽히 맞섰다. 이때, 김용수 비상대책위원장이 말을 꺼냈다.

"해직기자 가운데 가장 연장자인 우장균 선배가 말씀해 주시죠."

무슨 말을 할까 아직 정리가 되지 않은 상황이었다.

"아마 노종면 위원장이 이 합의안을 보면 받을 수 없다고 했을 겁니다. 우리가 이런 합의안을 얻기 위해 낙하산 사장 저지투쟁을 하고 파업한 것은 아니라는 말에 동의합니다. 그러나 저는 어떤 명분이나 원칙보다 사람이 소중하다고 생각합니다. 오늘 이 합의안을 받아들이면 우리는 내일 서울구치소 앞에서 우리 위원장을 만날 수 있습니다."

노종면 위원장은 4월 2일 석방됐다. 위원장은 구속적부심을 받으며 변호사에게 노사합의문을 받을 수 없다고 말했지만, 결국 비대위의 결정을 수용했다. 서울구치소는 4월 초 꽃샘추위가 일으키는 바람으로 꽤 추웠다. YTN 조합원 100여 명은 "노종면 보고 싶었다", "YTN은 승리한다" 라고 적힌 손 팻말을 들고 위원장을 환영했다. 그는 끝내 울음을 터뜨렸다.

"조합원 여러분 보고 싶었습니다. 제가 너무 짐이 된 것 같아 위원장으로서 할 말이 없습니다. 사랑합니다. 그리고 고맙습니다."

구본홍 씨는 2009년 8월 3일 갑자기 사퇴한다. 말이 사퇴지 실질적으로 청와대에 의한 경질이었다. 구본홍 씨 후임 사장은 구 씨의 고등학교 후배인 배석규 씨가 됐다. 한편 2009년 11월 13일 노종면 등 YTN 기자 6명은 법원으로부터 해고무효 판결을 받는다. 서울중앙지법 박기주 판사는 '구본홍 전 사장이 특정 정당에서 활동했던 경험이 있기에 공정 보도가 저해될 수 있다는 항의라면서 YTN 조합원들의 행위는 정치적 중립을 지키려는 동기에서 비롯된 만큼, 해고는 재량권을 일탈한 위법이 있다'고 판결했다. 법원이 해고무효 판결을 내렸으니 배석규 씨는 노사 대표의 합의문을 준수하는 절차만 남았다. 그러나 배석규 사장은 "'2008년 10월에 발생된 해고자들에 대해서는 법원의 결정에 따르기로 한다'는 노사 합의문에서, 법원은 대법원을 의미한다"고 주장하며 법원 판결에 불복해 항소를 했다. YTN 기자 6명은 3년 가까이 해직 상태다.

어느 봄날 제주에서 2박 3일

2009년 4월 노사 합의로 파업이 종료된 뒤 문자메시지로 비보가 들어왔다. 해직기자 가운데 한 명인 현덕수 기자의 아버지가 갑작스럽게 세상을 떠나셨다는 소식이었다. 그해 4월 제주에서 2박 3일을 보내고 난 뒤 YTN 노조게시판에 올렸던 글을 옮겨 싣는다.

현덕수 해직기자의 아버님은 제주도의 한 작은 성당에 모셔져 있었다. 성당 맞은편엔 초등학교가 있었다. 학교 담장이 없어 길가에서도 학생들이 한가로이 축구하는 모습이 보였다. 김선중 비대위 부위원장 부인이 그 초등학교를 나왔다고 조승호 해직기자가 설명해주었다. 김선중 기자와 조승호 기자는 모두 제주도 출신 여자와 결혼한 제주도의 사위다. 제주도 사위 조승호의 제주 가이드는 거기까지였다. 2박 3일 제주에서 성당과 성당 근처 여관방에서만 있었기 때문이다.

현덕수 기자의 아버님은 마지막 추자도 중학교 교장선생님까지 평생 교육자 길을 걸었다. 성당 한 켠 신도들이 이용하는 식당에 마련된 빈소엔 아버님 제자들의 문상이 끊이지 않았다.

아버님은 돌아가시기 전 막내아들 덕수에게 전화를 했다. 할 말이 있으니 시간이 되면 제주로 오라고 말씀하셨다. 그때가 현덕수 기자가 집에서 경찰에 의해 부당하게 체포되기 바로 전이었다. 아버님은 덕수에게 뭐라고 말씀하려고 했을까? 아들에게 이미 드리운 검은 구름이 심상치 않음을 직감하셨을지 모르겠다. 아버님은 덕수와 가족들에게 유언 없이 세상을 떠나셨다.

노종면 위원장이 조문을 하자 덕수 어머님이 말씀하셨다. 당신의 아들 덕수가 체포된 뒤 영장실질심사에서 풀려나왔을 때 위원장이 함께 풀려나지 않아 마음이 아팠다면서 위원장과 조문 온 조합원들에게 오히려 용기를 주었다. 덕수 어머님과 부인 그리고 두 형님과 두 누님 모두 YTN 노조와 현덕수 기자의 투쟁을 자랑스럽게 생각했다.

YTN 식구들은 덕수가 마련해 준 성당 근처 숙소에서 잠을 잤다. 첫날은 15명, 둘째 날은 9명이 큰 방에서 함께 잤다. 첫날밤은 위원장이 있어서인지 새벽까지 15명이 여관방에 둥그렇게 앉아 토론도 하며 대학교 때 MT 분위기를 연출했다.

둘째 날 냉수(찬물을 뿌리듯 썰렁한 말을 자주 한다고 해서 생긴 별명)라는 별명을 가진 김종욱 기자가 제주를 방문했다. 낮부터 술을 마신 냉수 선생은 성당앞 주차장과 제주 탑동 술집 등에 술을 과하게 마신 뒤 자신의 흔적을 남겼다. 12시가 다 돼 여관방에 해직기자 4명(조승호, 권석재, 정유신, 우장균)과 이승주 기자, 박희천 기자, 김정원 기자, 고재형 기자 그리고 냉수 선생이 다시 모였다. 술을 좀 먹다가 정원이가 재형에게 술 한잔 사겠다고 밖으로 나갔다. 냉수 선생은 둘을 쫓아 밖으로 나갔지만 찾을 수 없었다. 두 기자는 냉수 선생의 추격을 직감하고 핸드폰을 이미 꺼 놓은 상태였다. 여관방에서는 냉수 선생이 나가자마자 불을 끄고 취침 모드로 들어갔다. 20분 뒤 냉수 선생이 홀로 여관방으로 돌아왔다. 불을 켜지 않고 여관방 구석에 앉았다. 그리고 어딘가에 전화를 걸었다.

종욱 (우는 듯한 목소리로) "덕수 형, 나 종욱이야, 나 거기 가면 안 될까?"

덕수 "거기 있는 사람들이랑 술 먹지 왜?"

종욱 (더 불쌍해 보이는 어투로) "씨~ 다 자빠져서 자고 있단 말이야. 형 나 성당 가고 싶어, 나 성당 가면 안 돼?"

덕수 "새벽 2시가 넘었어, 내일 발인 미사도 해야 되잖아."

종욱 "덕수 형, 내가 형 사랑하는 거 알지?"

전화를 끊자마자 냉수 선생은 곧 탱크 지나가는 소리를 내며 꿈나라로 갔다.

제주 햇살은 따사로웠지만 바람은 녹록치 않았다. 미당 서정주는 "나를 키운 것은 8할이 바람"이라고 했다. 삼다도의 바람도 몇 할이 될지 모르겠지만 해직기자 현덕수를 키웠을 것이다. 바람이 부니 성당 앞 벚꽃나무 세 그루에서 꽃잎들이 흩날리기 시작했다.

마치 눈꽃이 키 작은 성당을 덮어놓은 듯 했다. 덕수의 쌍둥이 아들이 덕수 부인 머리위에 내려앉은 벚꽃 잎을 떼어주고 있었다. 연분홍 치마처럼 벚꽃이 봄바람에 휘날리더라.

4월 제주에서 2박 3일. 2009년 봄날은 그렇게 갔다.

견리사의 견위치명

현덕수 기자의 아버지가 돌아가시고 1년 6개월 뒤인 2010년 늦은 가을, 내 아버지도 돌아가셨다. 두 분 모두 아들이 기자로 일하다 부당하게 해직된 사실은 아셨지만 복직되는 것은 보지 못하고 눈을 감으셨다.

아버지 장례를 치르고 난 뒤 장례식장에 참석하시는 등 도와주셨던 분들께 쓴 감사의 편지를 여기에 싣는다.

천붕이란 큰일을 겪고 나서야 비로소 사람은 더불어 살아야 한다는 아버지의 가르침을 깨닫습니다. 국화꽃 향기 가득하게 아버지의 마지막 길을 살펴주셔서 고맙습니다.

1925년생 아버지는 6·25때 고향 개성에서 혈혈단신 월남해 자유민주주의를 위해 참전했습니다. 덕분에 아버지를 국립묘지 이천 호국원에 모셨습니다.

수년 전 아버지는 집 근처에서 낙상해 고관절이 골절되는 사고를 당하셨습니다. 아버지를 업고 집으로 돌아오는데 아버지께서 정신이 혼미했는지 하나뿐인 아들을 알아보지 못했습니다.

"이보게 젊은이 내가 몸이 가벼워서 그렇게 무겁지 않을 걸세."

그러고 보니 불효자식이 아버지를 온몸으로 업은 것이 그때가 처음이었던 같습니다. 어릴 적 아버지와 함께 낚시 갔을 때 당신의 등에 저를 태우고 꽤 널찍한 강을 헤엄쳐 건너시던 기억이 새삼 떠올랐습니다. 아버지는 고관절 수술 뒤 거의 일어나시지 못했습니다.

아버지는 끝내 부당하게 강제해직된 아들이 복직되는 것을 보지 못하고 눈을 감았습니다. 그러나 아버지는 상주 6명의 보살핌 속에 영면할 수 있었습니다. YTN 해직기자 6명이 아버지의 아들이 돼 밤새 빈소를 지켰고 장지까지 함께했습니다.

아버지는 생전에 당신이 죽으면 고향땅이 가까운 임진강 하구 근처에 유해를 뿌려 달라고 말씀했습니다. 청개구리 아들의 교훈을 알고 있는 불효자식은 아버지의 유언을 지키지 못했습니다. 대신 통일이 되는 날 선죽교가 있는 개성시 선죽동 고향땅에 아버지를 모시고 비오는 날이면 흘렸던 청개구리의 눈물을 흘리도록 하겠습니다.

아버지는 돌아가시기 전 1년 전에도 몹시 위중하셨다. 그때 한국기자협회장 출마를 결심하며 YTN 노조게시판에 올렸던 글을 옮겨 싣는다.

아버지가 일주일 넘게 강남성모병원 중환자실에 계십니다. 올해 85세인 아버지는 열흘 전 급성폐렴으로 응급실로 가셨습니다. 기관지가 오래전부터 좋지 않아 병원신세를 최근 많이 지셨지만 인공호흡기로 부족해 폐에 기관 삽입을 한 것은 처음입니다. 기관 삽입을 결정할 때 어머니께서는 주위 친지들의 조언을 들어 난색을 표시했습니다. 아버지께서 고통만 겪다가 돌아가실 것을 염려했기 때문입니다. 결국 최종 결정은 하나밖에 없는 아들이자 보호자인 제가 맡게 됐고 저는 기관 삽입을 결정했습니다.

상당히 위중한 상황에서 최선의 의료적 도움을 드려야 한다는 것도 있었지만 아버지께 아들의 투쟁이 정당했음을 확인시켜 드리고 싶었습니다. 그리고 지난 11월 13일 법원은 저를 포함한 YTN 기자 6명에 대해 회사의 징계해고는 무효라고 판결했습니다.

저는 "법원, YTN 노조 6명 해고 무효"란 제목의 기사가 1면에 실린 14일자 〈한겨레〉와 〈경향신문〉을 갖고 중환자실로 갔습니다. 아버지께 그 신문을 보여드리며 "아버지, 법원이 민주주의를 위한 저의 투쟁이 정당했다고 판결했습니다. 제가 이겼습니다"라고 말씀드렸습니다. 아버지는 기관이 삽입된 고통 속에서 말을 할 수가 없어 눈빛만 깜박거렸습니다. 그리고 힘겹게 오른손을 살짝 드시더니 엄지손가락을 힘 있게 치켜 올리셨습니다.

"아버지 저를 이렇게 키워 주셔서 감사합니다. 사랑합니다. 아버지 !"

마흔여섯까지 살아오면서 아버지를 제대로 봉양하지 못한 불효자식이 지난해 10월 6일 갑자기 강제해직돼 아버지께 걱정을 끼치는 불효를 하게 됐습니다. 그러나 제가 대한민국 언론 민주주의를 위해 조그만 노력을 했다면 모든 것이 아버지의 가르침 때문입니다. 아버지는 사내대장부는 항상 이익을 보면 그것이 의로운 것인지 생각하라고 가르치셨습니다. '견리사의 견위치명'(見利思義 見危致命). 《논어》에 나오는 말입니다. 안중근 의사의 친필로 더욱 친숙한 이 문구는 그래서 저에겐 실천으로 옮기기 어려운 좌우명 같은 것이 됐습니다.

지난해 YTN 조합원들과 기자들이 낙하산 사장 반대투쟁을 한창 벌일 때 저는 청와대 출입기자로 일했습니다. 청와대는 모든 언론사가 가장 중요하게 여기는 출입처입니다. 때문에 청와대 출입기자가 되는 것은 기자 개인에겐 큰 영광입니다. 언론사로서 YTN의 정치적 중립과 공정방송을 위해 낙하산 사장 반대투쟁에 나선 후배들의 명분과 정의, 그리고 청와대 출입기자라는 자리가 주는 이익과 후배들의 행동에 동참했을 때 저에게 닥칠 불이익과 시련.

저는 그 공공의 정의와 사사로운 이익 앞에서 잠시 고민했습니다. 50을 바라보는 나이에 정의의 대열에 합류하지 않는다 해서 누가 나를 욕할까 하며 스스로 위안을 가져 보려고도 했습니다. 그러나 아버지의 가르침대로 '견리사의' 정신을 따르기로 마음을 다시 잡았습니다.

저는 다시 '견리사의 견위치명'의 정신으로 새로운 희망을 꿈꿔 볼까 합니다. 21세기 대한민국의 언론 민주주의가 위기에 봉착했습니다. 해직기자가 될 때의 초심으로 돌아가 한국기자협회 회장 선거에 출마하려고 합니다. 사사로운 이익을 생각하기에 앞서 의를 생각하겠습니다. 그리고 언론 민주주의를 위해 목숨을 바치겠습니다. 제갈량이 임금에게 출사표(出師表)를 올리는 심정으로, 여기 해직일기에 민주주의 역사와 민주주의를 사랑하는 분들께 감히 저의 출사표를 올립니다.

당시 글에는 아버지께 사랑한다는 말을 한다고 썼지만 사실 제대로 하지 못했다. 그렇게 하기로 다짐을 했지만 쉽지 않았다.

법원에서 해직무효 판결을 받기 며칠 전 구의동에서 한의사로 개업한 이용운이란 친구에게 전화가 왔다. 용운이는 서울대 정치학과 83학번 동기동창이다. 포항이 고향인 용운이는 대학 때 우리 집에 놀러 와 몇 번 자고 가기도 했다. 아버지는 그럴 때마다 시원시원하고 반듯한 성격의 친구를 반가이 맞아 주셨다. 용운이는 오랜만에 전화를 걸어 별뜻 없이 아버지 안부를 물었다. 나는 지금 중환자실에 계시며 몹시 위독하다고 말했다. 그러자 용운이가 뭔가 직감을 했는지 아버지 돌아가시기 전에 아버지 손을 잡고 이렇게 말하라고 당부했다.

"아버지 저를 이렇게 키워 주셔서 감사합니다. 사랑합니다. 아버지!"

용운이가 전화로 이 말을 할 때 눈물이 주체할 수 없을 정도로 나와 통화하기가 곤란했다. 아마 아버지가 돌아가셨을 때보다 더 많이 울었던 것 같다. 용운이는 내가 아버지께 그 말을 할 만한 놈이 못 된다고 생각했는지 신신당부를 한 듯하다. 그러나 정작 아버지께 감사하다는 말만 하고 사랑한다는 말은 하지 못했다.

아버지가 아들의 복직 소식을 듣지 못하고 돌아가신 것은 지금도 마음에 걸린다. 아버지는 〈8월의 크리스마스〉에 나오는 아버지 신구처럼 아들에게 말씀이 많지 않았다. 아버지는 담배를 많이 피워 돌아가셨다. 당신 주장에 따르면 일본 강제 점령기 때인 초등학교 시절부터 선죽교 근처에서 담배를 피웠다고 한다. 아버지는 80대 초반까지 하루에 두 갑 이상 담배를 피우셨다. 아버지는 돌아가시기 전 수년간 병원 신세를 졌는데 요양 병원과 일반 병실, 중환자실을 왔다갔다 하길 되풀이했다.

하루는 갑자기 위독하다는 연락을 받고 병원으로 달려갔는데 아버지 바지에서 담배가 나왔다. 거동이 불편해 제대로 피우신 적은 없는 것 같은데 아마 담배를 지니고 계셔야 마음에 위안이 됐던 것 같다. 그렇다 하더라도 그냥 넘어갈 수 없는 노릇이라 나도 영화 속 한석규처럼 아버지께 화를 냈던 기억이 난다. 해서는 안 되는 불효이지만 아마 아버지께 화를 낸 건 그때가 처음이자 마지막이었던 같다.

"사랑합니다. 아버지!"

쇼생크 탈출

개봉 1995년
감독 프랭크 다라본트
출연 팀 로빈슨(앤디 듀프레인),
모건 프리먼(레드)

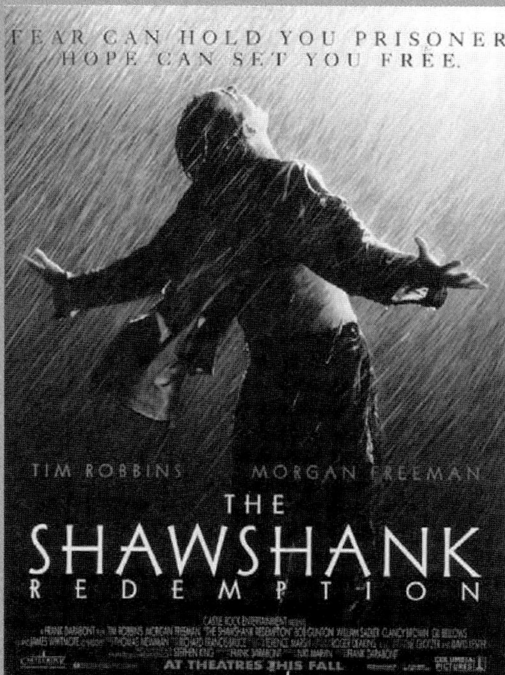
FEAR CAN HOLD YOU PRISONER
HOPE CAN SET YOU FREE.
TIM ROBBINS
MORGAN FREEMAN
THE
SHAWSHANK
REDEMPTION
AT THEATRES THIS FALL

권력의 탄압을 두려워하지 말라

긍정의 힘을 믿어라

유능한 은행원이었던 앤디 듀프레인은 아내와 그녀의 정부를 살해했다는 누명을 쓴다. 앤디는 결국 종신형을 선고받고 수감자들에게 악명 높은 교도소인 '쇼생크'로 향한다. 사회 모범생이었던 앤디가 쇼생크에서 처음 본 광경은 해들리라는 교도관이 곤봉으로 마음에 들지 않는 죄수들을 짐승처럼 때리는 것이었다. 그런 일들이 아무렇지도 않게 일어나는 쇼생크 교도소 최상부에는 노튼이라는 교도소장이 있었다.

쇼생크는 노튼의 작은 왕국이다. 교도관들은 노튼 소장의 말을 왕처럼 따르는 신하였고 죄수들은 노튼 소장의 말이면 쥐도 새도 모르게 죽을 수 있는 노예보다도 못한 존재였다. 노튼 소장은 겉으로는 "나는 두 가지만 믿는다. 성경과 규율"이라고 말하며 법과 원칙에 따라 교도소를 운영한다고 하지만 뒤로는 교도소장이란 직책을 이용해 온갖 부정을

ⓒCastle Rock Entertainment

저지르는 이중인격자다.

은행원 출신 앤디는 쇼생크에서 견디기 힘든 나날을 보낸다. 그러던 어느 날 앤디는 자신의 전문지식을 활용해 교도관의 세금을 면제받게 해 준다. 덕분에 그는 교도소의 비공식 회계사로 일하며 교도소장과 교도관의 세금을 면제받게 해주고 재정상담까지 해준다.

쇼생크에는 무슨 물건이건 다 구할 수 있는 레드가 있었다. 레드는 지옥 같은 쇼생크 교도소에서도 적응하며 살아가는 죄수였다. 앤디는 자신과 다르지만 교도소 선배인 레드와 친해진다.

앤디가 교도소에서 잘 적응하고 있을 때 토미라는 신참내기 죄수가

©Castle Rock Entertainment

들어온다. 앤디가 아내와 아내의 정부를 살해했다고 들은 토미는 뭔가 짚이는 게 있다. 앤디와 레드 앞에서 토미는 진짜 살인범을 알고 있다고 말한다. 앤디는 토미의 얘기를 노튼 소장에게 말하면서 결백을 주장하지만 소장은 이를 묵살한다. 앤디의 결백이 알려지면 자신의 처지가 곤란해질 것을 직감한 소장은 결국 토미를 죽여 버린다.

소장의 재산을 불려주는 앤디가 석방되는 것을 막기 위해 진실을 묻어버린 것이다. 독방에서 토미의 죽음을 전해들은 앤디는 이제 '성경과 규율', '법과 원칙'에서 자유를 얻을 어떤 희망도 찾을 수 없음을 깨닫게 된다.

레드는 낙담하는 앤디에게 있는 그대로의 현실을 받아들이라고 위로한다. 그러나 앤디는 태평양에 있는 섬에서 살 거라는 꿈을 얘기한다. 탈출을 암시한 것이다. 앤디는 이미 조각용 망치로 조금씩 교도소의

ⓒCastle Rock Entertainment

벽과 땅을 파내고 있었다. 앤디는 결국 수백 년은 걸릴 것 같았던 탈출용 토굴을 19년 만에 완성하는 데 성공한다. 앤디는 그 토굴 입구에 전설적인 섹시 여배우 리타 헤이워드의 대형사진을 붙여 놓고 있었다. 영화 〈쇼생크 탈출〉의 원작소설 제목은 '리타 헤이워드와 쇼생크 탈출'이다.

하수도관이 깨지는 소리를 감추기 위해 앤디는 천둥 번개가 치는 날을 택해 탈출한다. 앤디가 오물로 가득 찬 하수도관에서 나와 비가 오는 하늘을 향해 두 팔을 펼치는 장면이 압권이다. 앤디는 탈출한 뒤 교도소장의 돈을 관리하면서 만든 가명계좌에서 부정 축재된 모든 돈을 찾고, 교도소의 비리를 낱낱이 폭로한 문서를 신문사에 보낸다.

한편 레드는 40년의 복역을 마치고 가석방되지만 사회생활에 적응하지 못해 자살하려고 한다. 그러나 앤디와의 약속을 지키기 위해 가석방 규칙을 어기고 여행을 떠난다. 약속 장소에서 앤디가 쓴 '희망의 메시지'를 발견하고 레드도 태평양으로 떠난다. 한적하고 평화로운 태평양이 보이는 섬에서 앤디와 레드는 자유를 함께 만끽한다.

신 분서갱유

영화 대사에는 나오지 않지만 미국에서 제작된 포스터에는 "Fear can hold you prisoner, hope can set you free"라는 구절이 있다. 두려움과 희망은 동전의 양면이다. 교도소 안에서 같은 죄수라 하더라도 희망을 가지면 자유를 얻을 수 있지만, 석방되더라도 두려움 속에 있으면 영원히 죄수가 된다. 희망을 갖고 있던 앤디는 주체적으로 자유를 향해 19년 동안 탈옥용 토굴을 팠지만 두려움만 갖고 쇼생크에서 40년 동안 적응했던 레드는 가석방된 뒤에도 죄수의 몸이었다.

"공포로부터의 자유"

70년 전 루즈벨트(Franklin Roosevelt) 대통령이 언론자유의 전제로 한 말이다. 대한민국이 건국되기 전에 한 루즈벨트의 이 말은 21세기를 사는 대한민국 기자와 PD에게도 여전히 유효하다. 이명박 정부 출범 이후 언론 민주주의와 언론인에 대한 탄압이 계속되고 있지만 우리가 경계해야 할 것은 절대권력의 언론탄압 그 자체가 아니라, 탄압에 대한 두려움과 공포다. 동서고금의 모든 권력은 국민들에게 직접 공권력과 탄압을 행사하기보다 탄압의 본보기를 보여 두려움에 떨게 했다. 절대권력의 추종자들은 쇼생크 교도소의 노튼 소장처럼 '성경과 규율', '법과 원칙'을 강조하며 일벌백계로 힘없는 사람들에게 공포감을 조성했다.

이명박 정부는 출범 이후 비즈니스 프렌들리를 차용해 프레스 프렌들리(*Press Friendly*) 언론정책을 펴겠다고 장담했다. 보수언론은 이명박 정부로부터 종합편성 채널을 선물 받았으니 프레스 프렌들리 정책을 폈다고 말할지 모르겠으나 나는 동의할 수 없다. 이명박 정부는 오히려 프렌들리(*Friendly*) 한 얼굴을 한 채 언론 민주주의와 언론인을 억압(*Press*) 했다.

2010년 5월 한국을 방문한 프랑크 라뤼 UN 의사표현의 자유 특별보고관은 "2008년 촛불시위 이후 한국에서 표현의 자유 영역이 줄어들고 있다"는 보고서를 채택했다. 이 보고서엔 "이명박 정부의 입장과 일치하지 않는 견해를 밝힌 개인들을 국제법에 부합하지 않는 한국의 국내 법규에 근거해 기소·처벌하는 사례가 점점 늘고 있다"고 지적했다.

IFJ(국제기자연맹)는 2010년 9월 성명서에서 "2008년 이명박 정부 이후 YTN 기자 6명, MBC 기자 2명이 해고당했고, 160명 이상의 기자들이 정직, 감봉, 경고 등 징계조치를 받았다"며, "이명박 정부는 한국의 언론자유를 회복하고 YTN, MBC에서 해고된 언론인을 복직시켜야 한다"고 밝혔다. 중징계를 받은 160명의 기자, PD들은 음주운전이나 사기, 절도 등으로 징계를 받은 것이 아니다. 언론 민주주의를 이야기했다는 이유만으로 해직 등 중징계를 받았다. 대부분 KBS, MBC, YTN 등 방송사 PD와 기자들이다. 〈동아일보〉, 〈조선일보〉, 〈중앙일보〉, 〈매일경제〉 등 종합편성채널을 받은 언론사 기자는 단 한 명도 없다. 그래서 이명박 정부의 언론탄압의 대상은 분명하다. 정권의 방송장악 정책에 저항하는 언론인에 대해 가차 없이 중징계를 내리는 것이다.

UN과 IFJ 등 세계적 단체들이 경고하고 있음에도 불구하고 이명박 정부는 왜 방송사 기자와 PD를 탄압할까? 방송을 장악해야 정권홍보를 제대로 할 수 있다고 판단하기 때문이다. 또 방송법과 신문법 등을 바꿔 보수언론에 종합편성채널을 줘야 하는데 방송사 기자와 PD들이 이를 반대했기 때문이다.

이명박 정부가 임명한 것과 진배없는 KBS 이병순·김인규, MBC 김재철, YTN 구본홍·배석규 사장 등은 임명권자의 의중을 잘 알고 있었다. 이들 언론사 사장들에겐 쇼생크 교도소 소장이 말한 '성경과 규율'과 같은 '사규와 인사권'이 있었다. 이들 사장은 임명권자의 뜻에 따라 1980년 전두환 정권이 자행한 '언론인 대학살' 이후 처음으로 언론인에 대한 대량 중징계를 단행했다. 이들을 통한 간접적 억압, 허울뿐인 프레스 프렌들리다.

MBC 김재철 사장은 취임 초기 시사프로그램인 〈후 플러스〉와 국제시사교양 프로그램인 〈W〉를 폐지했다. 2010년 8월에는 이명박 정부의 주요 정책인 4대강의 문제점을 꼬집은 〈PD 수첩〉 4대강 방송을 결방시켰다. 또 YTN 〈돌발영상〉이 6개월 이상 방송되지 못했고, KBS 시사기획 〈쌈〉이 없어졌다.

2011년 4월 김미화 씨는 MBC 라디오 시사프로그램 〈세계는 그리고 우리는〉에서 하차했다. 김 씨는 그 프로그램을 8년 동안 진행했고 라디오광고 판매율 1위를 기록하기도 했다. 김미화 씨는 KBS에서도 블랙리스트 파문을 겪으며 단편 다큐멘터리 더빙에도 배제된 바 있다.

언론개혁시민연대는 "이명박 정권의 임명을 받은 낙하산 사장과 관제 사장들은 자신의 치적을 쌓기 위해 '퇴출카드'를 악용해왔다"며, 김미화 씨와 같은 사례로 김제동, 윤도현, 정관용, 신경민 등을 언급했다. 김미화, 김제동, 윤도현, 정관용, 신경민 등은 방송에서 이명박 정부를 노골적으로 비판한 적은 없다. 깨어있는 시민들이 이들 방송인들과 연예인들의 말과 행동에 동감하고 찬사를 보낸 것이 낙하산 사장의 입장에서 부담스러웠던 것이 아닌가 생각한다.

분서갱유(焚書坑儒)는 진시황이 측근 이사근의 주장을 받아들여 실용서적을 제외한 모든 사상서적을 불태우고 유학자를 생매장한 사상탄압이었다. 이명박 정부 출범 이후 〈후 플러스〉, 시사기획 〈쌈〉 등 사회비판적 프로그램이 폐지된 것은 책을 불태우는 '분서'에 해당한다. 그리고 160명이 넘는 언론인들이 해직 등 중징계를 당하고 김미화, 김제동 등 방송인이 프로그램에서 퇴출되는 것은 유학자를 땅에 묻는 '갱유'에 해당한다고 할 수 있다. 이명박 정부는 방송장악과 언론장악을 위해

2,300년 전 진시황이 행한 분서갱유를 요즘 시대에 맞게 행하고 있으니 어찌 신 분서갱유라 하지 않을 수 있겠는가?

MB가 가장 아낀 언론인

신 분서갱유에 앞장선 이명박 정부의 사람들이 있다. 그 가운데 가장 대표적인 사람이 신재민 전 문화부 차관이다. 나는 2008년 청와대 출입기자로 있는 7개월 동안 신 씨를 몇 번 만난 적이 있다. 신 씨는 당시 문화부 2차관으로 과거 국정홍보처장과 정부 대변인 역할을 했다. 그는 청와대 출입기자들과 식사하는 자리에서 이명박 대통령과의 인연을 자랑삼아 말했다. 이명박 대통령 측근 가운데 기자출신이 상당수 있는데 신재민 씨 자신에 대한 대통령의 애정이 각별하다는 식으로 말했다.

특히 같은 기자출신인 이동관 전 홍보수석과 자신을 비교하는 말도 했다. 이동관 수석은 이 대통령이 박근혜 대표와의 경선을 코앞에 둔 시점인 2007년 여름 〈동아일보〉를 그만두고 이명박 선거캠프에 들어왔다. 반면 신씨는 1998년 당시 이명박 의원이 선거법 위반으로 의원직을 잃고 워싱턴으로 정치낭인이 돼 갔을 때 〈한국일보〉 워싱턴 특파원으로 있으면서 각별한 관계를 가졌다고 강조했다. 이동관 전 수석은 서울대 정치학과 76학번이고, 신재민 전 차관은 77학번이다.

신재민 씨는 이명박 후보가 대통령에 당선된 뒤 기자들 앞에서 "워싱턴에서 기자들, 공무원들과 함께 골프 라운딩이 이뤄졌고, 운동 후에는 함께 토론을 벌이곤 했다"고 말한 적이 있다. 그는 워싱턴 시절 직접 차를 몰아 이 대통령을 픽업해 골프장으로 모셨다고 기자들에게 자랑했다. 보통 골프 라운딩이 끝나면 함께 샤워를 하게 되는데, 신 씨는 자신과 이명박 대통령이 '목욕탕 동기'라며 이 대통령 측근 가운데 목욕탕 동기가 몇이나 되겠냐고 반문했다. 이 대통령이 가장 어렵고 외로운 시기였을 때 곁에 있었으니 어깨에 힘이 들어갈 만도 했다.

신 씨는 이명박 대선캠프에서 정무기획을 맡았다. 이명박 후보를 매일 아침 만나 일일보고를 하면서 언론보도를 비롯한 정세를 종합 브리핑했다. 대통령이나 대통령 후보를 매일 아침 독대할 수 있는 사람은 흔치 않다. 신 씨는 정부 실세 중 실세였다. 그는 정권 출범과 함께 문화부 차관 겸 정부 대변인을 맡았다. 이명박 정부의 언론장악, 방송장악을 위해 견마지로를 다했다.

신 씨는 특히 이명박 정부의 말을 듣지 않는 기자, PD에 대해 온갖 겁박을 가했다. 전두환 정권 때 언론사 통폐합과 언론인 대량해직에 앞장선 허문도 씨를 보는 듯했다. 신 씨는 이명박 정부에서 장관 자리 하나 차지해야겠다고 작심한 듯 YTN, MBC 등 언론과 관련해 거친 말을 쏟아냈다. 이명박 대통령은 그를 문화부 장관에 낙점했지만 청문회에서 그의 온갖 개인 비리가 밝혀지자 결국 경질시켰다. 신 씨가 YTN 기자들을 향해 퍼부었던 겁박은 2010년 8월 노종면 해직기자가 〈한겨레〉에 기고한 글에 잘 정리돼 있다.

신재민 장관 후보자의 협박을 기억한다

YTN 노조위원장에 당선된 직후인 2008년 8월 어느 날 선배 한 분을 만났다. 마주 앉은 선배는 휴대전화를 내밀며 잠시 전화를 받겠다고 양해를 구했다. 선배가 보여준 휴대전화에는 '신재민' 세 글자가 선명했다. 자신이 정권 핵심인사와 통화하는 사이임을 입증하기 위해 굳이 발신자 이름을 보여준 것으로 이해했다.

당시 문화체육관광부 제 2차관이었던 신재민 씨의 입장은 YTN 노조위원장인 내게 다양한 경로를 통해, 심지어는 현직 보도국장을 통해서도 전해지고 있었다. 선배 휴대전화에 찍힌 신재민 이름 석 자는 신 씨가 역시 권력의 메신저임을 재삼 확인시켜 줬다.

MB정권의 언론장악에 맞서는 언론인들은 신재민 씨를 '언론 5적'으로 규정한다. 나는 YTN 사태를 근거로 이 규정에 동의한다. 그는 스스로 문화부 2차관에 정부 대변인 자격을 부여하며 공식적으로 공기업이 소유한 YTN 지분처분 방침을 천명했다. YTN의 방송사업권 재승인을 언급하며 노조에 투쟁을 접으라고 요구했다.

신재민 씨의 당시 발언은 공개된 것만으로도 여러 언론사에 의해 협박으로 규정됐다. 미처 보도되지 않은 신재민 씨의 발언, 내게 직간접적으로 전달된 그의 발언은 협박이라는 규정도 모자란다.

가장 기억에 남는 그의 발언은 '세상을 박쥐처럼 살지 마라'다. YTN 노조를 향해 한 말로 이해되나 아직도 정확한 의미를 알지 못한다. 그저 불쾌하기 이를 데 없고, 오만하기 이를 데 없는 발언이라 여기고 있다. 따라서 인상은 강하지만 별 의미를 두지 않는다. 내가 기어코 기억에 남겨두려는 신 씨의 발언은 이런 것들이다.

'YTN이 살려면 희생양을 만들어라',

'강하게 투쟁한 노조원들 자르라고 하겠다',

'공영이라면 〈돌발영상〉 없애야 한다',

'고소된 노조원들 경찰수사 강하게 할 것이다',

'YTN은 문 닫아도 지상파보다 부담이 적다',

'구본홍 사장 물러나면 더 빨리 망할 것이다',

'YTN 주식 다 판다. 공기업 주식 보유 원하면 권리를 인정하라',

'국정감사(2008년 10월 9일)가 마지노선이다. 국감에서 이슈화되면 재승인 불가하다'.

신재민 씨의 발언은 단순히 발언으로, 협박으로 끝나지 않았다. 상당 부분 현실이 됐다. 강하게 투쟁한 사람들 6명이 잘렸다. 희생양이 됐다. 〈돌발영상〉이 반년 이상 폐지됐고, 부활된 이후에도 제작자 징계와 교체로 수난을 겪었다. 회사가 고소한 조합원들은 불법체포와 부당한 구속을 당했다. YTN 재승인은 실제로 보류되었다. 공기업 보유 주식도 일부 매각되었다. 우여곡절 끝에 재승인이 이뤄졌고 주식 매각도 중단됐으나, 당시 YTN은 노사를 막론하고 엄청난 두려움을 견뎌내야 했다.

이러한 이유로 나는 신재민 씨를 정권 실세로 규정하는 데 동의한다. 그러나 정권의 성공을 위해서는 신 씨가 정권의 실세로 남아서는 안 된다고 판단한다. 그런 그가 문화부 장관으로 내정됐다. 2년 반이나 고위공직을 거친 인사임에도, 터져 나오는 의혹들이 만만치 않다. 탈세 의혹, 특혜분양 의혹, 부인 위장취업과 땅 투기 의혹, 여기에 신 씨가 시인한 위장전입은 그 횟수와 방식에 있어 '교과서'라는 평가까지 받는다. 청문회 과정을 통해 철저히 검증돼야 할 부분이다. 여기에 더해 언론장악 과정에서 신 씨가 어떤 역할을 했는지도 검증받아야 한다. 나는 청문회에서 YTN 관련 부분만큼은 증언할 용의가 있다. 과연 누가 박쥐처럼 살았는지 가리고자 한다.

노종면 언론노조 민주언론실천위원회 위원장

나는 신재민 씨와 서울대 정치학과 선후배 사이로 이명박 정부 출범 전에도 본 적이 있다. 그런 인연으로 YTN 사태가 불거졌던 2008년 당시 신재민 차관과 몇 차례 통화한 적이 있다. 나는 YTN 사태가 파국으로 가지 않도록 신 차관에게 부탁하는 입장이었다. 처음엔 비교적 얘기가 통하는 듯했다. 그러나 2008년 여름 YTN 구본홍 사장과 노종면 노조위원장의 최종협상이 결렬되면서 YTN 사태는 새로운 국면을 맞게 되었다.

2008년 8월 17일 일요일 청와대 춘추관에 나와 당직 근무를 하고 있는데 신재민 차관의 전화를 받았다.

"구본홍 사장과 노종면 위원장의 협상이 결렬됐다며?"

"네, 그렇습니다."

"그럼 안 되지. YTN 노조 말이야, 노무현에게는 잘하고 우리한테는 이러면 안 되지."

"무슨 말씀인가요? 노무현은 또 뭐고?"

"어쨌든 할 수 없지. 어디 한번 해보자고."

신 씨는 그렇게 말한 뒤 일방적으로 전화를 끊었다. 그것이 신 씨와의 마지막 통화였다. 신 씨가 까칠한 성격이라는 사실은 본인도 사석에서 인정하고 여러 사람으로부터 들어서도 알고 있었다. YTN 노조에게 했다는 '세상을 박쥐처럼 살지 마라'는 말은 똑같은 단어는 아니겠지만 나에게도 비슷하게 했던 말이다. 그럴 때마다 참을 수 없는 모멸을 느꼈지만 참을 인(忍) 자를 세 번 떠올렸다. 신재민 씨가 어찌됐건 YTN 사태와 관련해 갑이었고, 나는 YTN 기자들과 조합원들의 입장을 전하는 을의 입장이었다. 대학 선후배이자 기자 선후배 사이에 하는 말이 너무 지나치다는 생각을 했지만 할 수 없는 노릇이었다.

나는 신재민 씨가 후배 언론인에게 '박쥐'라는 말까지 하면서 면박을 줘 그가 기자생활을 선비처럼 하고 다녔을 것이라 짐작했다. 같은 언론사를 다닌 적이 없어 그가 기자생활을 어떻게 했는지 알 수 없지만, 본인 스스로 도덕적으로 당당하지 않고서야 후배기자들에 대해 박쥐 운운하며 매도하기는 힘들다고 생각했다. 그러나 문화부 장관이 되기 위한 청문회장에서 드러난 그의 비리에 뒤통수를 맞는 느낌이었다. 세상에 구악(舊惡) 기자들이 있지만 신 씨처럼 온갖 비리를 저지른 구악은 드물다.

나는 한국기자협회장에 당선된 뒤 2010년 1월 관훈클럽 모임에서 신재민 씨를 만났다. 신 씨는 나를 보자 굳은 표정으로 "오랜만입니다" 라고 존댓말로 한마디 하며 고개를 깍듯이 숙이며 인사했다. 관훈클럽 모임에 함께 참석한 이동관 수석과 대조적이었다. 이 수석은 나를 보자

"장균아, 너 얼굴 좋다. 기자협회장이 체질인가 보다. 우리 과거 섭섭했던 일은 다 잊고 앞으로 잘 지내보자"고 말했다. 좀 다르지 않은가?

절대권력에 대한 괘씸죄

부끄러운 얘기지만 나는 YTN 낙하산 사장 저지투쟁에 기여한 일이 별로 없다. 그런데 왜 이명박 정부는 평범한 기자인 나에게 '해직기자'라는 과분한 명예를 주었을까? 선후배 기자들은 내가 YTN 낙하산 저지투쟁에 관여해서가 아니라 청와대의 심기를 건드렸기 때문에 해직됐다고 본다. 그 생각에 동의한다.

2008년 9월 24일 나는 청와대의 심기를 건드리는 글을 〈기자협회보〉에 올린다. 청와대 박선규 비서관에게 쓰는 편지글이었다.

박 비서관, 안녕하십니까? YTN 청와대 출입기자 우장균입니다.

박 비서관과 제가 같은 KBS 출신으로 제가 박 비서관에게 선배로 호칭함이 도리이나, 800명 YTN 사원들과 그 가족들의 삶의 터를 유린하는 박 비서관의 만행에 차마 선배로 부르지 못함을 이해해 주시기 바랍니다. 청와대 방송언론 참모인 박 비서관도 알다시피 구본홍 씨는 용역깡패 300여 명을 동원한 날치기 주총에서 사장으로 선임된 지 두 달이 넘었지만 사장실에 출근하지 못하고 있습니다. 구씨는 최근 저를 포함한 12명의 YTN 기자를 경찰에 형사고발했습니다. 구 씨는 또 저를 포함하여 30여 명의 기자들에 대한 회사차원의 징계조치를 밟고 있습니다.

저는 마흔다섯 살까지 선량한 대한민국 국민으로 법을 지키며 살아왔습니다. 박 비서관이 청와대에 들어올 때 강도 높은 신원조회를 받았듯 저도 대통령실 경호처의 신원조회를 통과해 청와대 출입기자가 됐습니다. 주위 사람들은 저보고 법 없이도 살 사람이라 하는데 경찰서에 불려갈 생각을 하니 걱정이 태산입니다.

구본홍 씨는 한술 더 떠 회사징계 통지서를 기자들에게 보낸 뒤 개인 집으로도 등기로 통지서를 보냈습니다. 저는 일흔다섯의 노모와 함께 살고 있습니다. 어머니는 경찰서와 회사에서 날아온 소환통지서에 충격을 받고 몸져눕기도 했습니다.

박 비서관은 YTN 새 노조위원장이 사측과 대화를 벌이다 결렬을 선언한 8월 19일 청와대 춘추관으로 저를 찾아왔습니다. 이명박 대통령 후보 특보 출신 구본홍 씨가 사원들의 마음을 얻지 못하는 등 능력이 없음은 인정하나, 청와대는 구 씨를 사퇴시키지 않을 것이라며 그것이 대통령의 뜻이라고 말했습니다.

또 1990년 KBS사태 예를 들면서 징계를 받아 월급을 받지 못하면 생활이 곤란할 것이라고 겁박하며 계란으로 바위 치기하지 말라고 경고했습니다. YTN 주식 2만 주를 이미 팔았다고 얘기했습니다. 이를 노조위원장에게 전달해 달라는 말도 했습니다.

그렇지만 박 비서관은 특보출신이 왜 공정성이 생명인 뉴스전문방송에 와야 하는지, 박 비서관 본인과 YTN 사원들에게 무능함을 보인 구

씨가 왜 사장을 해야 하는지 아무런 답변도 하지 못했습니다. 대통령의 뜻이 정녕 구본홍 씨 한 사람을 위해 800명 YTN 사원들의 일터를 도탄에 빠뜨리는 것입니까?

신재민 문화체육관광부 차관은 지난 7월 18일 기자간담회에서 "구 사장 추천은 YTN 이사회가 한 것이지 정부가 간여하지 않았다"고 말했습니다. 이 나라 언론정책을 좌지우지하는 신 차관과 박 비서관 둘 중의 한 명은 거짓말을 하고 있는 것입니다.

청와대에서는 벌써부터 박 비서관과 같은 참모진들이 교언영색과 거짓 보고로 이 대통령의 눈과 귀를 멀게 하고 있다는 말이 나오고 있습니다. 국민과 소통하고자 하는 대통령의 뜻을 청와대 참모 개인의 영달을 위해 꺾지 마시기 바랍니다. 저는 박 비서관이 저를 해직기자로 몰고 간다 해도 두렵지 않습니다.

저와 YTN 기자들이 두려워하는 것은 박 비서관 같은 권력을 가진 공복의 서슬 푸른 칼날이 아닙니다. 저희가 두려워하는 것은 대통령을 호가호위하는 청와대 참모진의 그릇된 정책이 우리의 일터를 유린하고 이 땅의 언론독립을 훼손하고 우리나라를 위험에 빠트리는 것입니다.

〈기자협회보〉는 매주 수요일 나온다. 1주일 뒤 2008년 10월 1일 박선규 비서관의 반박문이 〈기자협회보〉에 실린다.

우장균 기자에 의해 '800명 YTN 직원과 그 가족들의 삶의 터를 유린하는 만행'을 저지르는 것으로 지목된 박선규 비서관입니다.

우선 우 기자의 일방적인 주장만을 진실인 양 게재한 〈기자협회보〉에 깊은 유감을 표합니다. 논란을 부를 수 있는 첨예한 현안에 대해 양쪽 모두의 입장을 반영해야 한다는 것은 언론의 가장 기본적인 자세가 아니던가요? 그러나 저는 우 기자의 주장과 관련해 기자협회로부터 어떤 질문도 받지 못했습니다. '언론인의 자질 향상'이라는 기자협회의 존립 목적은 무엇을 위함인지 묻고 싶습니다.

결론부터 말씀드리겠습니다. 청와대는 현재 진행중인 YTN 문제에 전혀 관여하고 있지 않습니다. YTN 문제에 대한 청와대의 일관된 입장은 구본홍 사장과 노조, 양 당사자가 직접 해결해야 한다는 것입니다. 우장균 기자의 주장은 악의적 왜곡으로 가득하며 진실과는 거리가 멉니다. 저는 방송을 담당하는 비서관입니다. 청와대에 출입하는 우 기자를 여러 차례에 걸쳐 만났고 많은 이야기들을 나눴습니다. 대부분 저는 우 기자로부터 YTN 구성원들의 고민과 내부 분위기를 전해 듣는 입장이었고 그는 도움을 청하는 쪽이었습니다. 우 기자는 그 같은 상황에서 주고받은 여러 이야기들 가운데 일부만을 짜깁기하고 맥락을 왜곡했습니다.

우 기자는 제게 구 사장 사퇴만이 해결책이라며 '청와대가 나서서 도와 달라'고 부탁했습니다. 그런 우 기자에게 저는 "청와대가 나설 수 있는 사안이 아니다. YTN 문제는 근본적으로 구 사장과 노조, 당사자들이 해결할 수밖에 없는 문제며 그것이 대통령의 뜻이기도 하다"는 답을 했습니다. 우 기자는 이 이야기를 "구 사장을 사퇴 안 시키는 게 대통령의 뜻"이라는 말로 둔갑시켰습니다. 우 기자는 또 제가 90년대 KBS 이야기를 하며 자신을 겁박했다고 주장했습니다. 우 기자가 의도적으로 생략해 버린 전후 맥락을 되살리면 다음과 같습니다.

저는 우 기자에게 "방송환경이 급변하고 있다. 이런 시기에 심한 사내혼란은 YTN의 미래와 비전에 치명적일 수 있다. 그러니 중견기자들이 나서서 혼란 수습에 역할을 해주는 것이 좋지 않겠느냐"고 이야기했습니다. 그런 제 말에 우 기자는 자신은 힘이 없고 이미 회사를 떠날 각오가 되어 있다며 가족들에게도 이야기를 한 상태라고 답했습니다.

그런 반응에 제가 웃으며 "마지막 단계에 대한 이야기는 그렇게 쉽게 하는 것이 아니다"라고 말하고 제가 겪은 90년 KBS 이야기를 들려주었습니다. 회사만이 아니라 자신과 가족의 미래가 걸린 중차대한 문제이니 정말 신중해야 한다는, 언론계 선배입장에서의 진심어린 충고였습니다. 우 기자가 '겁박'이라고 주장한 내용의 실체는 바로 이것이었습니다.

저 자신이 불과 몇 달 전까지 기자로 활동하던 입장에서 이런 일을 당하고 보니 정말 답답하고 안타깝습니다. 그러나 개인적 감상을 넘어 다시 한 번 분명히 말씀드리고 싶습니다. 현재 청와대의 어느 누구도 YTN 문제에 관여하고 있지 않습니다. 사실 그럴 여유조차 없습니다. 정말 청와대가 YTN 문제에 개입하고 있다면 두 달 이상의 혼란상과 조직의 기본인 인사권조차 무시되는 지금의 상황이 가능하겠습니까? 이 한 가지로 여러 문제에 대한 설명이 가능하리라 믿습니다. 요즘 저 자신이 참 많은 공부를 하고 있다는 생각이 듭니다. 그리고 개인적으로 이번 일을 통해 앞으로 기자들을 만나고 이야기를 나누는 데 굉장히 조심스러워질 것 같습니다. 저나 기자들 모두에게 결코 바람직한 일은 아니겠지만 말입니다.

박선규 비서관의 반박문이 10월 1일 〈기자협회보〉에 실리고 5일 뒤 나는 강제해직된다. 해직되는 것이 두렵지 않다고 말했지만 정말 해직될 줄은 몰랐다. 기자 6명이 해직된 이유는 업무방해 혐의인데, 나는 구본홍 사장의 업무를 방해한 기억이 없기 때문이다. 그러나 절대권력의 심기를 건드렸으니 관용을 기대한 것은 사치라 생각한다.

10월 7일 〈기자협회보〉에 박선규 비서관의 글에 대해 다시 반박문을 보내지만 어찌된 영문인지 본지에는 실리지 못하고 온라인에만 게재된다.

당시 청와대 비서관이었던 박선규 씨는 지금은 문화부 2차관이다. 박선규 씨는 나를 상대로 명예훼손 혐의로 고발하지 않았다. 이명박 정부의 일부 고위 공무원들은 언론과 언론인을 상대로 명예훼손 고발을 남발해왔다. 그런데 박선규 씨는 반박문을 통해 나를 거짓말쟁이라고 주장해 놓고 왜 고발을 하지 않았을까? 며칠 뒤 국정감사에서 “청와대의 어느 누구도 YTN 문제에 관여하고 있지 않다”는 박선규 비서관의 말이 거짓임이 백일하에 드러난다.

2010년 10월 9일 방송통신위원회 국정감사에서 구본홍 YTN 사장은 2010년 7월 박선규 청와대 언론 제 2비서관과 비밀회동을 가졌음을 시인했다. 구본홍 사장은 '지난 7월 2일부터 4일까지 서울의 한 호텔에서 묵으면서 박선규 비서관을 만난 적 있느냐'는 최문순 의원 질문에 "날짜가 잘못됐을지 모르나 7월 2일에 만난 적 있다"고 시인했다. 구본홍 씨가 사장으로 선임되는 7월 14일 이사회를 앞둔 시점이다. 구본홍 씨는 사장으로 확정되지 않은 시점에 청와대 언론 비서관과 비밀회동을 가진 것이었다.

박선규 비서관은 청와대에 입성하자마자 왜 사장으로 취임도 하지 않은 구본홍 씨를 은밀하게 찾아간 것일까? 박 씨를 포함해 이명박 정부 언론 쪽 사람들은 공식석상에서 정부나 청와대가 YTN 사장문제에 개입하지 않는다고 말했다. 그러나 실제로 박선규, 신재민 차관 등 이명박 정부 언론브레인들은 권력의 배후에서 YTN 사장 선임문제에 깊이 관여하는 이중적 모습을 보였다.

신재민 씨와 박선규 씨는 내 입장에서 보면 쇼생크교도소의 노튼 소장과 같은 사람들이다. 물론 신 씨와 박 씨가 나를 노골적으로 죄인 다루듯 하지는 않았다. 법과 원칙에 따라 해직 등 여러 가지 불이익이 있을 것이라고 겁박했는데, 이것도 그들 입장에서 보면 충고라고 여겼을 수도 있다. 그 경고와 충고를 받아들였다면 물론 해직도 당하지 않고 지금도 그들과 그럭저럭 잘 지내고 있을지 모르겠다.

그러나 절대권력이 겁박하면 기자들은 오기가 난다. 신 씨와 박 씨는 기자생활을 하면서 권력의 겁박을 충고로 받아들여 순응했을지 모르겠다. 자신의 경험을 일반화해 다른 기자들도 그런 겁박에 순순히 응할 것이라 생각한다면 그야말로 주관적 오류다. 아직도 더 많은 기자들이 옳은 것은 옳다, 그른 것은 그르다고 말할 수 있는 양심과 상식이 있다. 두려움은 감옥, 희망은 자유임을 기자들은 더 잘 알고 있기 때문이다.

"Fear can hold you prisoner, hope can set you free."

트루먼 쇼

개봉 1998년
감독 피터 위어
출연 짐 캐리(트루먼), 로나 린니(메릴)

JIM CARREY
the TRUMAN show
THE STORY OF A LIFETIME

리얼리티와
엿보기 사이

엿보기 미디어를 풍자하다

트루먼 버뱅크는 작고 조용한 섬마을에 사는 평범한 보험회사 직원이다. 트루먼은 어린 시절 아버지가 익사하는 모습을 목격한 뒤 물에 대한 두려움을 갖고 있다. 그는 사방이 바다로 둘러싸인 섬을 한 발짝도 벗어나지 못하면서 매일매일 반복되지만 평온한 삶을 산다. 그런 트루먼에게도 대학시절 만났던 첫사랑 로렌이 갔다는 피지에 언젠가 자신도 한 번은 가보겠다는 소시민적 꿈이 있다.

그런데 그는 하루 24시간 전 세계 시청자들에게 생중계되는 몰래카메라 쇼의 주인공이다. 사실 방송국이 그를 갓난아이 때부터 입양해서 키운 것이다. 아버지와 어머니도 트루먼의 친부모가 아니었다. 트루먼은 방송국에서 마련한 씨헤븐(Sea heaven)이라는 거대한 세트에서 자랐다. 그는 태양도 있고 비바람도 있고 바다도 있다고 믿고 있지만 사실

ⓒParamount Pictures

은 방송국과 광고주들이 마련한 인공태양이고, 인공바다였던 것이다.

오직 트루먼 자신만 이 사실을 몰랐다. 트루먼의 아내를 포함해 마을의 모든 사람들이 트루먼을 속이며 쇼에 출연하는 연기자들이었던 셈. 트루먼의 아내 메릴 버뱅크는 미모의 간호사인데 연기자답게 가끔 몰래카메라를 향해 억지 미소를 짓기도 한다. 트루먼 한 사람만 수천 대의 몰래카메라가 숨겨진 거대한 스튜디오에 자신이 살고 있는 줄도 모르고 있다.

태어나면서부터 지금까지 30년 동안 그의 모든 행동이 카메라에 찍혀왔다. 그러나 첫사랑만은 연출이 아니고 우연이었다. 트루먼은 엑스트라로 씨헤븐 스튜디오에 투입됐던 로렌에게 사랑을 느꼈지만 프로듀서

들은 로렌을 거대한 세트장에서 빼내어 트루먼에게 아련한 그리움을 품게 만들었다. 물론 이것도 시청률을 높이기 위한 술책이었다.

그러던 어느 날 트루먼이 평소처럼 보험회사로 출근하는데 거대한 세트장에 달려있던 조명이 하늘에서 떨어진다. 그리고 트루먼은 자동차로 출근하며 라디오 주파수를 돌리다가 자신의 행동이 생중계되고 있는 목소리를 우연히 듣게 된다. 여러 가지 수상한 사건이 계속되자 트루먼은 뭔가 잘못됐다는 것을 느낀다. 자신의 주위의 모든 사람들이 마치 누군가의 지시에 의해 움직이듯 똑같은 행동을 반복하고 있다는 것을 알게 된다. 트루먼은 자신의 삶을 송두리째 의심하기 시작한다.

결국 트루먼은 자신의 삶이 가짜라는 것을 알자 안락함을 버리고 위험이 있는 진짜 삶을 찾기 위해 나선다. 자신이 살던 마을을 떠나 로렌이 있는 피지섬을 향해 바다로 떠난다. 방송사 프로듀서는 인공 비바람과 거대한 파도를 만들어 트루먼이 가는 길을 막는다. 그렇지만 그는 물 공포증도 이겨내고 자유를 찾아 세상 끝까지 항해해 나간다.

인공 비바람과 인공 파도를 이겨낸 트루먼은 결국 스튜디오 끝 벽에 다다른다. 그곳에 스튜디오 밖으로 나가는 문을 나서면서 트루먼은 마지막으로 몰래카메라를 통해 쇼를 보는 시청자들에게 인사를 한다. 트루먼 쇼를 보는 전 세계 17억 명의 시청자들도 트루먼이 자유를 찾아가는 모습에 박수와 눈물을 보낸다.

진짜 리얼리티 쇼는 없다

영화 속 17억 시청자들에게 트루먼 쇼는 진짜, 리얼리티였는지 모르지만 정작 트루먼에겐 가짜 인생이었다. 트루먼 쇼는 리얼리티 쇼다. 지금 우리나라를 포함해 전 세계 방송사의 오락 프로그램의 대세는 리얼리티 쇼다. 영화 속 트루먼 쇼는 100% 리얼리티 쇼이지만 TV 속 리얼리티 쇼는 100% 리얼(*real*)이 아니다. 트루먼 쇼의 주인공은 자신이 카메라에 찍히고 있다는 것을 모르지만 리얼리티 쇼 출연자들은 자신이 카메라에 찍히고 있다는 사실을 알고 있으니까.

물론 트루먼 쇼가 현실에서 제작되기는 어렵다. 법적, 도덕적 문제를 극복하기 어렵기 때문이다. 17억 시청자들의 엿보기, 훔쳐보기 쾌락을 위해 동의도 구하지 않고 한 사람의 인생을 어항 속 금붕어처럼 만들 수 없지 않은가.

트루먼 쇼처럼 100% 리얼리티는 없지만 PD들은 100% 리얼리티에 가까운 프로그램을 만들기 위해 노력한다. 리얼리티 프로그램의 원조는 1999년 네덜란드에서 첫 방영된 〈빅 브라더〉다. 조지 오웰의 소설 〈빅 브라더〉에서 제목을 따온 프로그램이다. 〈빅 브라더〉에 나오는 출연자들은 외부세계와 철저히 단절된 채 공동생활을 한다. 수십 대의 카메라가 설치된 공동주택에서 생활하는 모습이 그대로 프로그램으로 제작되는데 출연자들은 자체 투표와 시청자 전화투표를 통해 한 명씩 탈락한다. 그리고 마지막 순간까지 남아 있는 사람이 수억 원의 상금을 받는다. 〈빅 브라더〉는 전 세계 20여 개국에 수출되면서 큰 인기를 끌었고, 제작사인 네덜란드 엔데몰은 한 해 1조가 넘는 돈을 벌어들였다.

〈빅 브라더〉의 영향으로 미국과 유럽 호주 등 서구에서 비슷비슷한 리얼리티 프로그램이 제작됐다. 서구에서 특히 남녀 짝짓기를 주제로 한 리얼리티 쇼가 많이 제작됐다. 그러나 남자 출연자가 여자 출연자를 성추행하고 출연자들이 나체에 가까운 모습을 보이는 등 선정성 시비를 불러일으켰다.

우리나라에서도 서바이벌 형식의 리얼리티 쇼가 있었지만 미국이나 유럽만큼 인기를 끌지 못했다. 선정적인 장면에 대한 방송심의가 서구보다 까다로운 한국에서 남녀 간 짝짓기 서바이벌 리얼리티는 한계가 있다. 이런저런 이유 때문에 한국에선 현재 〈1박 2일〉, 〈무한도전〉, 〈남자의 자격〉 등 남자 연예인들이 출연하는 리얼 버라이어티쇼가 대세를 이루고 있다.

무모한 도전

MBC 리얼 버라이어티 쇼 〈무한도전〉은 〈무모한 도전〉에서 진화한 프로그램이다. 〈무한도전〉은 국내 최초의 리얼 버라이어티 쇼라고 스스로 자리매김하고 있다. 이 말이 과언이 아닌 것은 그 이후 방송을 시작한 〈1박 2일〉, 〈패밀리가 떴다〉 등이 〈무한도전〉의 큰 영향을 받았기 때문이다. MBC 자회사 케이블 채널은 〈무한도전〉의 여성판인 〈무한걸스〉를 제작하기도 했다.

〈무한도전〉은 2005년 10월부터 김태호 PD가 간판 PD 역할을 맡고 있다. 5년 넘게 〈무한도전〉을 이끌면서 김태호 PD는 스타가 됐다. 2011년 말 방송을 시작할 예정인 종합편성 채널들은 지상파 스타 PD를 모셔가 개국과 동시에 시청률에서 기선을 잡을 생각이다. 시청자들의 관심을 잡을 수 있는 프로그램은 역시 주말에 방송되는 리얼 버라이어티 쇼다.

종편과 대기업 케이블 채널이 지상파 방송사의 스타 PD를 거액의 이적료를 제시하며 잇달아 모셔가는 상황에서 김태호 PD는 자신의 종편 이적설을 트위터를 통해 강하게 부인했다. 김 PD는 트위터에서 "회사를 옮기는 건 개인의 선택 문제"라며, "제가 걱정한 건, 앞으로 어떤 직장 선후배가 회사를 떠나게 되더라도, 그때마다 제가 어떤 비교점이 되어 언급되는 것이다"라고 밝혔다. 이어 "〈무한도전〉의 진화는 제 인생의 중요한 도전"이라며 "지금 저는 〈무한도전〉을 떠날 수 없습니다. 지금 맡은 일에 더 집중할 수 있게 도와주세요" 라고 말했다.

김태호 PD는 〈무한도전〉이 시청률 30%를 넘었을 때 시청률에 연연하지 않았던 것이 오히려 시청률 대박을 치게 한 것 같다고 말했다. 김 PD가 2005년 〈무한도전〉의 전신인 〈무모한 도전〉을 제작할 때 시청률은 바닥이었다. 당시 〈무모한 도전〉이 방송되면 시청자 게시판에 "왜 저런 걸 방송으로 내보냐"며 욕도 많이 먹었다. 그러나 김 PD와 유재석 등 출연자들은 〈무한도전〉의 성공을 확신했다.

김태호 PD 등 제작진과 유재석, 박명수, 정형돈 등 출연자들은 녹화가 끝나고 주말에 모여 제작회의를 한다. 김 PD는 제작회의를 즐겁게 하려고 노력한다. 짜장면을 먹으면서 하는 회의 아닌 회의는 마치 대학 동아리 모임 같다. 제작진과 출연진 모두 형, 동생하면서 자연스럽게 회의를 하기 때문에 제작회의가 자체가 바로 리얼리티 쇼가 된다.

〈무한도전〉은 많은 화제작을 낳았다. 그 가운데 하나인 '나비효과 편'은 그 어떤 다큐멘터리나 리포트보다 환경문제를 실감나게 다루었다. 김 PD의 아이디어와 연출력이 돋보이는 프로였다. 〈무한도전〉 멤버들은 3명씩 짝을 이뤄 북극 얼음호텔과 몰디브 리조트로 여행을 떠난다. 김 PD는 멤버들에게 여권을 가져오라고 하지만 북극과 몰디브가 아니고 국내에 있는 세트장으로 여행을 떠나는 것이다.

김태호 PD 아이디어로 만든 세트장은 1층은 몰디브 리조트, 2층은 북극 얼음호텔로 서로 연결돼 있다. 1층 몰디브 리조트로 간 유재석과 노홍철, 하하는 들어가자마자 덥다며 에어컨을 켠다. 그러나 몰디브 리조트의 에어컨 실외기는 2층 북극 얼음호텔에 연결돼 있다. 에어컨 실외기에서 후끈한 바람이 나오자 북극 얼음호텔의 얼음들이 녹기 시작한다. 그리고 북극 얼음호텔에서 녹은 얼음물은 다시 관을 타고 몰디브 리조트로 흘러 들어간다. 지구 온난화로 북극의 빙하가 녹고 그 영향으로 해수면이 올라가 인도양의 섬 몰디브가 조금씩 바닷물에 잠긴다는 상황을 리얼 버라이어티 쇼에 담은 것이다.

김태호 PD는 1층과 2층이 서로 연락 가능하도록 인터폰을 설치해 두지만 무한도전 멤버들은 제대로 소통하지 못한다. 북극 호텔에서 얼음이 녹아들자 에어컨을 끄라고 몰디브 리조트에 연락하지만 북극의 얼음 녹은 물이 몰디브로 오는 것을 모르는 상황에서 에어컨은 꺼지지 않는다.

김태호 PD는 또 나비효과를 국내 여행을 하는 무한도전 멤버인 가수 길을 통해 더 극명하게 보여줬다. 김 PD는 길에게 오피스텔의 주소를 주고 그곳에서 여행을 즐기도록 설정해 준다. 길이 오피스텔에서 에너지를 낭비할 때마다 탄소경보를 울리며 북극 얼음호텔의 히터가 하나씩 켜진다. 우리들이 한국 땅에서 온실가스를 배출하는 것이 북극과 몰디브에 어떤 영향을 미치는지 〈무한도전〉 멤버들의 여행을 통해 극적으로 보여준 것이다. 국내 여행을 하는 길이 냉장고 문을 오래 열어 두거나, 컴퓨터를 켠 채 밖으로 나가거나, 신호대기 중 기어를 중립으로 놓지 않는 모습은 시청자들도 쉽게 저지르는 에너지 낭비다. 주말 오후 방송되는 〈무한도전〉은 손자부터 할아버지까지 가족 모두 함께 보는 리얼 버라이어티 쇼다. 〈무한도전〉 '나비효과 편'은 재미와 유익함이란 두 마리 토끼를 잡을 수 있었다.

리얼리티 MT쇼

리얼 버라이어티 쇼 〈1박 2일〉은 일상에 지친 국민들에게 웃음과 감동으로 일주일의 피로를 풀어준다. 학창시절 MT를 가본 경험이 있는 중년 시청자들에게도 인기가 있는 프로그램이다. 〈1박 2일〉을 보면 강호동, 이승기 등 멤버들이 주로 게임을 한다. 밥을 먹을 수 있나 없나, 또는 '실내 취침이냐 야외취침이냐' 잠자리를 걸고 족구나 퀴즈를 하는데 보는 것만으로도 재미가 있다. 대학 때 MT 가서 족구나 퀴즈 등 게임을 한 기억은 있는데 까나리액젓 먹기 등 복불복(福不福) 게임을 하지는 못했다. 아마 요즘 대학생들이나 신입사원 MT, 워크숍에선 〈1박 2일〉처럼 까나리액젓 먹기 복불복 게임을 하지 않을까 생각한다.

〈1박 2일〉은 방송에서 소개된 촬영장소는 국민 관광명소로 주목받아 '1박 2일 따라잡기'라는 관광상품까지 등장했다. 〈1박 2일〉을 진두지휘하는 나영석 PD는 〈무한도전〉 김태호 PD처럼 얼굴이 널리 알려진 스타 PD가 됐다. 나 PD는 감각적 연출은 물론 프로그램에 직접 출연해 재치 있는 말투로 연예인 못지않은 유명세를 타고 있다. 예능 PD가 TV 화면에 나오는 것은 21세기 우리나라 예능 프로그램 특징 가운데 하나다. 특히 리얼 버라이어티 쇼는 리얼리티에 충실하기 위해 부득이 PD나 제작진이 프로그램에 직접 출연하는 경우가 많다.

특히 〈1박 2일〉의 경우 다른 리얼리티 쇼보다 제작진이 많이 출연한다. 여행을 떠나 야외에서 제작하는 리얼리티 쇼라 제작진의 출연이 빈번하다. 〈1박 2일〉 멤버들과 제작진이 밥이나 잠자리를 걸고 축구나 족구 등 단체게임을 하게 되면 제작진 전원이 프로그램에 출연한다. PD, AD(*Assistant Director*) 등 연출팀은 물론 촬영팀, 조명팀, 의상팀, 출연자 매니저 등 제작진 수십 명이 총출동 한다. 한 번은 제작진이 멤버들에게 잠자리를 건 게임에서 진 적이 있다. 50명 정도 되는 제작진이 하늘을 가리는 천막만 치고 잠을 자는 모습이 장관이었다.

리얼리티 쇼 프로그램을 제작하다보면 출연자뿐 아니라 제작진도 '리얼리티 정신'에 푹 빠지는 것인지 모르겠다. 〈1박 2일〉을 보면 이처럼 연예인이 아닌 제작진이 많이 출연하지만 나영석 PD만큼 자주 등장하는 인물도 없다. 나 PD는 예능 PD가 연출뿐 아니라 직접 예능을 하는 모습을 솔선수범해 보여준다. 출연자와 연출자의 경계를 허물면서 프로그램의 재미를 더하고 있는 것이다. 시청자들은 나 PD를 〈1박 2일〉의 또 다른 멤버로 생각하고 있다.

〈1박 2일〉에 대해 어디까지가 리얼이고 어디까지가 연출이냐고 묻는 시청자들이 많다. 특히 진짜 게임에 지면 밥을 전혀 주지 않는지를 궁금해한다. 나 PD는 "예능 프로그램이라는 특성상 재미있게 표현하기 위해 과장된 경우도 있다. 그러나 멤버들도 사람이다 보니 밥을 굶기 싫어서라도 최선을 다한다"고 말한다. 또 사전답사를 통해 주요 촬영일정만 정할 뿐 그 이상 어떠한 것도 미리 준비한 것이 없다고 한다. 가끔 돌발상황이 발생하는 것도 100% 리얼이기 때문이다. 나 PD는 3년 이상 프로그램을 맡다 보니 멤버들의 성향을 잘 알고 있다. 황금시간대 방송이라 시청률에 대한 부담이 크지만 연출진과의 마라톤 회의를 통해 그들에게 믿음을 줄 뿐이라고 한다.

나영석 PD는 〈1박 2일〉에 여자 연예인을 멤버로 출연시키지 않는 이유에 대해 여자 연예인이 등장하면 멤버들끼리 연애할 수도 있기 때문이라고 한다. 〈1박 2일〉은 '남자 로드여행'이다. 돌발상황이나 사건 · 사고를 추구하는 만큼 여자가 소화하기에는 어려운 부분이 많다. 게스트가 오면 새로운 인물에 초점을 맞춰 프로그램을 진행하기가 힘들다. 시청자들은 매주 일요일 〈1박 2일〉을 보지만 출연진은 2주일에 한 번 1박 2일 여행을 떠난다. 물론 제작진은 촬영에 앞서 2번 정도 사전답사를 떠난다. 구체적인 촬영장소와 촬영일정을 정한 후 금요일 새벽에 모여 토요일 오전까지 촬영한다. 그러니까 보통의 경우 시청자들은 강호동, 이수근 등 출연진이 잠자리에 드는 모습을 2주일에 한 번 볼 수 있게 된다.

나영석 PD는 한국 국내 관광 최고의 홍보대사다. 우리가 알고 있는 곳은 물론 한 번도 가보지 못한 숨겨진 명소를 교양프로가 아닌 예능프로에서 소개하고 있다. 〈1박 2일〉 시청률이 높다 보니 하룻밤 사이에 유명해진 장소도 꽤 있다. 〈1박 2일〉은 관광객들이 많은 유명 관광지보다 길을 따라 여행을 하다 보면 발견할 수 있는 산 좋고 물 좋은 곳에서 촬영을 한다. 시청률 높은 프로다 보니 방송에서 소개된 식당이나 명소는 주요관광지가 되고 있다.

그러다 보니 나영석 PD에게 〈1박 2일〉 촬영을 오라고 하는 곳이 많지만 이에 응하지 못한다. 리얼리티 쇼의 특성상 촬영장소가 미리 출연진이나 네티즌들에게 알려지면 곤란하기 때문이다. 나 PD는 철저한 보안 속에서 촬영을 준비한다. 촬영 전에 음식점도 정하지 않는다. 그러다 보니 방송에 소개된 음식점이 맛집이 아닌 경우도 많다. 맛집을 소개하는 프로그램이 아니기 때문이다. 나 PD는 관광객들이 찾는 유명한 식당이나 화려한 식당보다는 동네사람들이 자주 가는 허름한 식당을 찾아간다. 서민적이고 친숙한 집을 찾아다니는 것이다. 제주도에 가면 대부분의 사람들이 회를 먹는데 나 PD는 제주도 재래시장에 있는 순대가게를 촬영장소로 정한 적이 있다. 제주도의 회보다는 순대를 알리고 싶어서였다. 사실 제주도 사람들에게 제주도 순대는 유명한데 관광객들은 대부분 잘 모른다.

나영석 PD는 발품을 팔아 숨어 있는 곳을 발굴하기 위해 노력한다. 나 PD는 시청률만 생각하는 예능 PD가 아니고 시청자들에게 유익한 정보를 제공하는 저널리스트다. 〈1박 2일〉은 재미도 있지만 보다 보면 우리나라 곳곳에 있는 숨어 있는 명소를 알게 되는 유익함도 있는 프로그램이다.

한여름 밤 감동의 합창

2010년 여름, 시청자들은 일요일 저녁 오합지졸 합창단이 감동의 하모니를 만들어가는 모습을 지켜봤다. 〈남자의 자격〉은 이경규, 김국진, 김태원 등 남자 연예인들이 출연하는 리얼 버라이어티 쇼다. 8주 동안 펼쳐진 〈남자의 자격〉 '하모니 편'은 리얼 버라이어티 쇼에 일반인들이 참여하는 오디션 프로그램 형식이 가미된 프로그램이었다. 사실 연예인들만 나와 벅찬 감동을 주기는 쉽지 않다. 연예인들이 에베레스트 산에 도전하고 대한해협 횡단을 도전하는 것이 감동을 줄 수 있겠지만 이런 도전 역시 전문가들의 도움을 받고 일반인이 함께해야 더욱 빛이 난다.

〈남자의 자격〉 신원호 PD는 일반인 오디션을 통해 합창단원을 선발했다. 운동선수나 가수지망생 등 일반인도 참여했지만 개그맨 등 연예인들도 오디션에 참여했다. 합창단원을 뽑는 오디션 과정은 〈슈퍼스타K〉 등 오디션 리얼리티 쇼에 비하면 장난에 가까웠다. 그러나 선발된 32명이 함께 노래하기 시작하면서 대박 조짐이 보이기 시작했다. 신 PD는 첫 주 합창 연습을 하면서, 엉망진창이긴 하지만 뭔가 가능성이 있다는 느낌을 받았다. 신 PD는 "'하모니 편'은 제작진이 연출과 개입을 최대한 자제하고 카메라를 세워 놓고 지켜보는 게 거의 전부였다"고 말한다.

> "연출이 끼어들면 리얼함이 사라지잖아요. 만일 처음부터 배다해와 선우를 경쟁 붙이려고 했다면 '냄새'가 났을 겁니다. 그런데 솔로가 필요했기 때문에 자연스레 경쟁구도가 생기고, 연습과정에서 혼나고 … 원래 합창단이란 게 그렇게 흘러가는 거니까. 지켜보고 있기만 하면 됐죠. 그게 오히려 더 좋았던 것 같아요."

신원호 PD가 32명 합창의 감동을 전하기 위해 가장 신경을 쓴 것은 오디션보다 합창단 감독 섭외였다. 합창단을 PD가 직접 지휘하고 감독하기는 쉽지 않고 그렇게 되면 프로그램을 망친다고 판단한 것이다. 신 PD는 축구단으로 비교하면 사장이나 단장이다. 단장이 훌륭한 감독을 모셔오면 그 축구팀은 좋은 성적을 거둘 수밖에 없다. 신 PD는 박칼린 감독이 처음 출연 제의를 받아들인 순간 '90%는 됐다'고 생각했는데, 기대보다 더 매력적이고 카리스마가 넘쳤다고 말했다.

'하모니 편'은 전국 합창대회에 출연하는 것으로 마무리됐다. 합창대회에서 박칼린 감독과 32명 출연자들은 시청자들에게 감동의 하모니를 선사했다. 이경규, 김국진 등 연예인 출연진뿐 아니라 단원 전체가 합창대회가 끝난 뒤 울음을 터뜨렸다. 신 PD는 리얼리티 쇼에 충실하게 멍석을 깔아줬고 출연자들은 연기가 아닌 '진짜' 합창단원이 돼 그들이 만든 하모니에 스스로 빠져들었다. 신 PD는 32명이 진짜 합창단원이 돼 신이 나서 최선을 다했기 때문에 시청자들의 가슴을 툭 건드린 것이라 본다.

'하모니 편'은 고정 출연진 외 박칼린 감독과 합창단원이 출연했지만 〈남자의 자격〉은 본래 '중년 남자가 죽기 전에 무언가를 해 보겠다'는 콘셉트에서 시작됐다. 〈무한도전〉, 〈1박 2일〉처럼 〈남자의 자격〉도 남자 연예인들만 나오지만 평균 연령이 좀 높다. 그래서 좀더 구체적으로 표현하면 중년 남자의 도전이다. 이경규(51), 김국진(46), 김태원(46), 이윤석(40) 등 출연진 6명 가운데 4명이 불혹을 넘긴 나이다. 출연진 평균 나이가 42살이다. 신 PD는 우리 사회가 나이 먹은 중년 남자들에게 너무 점잖음을 강요하는데 방송에서 아저씨들도 뭔가를 쫀쫀하게 하고 싶어 하는 주체라는 것을 있는 그대로 보여주고 싶어 〈남자의 자격〉을 기획했다고 한다.

〈남자의 자격〉이 자리를 잡기 시작한 것은 2009년 3월 '패러글라이딩 편'이 방송되면서부터다. 신원호 PD는 프로그램 시작 전에 실시한 '남자가 죽기 전에 해야 할 것'이란 설문조사에 패러글라이딩이 꼽혀 아이템으로 선정했다. 패러글라이딩은 어드벤처다. 어드벤처는 주로 성공한 중년 남자들이 도전하는 것이다. 패러글라이딩, 히말라야 등반, 카 레이싱은 시간만 있다고 할 수 있는 것이 아니고 돈이 있어야 할 수 있다. 패러글라이딩은 그런 어드벤처 가운데 비교적 쉽게 할 수 있는 아이템이다. 많은 시청자들은 〈남자의 자격〉 멤버들이 패러글라이딩을 하는 모습을 보면서 자신도 한번 해볼 수 있다는 꿈을 가졌을 것이다. '패러글라이딩 편'에 앞서 〈남자의 자격〉은 주로 금연이나 육아 등 남자들이 하기 싫어하는 것을 시키는 콘셉트였다. 그러다 남자들의 꿈인 모험에 도전하는 '패러글라이딩 편'이 방송되자 처음으로 시청률이 두 자릿수를 기록했다.

신원호 PD는 어마어마해 보이는 일을 하는 것을 싫어한다. 자신이 만든 프로그램이 캠페인이나 감동의 도가니로 비치는 것이 싫다. 낄낄거리고 웃는 것이 좋다. 그것이 예능의 본질이라고 생각한다. 그러나 신 PD는 요즘은 시청자들이 진짜 아니면 안 보니까 리얼 버라이어티 쇼를 통해 함께 웃고자 한다. 신 PD는 서양에서는 무인도에 가둬 놓거나 바람피우는 현장까지 카메라를 들이대며 더 독하게 리얼리티를 추구하지만 우리는 아직 그런 것은 안 통한다고 말한다. 그런 리얼리티 쇼를 제작하면 심의에 걸리는 문제도 있겠지만 우리 시청자들은 외국에 비해 감정에 호소하는 따스한 리얼리티를 선호하기 때문이다.

신원호 PD는 김태원이 프로그램을 통해 위암초기 판정을 받았을 때가 가장 악몽 같은 순간이었다고 한다.

"올 초부터 '남자, 그리고 암'이라는 제목으로 멤버들의 간, 폐, 대장, 위 등 암 검사를 진행해왔다. 위암검사를 실시한 뒤 병원에서 제작진에게 전화를 했다. 김태원의 위암 소식이었다. 정말 하늘이 무너지고 프로그램 폐지까지 생각할 정도로 충격이 컸다. 나를 포함해 작가들만이 이 사실을 알고 있었고, 김태원에게 어떻게 이 사실을 알려야 할지 고민했다. 평소 김태원 성격상 자신의 암 소식에 어떤 행동을 할지 모르기에 불안감은 더욱 컸다. 이에 김태원을 제지할 수 있는 사람인 이경규를 보험 삼아 데려왔다. 김태원과 이경규가 함께 자리한 가운데 위암 소식을 전했다."

걱정을 했지만 김태원의 반응은 의외로 덤덤했다. 신원호 PD는 암 검진 편을 촬영하다 결과가 나온 것이지만 개인 프라이버시가 있는 문제여서 방송 결정은 김태원에게 맡겼다. 처음에는 방송을 하지 않는 쪽으로 의견을 모았다가 김태원이 치료를 받고 마음이 변했는지 다시 방송하기로 결정을 내렸다고 한다.

김태원은 신 PD에게 "내가 어찌됐든 살았으니 이 사실을 나만 알고 있을 수 없다. 〈남자의 자격〉이 인기 버라이어티이고 파급력이 엄청나기 때문에 다른 누군가가 도움을 받을 수 있을 것"이라고 말했다.

신원호 PD는 김태원이 암 검진을 스스로 받을 사람이 아닌데 그래도 다행히 프로그램 미션 때문에 검사를 받고 더 악화되기 전에 발견해서 다행이라 여겼다. 착한 리얼리티, 따스한 리얼리티를 추구하다 뜻하지 않은 선물을 받은 셈이다. 김태원은 〈남자의 자격〉을 통해 건강과 생명의 소중함을 깨닫게 됐고 〈남자의 자격〉 역시 김태원의 방송 동의로 리얼리티 쇼란 정체성을 다시 확인하게 됐다.

쌀집 아저씨의 기다림

PD는 '기다림의 예술'을 구현할 수 있는 힘이 있어야 한다. 인내는 사실 다큐멘터리 PD의 덕목이다. 특히 자연 다큐멘터리는 기다림의 미학이다. 치타가 영양을 쫓는 모습은 진짜 리얼리티인데 아프리카 탄자니아에 간다고 해서 날이면 날마다 볼 수 있는 광경이 아니다. 최삼규 다큐멘터리 PD는 아프리카 야생의 초원 세렝게티에서 사자가 멧돼지를 사냥하는 장면을 찍기 위해 며칠 밤을 지새웠는지 모른다.

1996년 김영희 PD가 연출한 '양심 냉장고'는 예능에 기다림의 미학을 접목한 프로그램이었다. 김 PD는 훗날 〈무릎팍 도사〉에 출연해 양심냉장고의 탄생 당시를 회상했다.

> "당시 〈일요일 일요일 밤에〉 시청률이 2%에 불과해 완전히 새로운 프로그램이 필요했던 상황이었어요. 3개월 동안 회의를 했지만 방송을 열흘 앞두고도 기획을 확정하지 못했어요. 과거 있었던 프로그램의 재구성만 있고 새로운 기획은 없었기 때문이었죠. 고민하다 어느 날 새벽에 집에 돌아가는데, 그날따라 신호등이 보여 정지신호에 멈춰 섰어요. 평소엔 잘 안 지키거든요. 그런데 신호를 지켜 운전하고 집에 돌아가는데 기분이 무지하게 좋아지는 거예요. '야! 이거다!' 생각이 들었죠."

하지만 스태프들은 김영희 PD의 의견에 난색을 표했다. 잘 보이지도 않는 밤 화면에 연예인도 안 보이고 차만 나오는 프로그램을 어느 시청자가 보겠느냐는 주장이었다. 다시 고민에 빠졌다. 결국 김 PD는 시청률이 떨어져도 이걸 본 시청자는 자신처럼 즐거워할 것이라고 믿고 프로그램을 밀고 나가기로 결정을 내린다. 밤에 촬영하는 것만이 난관은 아니었다. MC 이경규와 함께 새벽 늦게까지 촬영했지만, 신호를 지키는 자동차는 나타나지 않았다.

이날 방송을 진행한 이경규는 신호위반을 하는 차들을 보며 "안타깝습니다"를 몇 번이나 외쳤지만 시간만 흐를 뿐이었다. 이경규는 신호를 지키는 사람이 있을 것 같지도 않은데 촬영을 계속하는 김영희 PD에게 불만을 표시했다고 한다.

그러나 '반드시 양심을 지키는 사람은 있다'는 김영희 PD의 확신대로 한밤중에 신호를 지키는 차가 나타났다. 지나가는 차량도 없는 길에서 신호를 지킨 차는 고급 외제차가 아니라 경차였다. MC 이경규가 흥분해 경차를 향해 달려갔고 경차에서 나오는 분들은 장애인 부부였다. 100% 리얼리티! 김 PD가 연출한 양심냉장고는 '장애인 부부 편'으로 대박을 치면서 공익 예능프로그램의 효시가 된다. 양심냉장고는 그 뒤 '정지선을 지킵시다'로 이어져 공익 예능프로그램이 한 시대를 풍미하는 데 기틀을 마련했다. 쌀집 아저씨 김영희 PD는 양심냉장고 성공에 이어 〈기적의 도서관〉을 연출해 공익과 흥행을 겸비한 PD라는 닉네임을 얻었다. 예능 프로그램을 연출하면서 재미와 함께 공익을 추구하는 것은 불가능에 가까운 일이다.

김영희 PD가 이런 두 마리의 토끼를 계속해 잡을 수 있었던 첫 실마리는 양심냉장고 '장애인 부부 편'이었다. 김 PD의 집념과 확신이 우연을 필연으로 만들었다. 우리나라 예능 프로그램에서 리얼리티 쇼의 효시는 '양심냉장고'라 생각한다. 기다릴 줄 아는 PD의 뚝심이 최고의 리얼리티 쇼를 만든 순간이었다.

김영희 PD는 〈나는 가수다〉(나가수)를 연출하다 중도하차했다. 리얼 버라이어티 쇼와 오디션 버라이어티 쇼의 장점을 살린 리얼리티 쇼다. 예능 PD 달인답게 김 PD의 기획력이 돋보이는 프로그램이다. 가창력 있는 가수들을 한 프로그램에 출연시켜 경쟁을 시킨다는 것 자체가 어쩌면 위험한 상상이다. 국민가수 김건모가 방청객 투표에서 꼴찌를 할지 어느 누구도 예상하기 어려웠다. 김건모가 꼴찌라는 결과가 발표되는 순간 김 PD는 물론 〈나는 가수다〉에 출연한 모든 가수들이 당황하는 모습이 카메라에 잡혔다. 김건모는 오히려 담담하려고 했다. 사실 시청자들은 이 프로를 보면서 굳이 이런 리얼리티까지 기대하지 않았다. 〈나는 가수다〉를 통해 그동안 아이돌 가수들만 나오는 주말 황금시간대에 진짜 가수들을 만나는 것만도 큰 즐거움이었다. 거기에 쌀집 아저씨 김 PD의 기획으로 김건모가 탈락하는 순간의 리얼리티도 만날 수 있었으니.

예능 프로의 대가 김 PD도 뜻밖의 리얼리티를 전혀 예측하지 못했다. 김 PD는 결국 김건모에게 재도전의 기회를 주었고 이는 시청자들로부터 공정하지 못하다는 지적을 받게 됐다. 결국 김 PD와 함께 스스로 물러났지만 김건모가 재도전의 기회를 잡고 열창을 하는 모습은 지금껏 방송에서 한 번도 볼 수 없었던 리얼리티였다. 김건모는 그 순간 〈슈퍼스타 K〉나 〈위대한 탄생〉에 나오는 가수 지망생처럼 심사위원인 방청객을 향해 열과 성을 다해 노래를 불렀다.

시청자들은 예능 PD에게 정치인에게서 바라는 공정함을 바라지 않는다. 〈100분 토론〉이나 〈추적 60분〉을 제작하는 PD에게는 공정함을 요구해야 한다. 김영희 PD가 김건모에게 재도전의 기회를 준 것이 결코 박수 받을 일은 아니지만 지나친 비난은 적절하지 않다. 오히려 작은 실수를 빌미로 김 PD를 경질한 김재철 사장 등 MBC 경영진이 성급한 판단을 한 것이 문제다.

실제 MBC 노동조합은 김영희 PD 경질에 대해 김재철 사장이 "예능국원들이 반발하면 내가 직접 설득하겠다"고 호언하며 밀어붙였다고 밝혔다. 실제 MBC 예능국 수뇌부가 징계를 통해 김영희 PD에게 경고하고 이후 만들어질 방송분을 통해 시청자에게 신뢰를 회복할 수 있는 여지는 남겨 두자고 결정했는데 김재철 사장이 전격적으로 'PD경질을 종용했다'는 것이 MBC 노조의 판단이다.

김재철 사장은 MBC PD 1명과 기자 1명을 강제해고하는 등 이명박 정부의 방송장악 정책에 앞장서온 사람이다. 김재철 MBC 사장은 조인트 사장으로 유명하다. 김우룡 전 방송문화진흥회 이사장은 〈신동아〉와 인터뷰 기사에서 "김재철 사장, '큰집'에 불려가 조인트 맞고 깨진 뒤 MBC 좌파 정리했다"고 밝힌 바 있다. 여기서 큰집은 다 아는 얘기지만 청와대를 말한다. 김우룡 씨는 또 김 사장의 역할을 'MBC 좌파 청소부'로 규정했다. 김우룡 씨는 당시 "이번 인사로 MBC 좌파 대청소는 70~80% 정도 정리됐다"고 말했다. 김우룡 씨의 말을 뒤집어 보면 김재철 사장은 큰집으로부터 남은 20~30%도 마저 청소하라는 지시를 계속 받을 가능성이 있다.

김영희 PD는 〈나는 가수다〉를 연출하기에 앞서 한국 PD 연합회 회장을 지냈다. 이명박 정부는 촛불시위를 겪은 뒤 한국 PD 연합회와 한국기자협회 등 한국의 대표 언론인 단체를 반정부 단체로 매도한 바 있다. 김재철 사장이 김영희 PD에 대해 과잉징계를 서두른 이유가 어디에 있는지 살펴볼 수 있는 대목이다.

시청자들은 TV에서 가창력 있는 가수들의 좋은 노래를 들을 권리가 있다. 그러나 PD 입장에서 아이돌 가수가 나오지 않는데 시청률이 좋은 프로그램을 만들기는 쉬운 일이 아니다. 쌀집 아저씨 김영희 PD는 〈나가수〉를 기획 제작한 뒤 징계를 받고 잠시 쉬고 있다. 그러나 김영희 PD는 양심냉장고를 기획하듯 조만간 인간적인 리얼리티 오락프로그램을 갖고 시청자 곁에 찾아올 것이라 확신한다. 시청자들이 〈나가수〉와 같은 진정으로 리얼한 프로그램을 원하니 방송사들도 그런 흐름을 거역할 수 없을 것이기 때문이다.

리얼리티 정신은 인간적인 면을 있는 그대로 살리는 데 있다. 그러나 TV 프로그램에서 리얼리티가 말초적 자극에만 집중된다면 〈트루먼쇼〉 같은 반인간적 프로그램이 TV에 등장할 수 있을 것이다. 〈트루먼쇼〉를 보는 17억 시청자들은 진짜를 본다고 생각했지만 실상은 가짜를 본 것이다. 트루먼이 자신의 인생을 진짜가 아니라 가짜로 생각했기 때문이다.

ⓒParamount Pictures

〈트루먼 쇼〉의 명장면은 트루먼이 거대한 스튜디오 밖으로 나가는 계단을 오를 때다. 아마 모든 관객들은 벅찬 가슴으로 짐 캐리가 계단을 한발 한발 오르는 모습을 지켜봤을 것이다. 스튜디오 밖의 세상은 주인공에게 정글과 같은 곳일지 모른다. 그러나 밖의 세상이 설사 위험한 곳이라 하더라도 인간은 동물원 같은 스튜디오에 갇혀 있는 것을 원하지 않는다. 짐 캐리는 진실의 문을 열고 스튜디오를 떠나기에 앞서 그만의 독특한 얼굴 표정으로 시청자들에게 "안녕하세요, 편히 주무세요"라고 인사한다.

트루먼 "전부 가짜였군요."
씨헤븐 감독 "자넨 진짜야. 말하라니까. 지금 생방송 중이야."
트루먼 "Good morning, good afternoon and good night."

공동경비구역 JSA

개봉 2000년
감독 박찬욱
출연 송강호(오경필), 이병헌(이수혁),
소피(이영애), 최 상위(김명수),
정우진(신하균), 남성식(김태우)

여덟발의 총성! 진실은 그곳에 있다
미스터리 휴먼 블록버스터 · 2000년 최고의 프로젝트
공동경비구역 JSA
JOINT SECURITY AREA
송강호 이병헌 이영애 김태우 신하균 · 감독 박찬욱 · 제작 명필름
CJ Entertainment · KTB network, 인츠닷컴 intz.com
www.myungfilm.co.kr · www.cyberjsa.com · chollian: go cyberjsa

언론도 좌우의 날개로 난다

실제 있었을 법한 이야기

판문점 공동경비구역에서 총격사건이 일어난다. 북한군 초소에서 일어난 사건으로 북한 장교 최 상위와 병사 정우진이 죽고, 오경필은 부상을 입는다. 남한병사 이수혁은 군사분계선 위에서 총상을 입은 채 발견된다. 사건에 대해 남북한은 서로 엇갈린 주장을 한다. 북한은 남한군이 북한군 초소를 기습 테러한 것, 남한 측은 북한군이 먼저 이수혁 병장을 납치하려 한 것이라고 말한다.

남북한은 공동경비구역에서 일어난 미스터리 사건을 풀기 위해 중립국감독위원회에 도움을 요청한다. 스위스와 스웨덴으로 구성된 중립국감독위원회는 책임수사관으로 한국계 스위스인 소피 소령을 파견한다. 소피 소령은 어렵게 사건 당사자인 남한의 이수혁 병장과 북한의 오경필 중사를 만나 사건 정황을 듣는다. 이수혁 병장은 화장실에서 볼일을 보다 납치됐는데 총을 쏘며 탈출했다고 진술한다. 오경필 중사는

ⓒ 명필름

남한군이 습격을 했다고 진술한다. 그 와중에 목격자인 남성식 일병이 돌연 투신자살을 기도하고 병원으로 실려간다.

시간은 총격사건이 있기 훨씬 이전으로 거슬러 올라간다. 남한군 부대가 비무장지대를 수색하다 급한 용변을 보는 이수혁 병장을 남겨두고 철수한다. 이 병장은 홀로 돌아가다 그만 지뢰를 밟게 된다. 이때 북한군 오경필 중사와 정우진 병사가 나타난다. 오 중사는 이 병장을 살살 약을 올리지만 결국 구해 준다. 판문점에서 군사분계선을 경계로 오 중사와 이 병장이 다시 만난다. 오 중사가 이 병장에게 장난을 건다.

"야야야, 그림자 넘어왔어 … 조심하라우."

이 병장은 자신의 목숨을 구해 준 북한군 오 중사에게 동네 형 같은 느낌을 갖는다. 이 병장은 깊은 밤 북한군 초소로 오 중사에게 쪽지를 보낸다. 이 병장은 북한 초소에 놀러오라는 쪽지를 받는다. 이 병장은 망설이다 분단의 다리를 넘어 북한군 초소를 혼자 방문한다. 이 병장이 썰렁해하며 다시 돌아가려고 하자 북한군 정우진 병사가 너스레를 떨며 환영한다.

"분단의 반세기 !! 그 오욕과 고통의 세월을 뛰어넘어 통일의 물꼬를 트러 오신 이수혁 동지를 열렬히~ 환영합니다 !!"

이 병장과 오 중사, 정우진 병사는 점점 친해진다. 북한군 초소를 자기 집 드나들듯 하던 이 병장은 남 일병까지 끌어들인다. 결국 이들 4명은 형제처럼 가까워진다. 이들 4명은 선물도 갖다 주기도 하고 여자친구와 동생 얘기도 하며 더욱 친해진다.

남한군은 북한군에 대해 잘못된 정보를 받게 되고 시야 확보를 위해 DMZ 갈대밭에 불을 지른다. 공동경비구역에도 긴장감이 감돌며 이 병장은 마지막 작별인사를 하겠다며 남 일병과 함께 북한군 초소를 방문한다. 이때 북한군 최 상위가 4명이 함께 있는 북한군 초소에 들이닥친다. 갑작스런 상황에 북한군 최 상위와 남한군 이 병장과 남 일병은 총을 뽑아 서로 겨누게 된다.

일촉즉발의 위기 상황에서 오 중사가 모두 함께 총을 내려놓자고 제안한다. 그러나 최 상위는 무전기를 들려고 하고 그 순간 이 병장이 최 상위를 쏜다. 이때 남 일병도 순간 정신이 나갔는지 정우진 병사를 쏜다. 오 중사는 4명이 함께 있었던 증거가 될 만한 물건들을 강에 버린다. 정신이 나간 이 병장에게 권총을 닦아 주며 빨리 남쪽으로 돌아가라고 말한다.

남한 병사 2명과 북한 병사 2명이 친하게 지냈다는 사실은 소피 소령의 추리와 수사로 밝혀진 것이다. 오 중사와 이 병장은 서로 친하게 지냈다는 사실을 숨기며 소피 소령에게 거짓말을 했지만 사건의 실체는 밝혀진다. 소피 소령은 이 병장과 오 중사의 입장을 이해해 묻어 두고 다시 스위스로 돌아가려고 하는데, 이 병장이 소피 소령에게 모든 사실을 밝히고 스스로 목숨을 끊는다.

이 병장은 소피 소령과 대화 도중 동생처럼 지내던 정우진 병사를 죽인 사람이 남성식 일병이 아니고 자신이라는 것을 뒤늦게 깨달았기 때문이다. 이 병장의 자살은 영화 전체 흐름 속에서 설득력이 약한 면이 있다. 아마 감독은 분단의 비극을 강조하기 위해 이 병장을 비극의 주인공으로 만들지 않았나 싶다.

영화의 마지막 장면은 판문점을 배경으로 찍은 사진 한 장을 줌으로 밀고 당기고 좌우로 움직이면서 4명의 주인공을 보여준다. 그 사진 한 장엔 남한의 이수혁 병장과 남성식 일병 그리고 북한의 오경필 중사와 정우진 병사가 모두 각각 남측과 북측 판문점 진영에서 웃으며 근무하고 있는 모습이다. 영화 초반 외국인 관광객이 판문점에서 스냅사진을 찍는데 그 사진이 클로즈업되며 영화의 마지막을 장식한다.

휴머니스트가 좌파가 되는 세상

JSA를 보면서 인상 깊은 두 장면이 있다. 두 장면 모두 북한군 오경필 중사 역을 맡은 송강호가 나온다.

#장면 1 남한 병사와 북한 병사들이 초코파이를 나눠 먹는다.

이수혁 "그럼 형이 남쪽으로 내려와. 초코파이 배 터지게 먹을 수 있잖아."

오경필 (입에 넣었던 초코파이를 꺼내며 정색을 하고) "내 꿈은 언젠가 우리 공화국이 남조선보다 훨씬 나은 초코파이를 만드는 거야. 그때까진 어쩔 수 없이 초코파이를 그리워할 수밖에 없어." (먹다가 입에서 꺼낸 초코파이를 다시 입에 넣는다)

ⓒ 명필름

오경필(송강호)이 먹던 초코파이를 토해냈다가 다시 먹는 장면이다. 영화에서 오경필 중사는 이념으로 무장된 군인이 아니다. 오경필은 초코파이로 상징되는 남한의 경제적 풍요로움을 인정하며 북한 아이들이 굶지 않도록 하기 위해 노력하겠다는 꿈과 의지를 이수혁에게 말하고 있다. 영화 속 오경필은 휴머니스트다.

영화 원래 대본엔 초코파이가 아니라 '맛동산'이었다. 이병헌이 남쪽으로 가자고 농담 반 진담 반으로 말할 때 송강호가 먹던 맛동산이 목에 걸려 콜록콜록하는 것이 원래 시나리오다. 맛동산을 초코파이로 바꾼 것은 잘한 것 같다. 송강호가 자신의 꿈을 얘기하기 위해 초코파이를 입에서 빼내는 장면이 일품이고, 러시아나 중국은 물론 북한에서도 초코파이가 맛동산보다 인기가 높지 않은가.

#장면 2 북측 초소에 오경필, 이수혁 등 남북한 병사들이 모여서 김광석의 노래 〈이등병의 편지〉를 듣는다.

오경필 "공화국 애들은 왜 이런 노랠 못 만들까? … 근데 광석이 얜 왜 그렇게 일찍 죽었대니? … 자, 우리, 광석일 위해서 딱 한잔만 하자우!"

영화 속 오경필 중사의 꿈은 자신이 낳고 자란 북한에서도 남한의 초코파이를 만들 수 있고, 남한의 김광석 노래 같은 것을 들을 수 있는 것이다. 개봉 당시 한국영화 흥행기록을 갈아치운 〈공동경비구역〉은 북한에도 우리와 똑같은 사람이 살고 있다는 것을 보여줬다. 영화는 전 세계에서 유일무이한 긴장지역인 공동경비구역에서도 사람이 있고, 전쟁과 갈등보다는 평화와 소통을 택할 것이라는 상식을 말하고 있다. 이 상식의 밑바탕에는 휴머니즘이 흐르고 있다.

2009년 5월 15일 새벽 방송된 〈100분 토론〉에서 때 아닌 좌파 논란이 있었다. 진보 측 패널로 출연한 진중권 씨가 한국 보수세력들이 김미화, 윤도현, 신경민, 손석희 씨를 좌파라 본다고 말했다. 그러자 손석희 씨와 보수패널로 출연한 전원책 변호사가 말을 주고받았다.

손석희 "분명히 말하는데 저는 중립입니다. 굳이 따지자면 인본주의자일 뿐입니다."

전원책 "인본주의자, 인문주의자, 휴머니즘 자체가 바로 좌파의 시작입니다. 철학을 공부하시면 다 아시겠지만 바로 그 좌파의 출발점입니다."

나는 휴머니스트가 좌파라고 하는 전원책 변호사의 주장에 동의하지 않는다. 전 변호사의 주장은 이 땅의 모든 휴머니스트를 용공으로 몰아갈 위험이 있다. 그러나 좌파로 매도되는 것이 두려워 휴머니스트가 되는 것을 두려워할 필요는 없을 것 같다.

진짜 보수는 어디에?

대한민국은 보수 정치인이나 보수 언론인 등 보수주의자들이나 우파 성향 인사들이 활동하기 편한 나라다. 결론적으로 말해 우리나라 일부 인사들은 군대에 갔다 오지 않거나 위장전입과 땅 투기를 일삼아도 노동자들이나 진보세력을 용공이나 친북, 종북 세력으로 몰아세우면 보수주의자 명함을 받을 수 있다고 생각하고 있다.

사실 진보진영에서는 이런 사이비 보수주의자들이 늘어나는 것을 속으로 반긴다. 이제 국민들은 사이비 보수주의자들의 주장에 염증을 느끼기 때문이다.

보수가 추구해야 할 가치는 무엇인가? 보수주의는 '급격한 변화를 반대하고 전통의 옹호와 현상 유지 또는 점진적 개혁을 주장하는 사고방식 또는 그런 경향이나 태도'라고 국어사전에 정의돼 있다. 한나라당과 보수진영에 이론적 토양을 제공하는 윤여준 전 환경부 장관의 말은 21세기 우리나라에 더 시의적절하다. "진정한 보수의 가치는 성과, 불통 이런 것 말고 절제, 희생, 책임, 언론자유 같은 것들이다."

흔히 사이비 보수주의자들이 주장하듯 영화 〈공동경비구역〉을 진보적 관점에 근거한 것이라 해 두자. 사이비 보수주의자들은 〈공동경비구역〉이나 〈웰컴 투 동막골〉 같은 영화를 좋아하지 않는다. 이런 영화를 보면 북한을 미화하고 북한에 대해 감상주의적이 될 수 있다고 생각하기 때문이다. 북방한계선(NLL) 인근에서 일어난 천안함 침몰과 관련해서 보수적 가치, 특히 소통과 언론자유의 관점에서 이 문제를 바라보는 것도 괜찮을 듯싶다.

2010년 3월 26일 백령도 근처 해상에서 천안함이 침몰된다. 승조원 104명 가운데 58명을 구조됐으나 46명은 실종된다. 4월 24일 천안함 침몰로 사망한 46명에 대한 영결식이 엄수된 뒤 정부와 군은 본격적으로 천안함 침몰 원인 규명에 나선다. 민군 합동조사단의 조사결과는 5월 20일 발표될 예정이지만 5월 중순까지 사건 원인규명의 단서는 전혀 잡히지 않았다.

5월 15일 고기를 잡는 데 사용되는 쌍끌이 그물에 1번 어뢰(어뢰잔해)가 걸린다. 민군 합동조사단은 천안함의 침몰 원인이 북한의 어뢰공격에 의한 것이라고 공식 발표한다. 나흘 뒤 5월 24일 이명박 대통령은 용산 전쟁기념관에서 북한의 무력도발에 엄중 대처하고 남북 간 교역을 단절한다는 내용의 담화문을 발표한다.

천안함 침몰과 관련해 정부가 제시한 결정적 증거인 어뢰잔해(1번 어뢰)는 여러 가지 의문이 많았다. 정부발표에도 여러 가지 논리적 결함과 의혹이 있었다. 정부발표를 그대로 내보내는 것이 언론의 사명은 아니다. 천안함 민군 합동조사단의 발표에 기자협회 등 언론 3단체가 합리적 의심을 갖고 문제점을 제기했다. 그러자 일부 보수세력이 기자협회를 좌파 단체로 몰아갔다. 국방부는 이를 만화로 제작해 수많은 사람들에게 배포했다. 북한이 천안함을 폭침했다고 정부가 발표했는데 친북 또는 종북 세력이 아니고선 정부발표를 의심하는 것은 있을 수 없다는 논리다. 이승만 시대나 박정희 시대에서 통할 수 있는 얼치기 반공주의자들의 주장이 분단 60년 대한민국에서 계속 통하고 있었다.

5월 20일은 6・2 지방선거 2주일을 앞두고 공식 선거운동을 시작하는 날이었다. 합동조사단은 5월 15일 결정적 증거라 할 수 있는 어뢰잔해를 끌어올리기 전에 왜 하필 20일 조사결과를 발표한다고 예고했을까? 5월 15일 하늘의 도움으로 어뢰잔해가 쌍끌이 그물에 걸리지 않았더라도 예정대로 5월 20일 조사결과를 발표할 수 있었을까? 상식이 있는 대한민국 기자들은 합리적 의심을 가질 수밖에 없었다.

한국기자협회는 5월 24일과 25일 전국의 기자 240명을 대상으로 긴급 여론조사를 실시했다. 5월 20일 합동조사단 발표결과에 신뢰한다는 기자는 55.4%, 신뢰하지 않는다는 기자는 41.4%였다.

"천안함 침몰 사건 이후 군 당국이 언론에 정보를 충분히 제공했느냐"는 질문에 응답기자의 76.5%는 부정적인 입장을 밝혔다. '충분히 정보를 제공했다'는 답변은 21.5%에 불과했다. 지방선거운동 돌입 당일 이뤄진 합동조사단의 발표시점에 대해서는 76.4%가 '부적절하다'고 응답했으며 '적절했다'는 의견은 20.4%로 나타났다.

한국기자협회와 한국 PD 연합회, 전국언론노동조합 등 언론 3단체 사이에서 '천안함 언론 검증위원회' 구성 논의가 시작된 것은 천안함 조사결과 발표 일정이 공식화된 5월 초였다. 발표시점이 선거운동 개시일이라는 점만으로도 대응의 필요성이 컸지만, 일단 발표를 지켜보고 신중히 결정하기로 했다.

5월 20일, 어떤 언론도 예상치 못한 어뢰잔해가 공개됐다. 언론 3단체는 어뢰잔해의 발견시점이 조사결과 발표일 결정 이후라는 사실에 주목했다. 5월 15일에서 5월 20일까지 꼬박 5일 낮과 밤을 새워도 하기 힘든 일을 합동조사단은 완수했다. 닷새 동안 흡착물 분석, 흡착물 비교를 위한 수조폭발실험, 어뢰잔해 부식 검사, 어뢰 설계도 입수, 어뢰 설계도 실물 크기 제작 등을 어찌 다 할 수 있었을까? 결정적 증거가 발견되었으니 그 이전의 발표준비는 전면적으로 수정돼야 마땅한데 닷새 동안 가능했을까? 이런 의문에 공감한 언론 3단체는 5월 20일 조사결과 발표 직후 언론검증위 구성과 공동 활동에 전격 합의했다.

언론 3단체 천안함 언론 검증위는 민군 합동조사단 검증위가 아니었다. 합동조사단이 언론 3단체에 자료를 제출할 리도 없고 언론단체가 합조단 발표를 직접 검증할 만한 인적, 물적 자원을 충분히 갖고 있지 않았기 때문이다. 합동조사단 발표 전후 만약 우리 언론이 활발하게 천안함 사건을 취재하고 정부 조사결과를 검증했다면, 언론검증위는 구성 이후에라도 활동을 접었을 것이다. 그러나 불행히도 이른바 주류 언론은 천안함 사건을 외면으로 일관했고, 정부 조사결과를 무비판적으로 기정사실화했다.

천안함 언론검증위는 그 출발선에서 공식 조사결과에 대한 많은 의문을 지니고 있었지만 검증 결과가 어떠할지는 예단하지 않았다. 조사결과가 옳다면 옳다 하고, 그르면 그르다 하는 것이 어찌 보면 활동의 전부였다. 그래서 검증활동을 기록으로 남겼고, 언론보도가 이뤄지도록 노력했다. 2010년 10월 12일 천안함 언론검증위는 국회에서 보고서를 발표했다. 우리 사회의 대표적 언론단체들이 특정 사안을 5개월 이상 지속적으로 검증해 그 결과를 발표한 것으로 전례가 없는 일이었다. 정부조사 결과에 치명적 모순과 왜곡이 있음을 과학적으로 밝혀냄으로써, 언론이 천안함의 진실을 쉽게 외면하지 못할 명분과 환경을 만들었다. 천안함 폭발원점, 흡착물질, 물기둥, 프로펠러 변형, 어뢰설계도, 연어급 잠수정 등 정부 조사결과를 뒷받침하는 증거들은 더 이상 증거로 기능할 수 없는 상황이 되었고, 그 판단근거는 천안함 언론검증위가 제시했다.

2010년 5월 20일 정부가 천안함 사건 조사결과를 발표한 직후 우리 사회 여론은 정부발표에 우호적이었다. 당시 여론조사에 따르면 70% 가까운 국민이 정부발표를 믿는 것으로 나타났다. 그러나 넉 달 뒤 상황이 뒤바뀌어 불신 여론이 70%에 이르렀다. 물론 연평도 포격 사건 이후 천안함 사건에 대한 여론 지형도 많이 바뀌었다. 연평도 포격 사건은 천안함 사건도 북한이 범했을 가능성을 말해 주고 있는 것은 사실이다. 그렇다고 우리 정부와 민군합동조사단 발표의 문제점이 없던 일이 되는 것은 아니다. 북한이 천안함을 폭침했는지 여부에 관계없이 정부의 발표는 국민들로부터 많은 의혹을 낳았고 언론검증위는 그러한 국민의 알권리를 위해 활동했다.

절제와 책임이 아쉬운 보수언론

2010년 3월 18일 금요일 오후 〈조선일보〉 조 모 기자가 전화를 했다. 평소 알고 있는 기자는 아니었다. 기자협회 회장으로 일한 지 1년이 지나니 다른 기자 전화를 친절하게 받는 것이 어느 정도 몸에 배었다. 협회 회원 여부에 관계없이 동료 기자들의 얘기를 들어주는 것이 회장의 책무 가운데 하나라 생각했다. 조 기자가 협회 회원인지 아닌지 묻지 않았지만 〈조선일보〉가 기자협회 160개 회원사 가운데 한 곳이라 전화에 친절히 응대했다.

조 기자는 천안함 언론검증위 활동과 관련해 질문을 했다. 나는 조 기자에게 검증위와 관련해서 지금까지 기자협회장이 언론과 인터뷰하지 않았다고 말했다. 대신 노종면 기자가 검증위의 대변인 역할을 맡고 있다고 설명해 줬다. 조 기자는 노종면 기자에게 여러 차례 전화를 했는데 통화가 되지 않아 나에게 전화를 했다고 말했다. 그러면서 〈조선일보〉 기자와 몇 분 더 전화통화를 했다.

조 기자는 검증위 보고서가 어떻게 나왔는지 비슷한 질문을 여러 번 했다. 나는 그때마다 보고서의 구체적인 내용에 대해선 잘 알지 못하고 노종면 대변인이 잘 알고 있다고 대답해 주었다. 비슷한 질문을 반복하기에 직감적으로 꺼림칙한 느낌을 받았다. 기자와 PD로 20년 이상 일하면서 나도 원하는 인터뷰를 구하기 위해 비슷한 질문을 여러 번 해 본 적이 있었다. 〈조선일보〉가 천안함과 관련해 어떤 의도를 갖고 나에게 전화를 했다는 것은 알고 있어서 빌미를 잡힐 말은 피하려고 노력했다. 조 기자는 공식적으로 인터뷰를 하겠다는 요청도 하지 않고 계속해서 질문을 했다. 전화통화가 끝난 뒤 상식 있는 기자라면 이런 통화내용 갖고 기사를 쓸 수 있겠나 생각했다.

3월 21일 월요일 〈조선일보〉는 천안함 1주기를 맞아 대대적인 특집 기사를 냈다. 나는 1면의 특집 기사를 보자마자 속지를 살펴봤다. 6면 구석에 노종면 기자와 내 사진이 들어가 있는 기사가 있었다.

기자협회 등 3개 언론단체, 합조단 발표 부정하는 보고서 내놓고 "어려운 분야라 … 우리가 과학적으로 많이 알겠나?"

지난해 10월 한국기자협회, 한국PD 연합회, 전국언론노조 등 3개 단체가 모여 만든 '천안함 조사결과 언론보도 검증위'는 "5개월간 언론인과 과학자들과 함께 정부발표를 검증해 보니 버블제트는 없었다"는 내용의 보고서를 발표했다. 민 · 군 합동조사단의 발표를 완전히 부정하는 것이었다.

우장균 기자협회 회장을 비롯, 이창섭 PD연합회장, 최상재 언론노조위원장이 각 단체 대표 검증위원으로 참석했고, 발표는 언론노조 민실위원장인 노종면 책임검증위원이 맡았다.

당시 언론 검증위 활동에 대해 우장균 회장은 20일 본지와의 인터뷰에서 "3개 언론단체가 공동으로 냈지만 나는 구체적으로 아는 게 없다"며, "어려운 분야라서 우리가 과학적으로 많이 알겠느냐"고 했다. 우 회장은 "우리가 직접 천안함 사태를 검증한 것은 아니고, 너무 어려운 사안이라고 해서 우리 언론이 제대로 이를 안 다루는 게 아닌가 하는 점에서 출발했던 것"이라고 했다.

그는 "5개월이나 검증을 했다는데 내용을 모르느냐" 등의 질문이 계속되자, "언론노조에서 주가 돼서 했고, 나는 (언론) 지회들한테 이메일 보내서 천안함 방문할 때 같이 가자고 한 것 정도다. 구체적으로 아는 게 없다"고 했다.

또 "3개 언론단체가 (보고서를) 공동으로 냈지만 전체적으로 노종면 위원이 90% 이상을 속속들이 알고 있고, 다른 사람들은 답변하기 어려울 거다. 노 위원에게 물어봐라"고 말했다. 본지는 노 위원의 설명을 듣기 위해 여러 차례 언론노조 사무실과 그의 휴대전화로 연락했으나 연결되지 않았다.

〈조선일보〉는 역시 〈조선일보〉였다. 〈조선일보〉가 1주기를 맞아 보도한 천안함 특집은 촛불시위 2주년 기획특집과 골격이 닮아 있었다. 정부의 천안함 조사 결과에 모순점을 제기한 언론 3단체의 검증위를 공격하는 기사였다. 기사의 핵심은 보고서의 과학적, 논리적 문제점을 찾는 것이 아니었다. 〈조선일보〉 기자는 '언론 3단체 검증위 보고서가 비과학적이다'라는 결론을 도출하기 위해 나에게 전화한 것이었다. 〈조선일보〉 기자는 나와 전화통화를 하며 검증위 보고서의 구체적인 내용은 물은 적이 없다. 오직 과학자가 아닌 기자인 나에게 과학과 관련해 흠결을 찾고자 질문을 유도했던 것 같다.

〈기자협회보〉에서 〈조선일보〉를 담당하는 김성후 기자가 〈조선일보〉 측에 항의했다. 〈조선일보〉는 기자협회의 항의를 받아들여 박 모 부장이 나에게 전화했다. 박 부장은 나와 대학교 동기였다.

"장균아, 천안함 관련 특집을 내가 데스크가 돼 이번에 보도했다. 그런데 정부의 천안함 발표에 대해 이의를 제기한 곳이 딱 두 곳이다. 참여연대와 언론 3단체다. 근데 언론 3단체 검증위와 관련해 조 기자에게 노종면 기자를 취재하라고 지시했는데 너를 취재해왔지 뭐냐. 후배기자도 네가 내 친구인 줄 아는데, 너와 전화통화한 내용이 기사가 안 된다고 할 수 없어서 기사를 싣게 됐다."

박 부장에게 뭐라 할 말이 없었다. 〈조선일보〉가 이렇게 움직이는구나 하는 생각이 들었다. 친구에게 "어떻게 이런 전화통화 내용을 기사화할 수 있냐"고 항의하는 것이 무의미했다. 박 부장은 〈조선일보〉가 한국기자협회장인 나에게 어떻게 하면 좋겠냐고 물었다. 나는 정정보도나 사과나 유감을 표해 달라고 요청했다. 박 부장은 정정보도는 곤란하고 대신 반론문을 〈조선일보〉에 게재하자고 타협안을 제시했다. 나는 반론문을 쓴 뒤 이튿날 오전 박 부장 이메일로 보냈다. 박 부장은 〈조선일보〉의 보도를 전면 부정하는 내용의 반론을 게재할 수 없다고 답변했다. 여야 정치인들이 눈치를 보는 〈조선일보〉 부장이었지만 그렇게 권한이 있어 보이지 않았다. 친구인 박 부장에게 오히려 연민을 느껴 더 이상 말하지 않고 반박문은 〈기자협회보〉에 게재하겠다고 통보했다.

〈조선일보〉 천안함 관련 보도 유감

〈조선일보〉는 3월 21일자 지면을 통해 '천안함 조사결과 언론보도 검증위' 활동과 관련된 기사를 내보냈다. 한국기자협회, 한국 PD 연합회, 전국언론노조 등 언론 3단체가 과학적으로 많이 알지 못하면서 합조단 발표를 부정하는 보고서를 내놓았다는 것이 〈조선일보〉 기사의 핵심이었다. 〈조선일보〉의 해당 기사는 전국 160개 언론사가 회원사로 가입해 있고 8천 명 기자가 회원으로 있는 한국기자협회의 명예를 훼손하는 내용이라고 생각한다. 언론 3단체 검증위는 46명의 젊은이가 희생당한 천안함 침몰사건에 대한 국민적 의혹이 팽배한 가운데 언론의 사명인 국민의 알권리를 위해 출범했다.

지난해 7월 서울대와 갤럽조사에서는 국민의 70% 가까이가 정부의 천안함 발표를 믿지 않거나 반신반의한다고 응답할 정도로 국민의 '천안함 불신'은 심각했다. 〈조선일보〉도 9월 14일 사설을 통해 천안함 관련 "국민 불신이 사그라지지 않고 오히려 커진 것은 정부의 초기 접근이 정치적으로 무신경했고, 군의 세부사항에 대한 잇따른 발표 실수가 의혹을 확대 재생산한 탓이 크다"며 그간의 문제점을 조목조목 지적했다.

언론 3단체 천안함 검증위는 국내외 과학자 등 전문가들의 진술과 도움을 토대로 흡착물질이 폭발재가 아님을 밝혀냈고 1번 어뢰 조개와 천안함 스크류 변형 시뮬레이션 오류 등을 세상에 알렸다. 특히 국방부와 천안함 합조단은 언론 3단체 검증위 앞에서 천안함을 공격한 북한 어뢰 설계도는 잘못 제시됐다고 실토하기까지 했다. 검증위의 천안함 보고서는 이처럼 시작부터 끝까지 주관적 견해를 담은 것이 아니라 과학적 사실관계를 토대로 정부발표의 문제점을 지적한 것이다.

한국기자협회 소속 기자들은 사실관계를 토대로 기사와 보고서를 작성하지, 결코 사실을 왜곡하며 소설을 쓰지 않는다. 한국기자협회 회장이 과학자가 아니라 과학적으로 많이 알지 못한다는 겸양의 전화녹취를 발췌해 마치 언론 3단체 검증위가 과학적 사실관계에 입각하지 않고 보고서를 내놓았다는 식으로 보도하는 것은 품격 있는 정론지에서 쉽게 볼 수 없는 기사다. 〈조선일보〉가 언론 3단체 검증위에 흠집을 내고 싶다면 정정당당하게 검증위 보고서의 과학적 결함이 무엇인지 취재해 보도하는 것이 정도일 것이다.

사실 나는 반박문을 쓰면서 고심했다. 가능한 한 내 글을 〈조선일보〉가 게재할 수 있도록 반박의 수위를 낮추려고 노력했다. 그래서 〈조선일보〉 사이트에 들어가 기사를 일일이 찾아가며 사실관계만을 반박문에 담으려고 했다. 〈조선일보〉 측이 당초 약속을 지키지 않고 반박문을 게재하지 못하겠다고 번복한 것은 내가 〈조선일보〉 사설을 인용해 글을 썼기 때문이라 생각한다. 언론 3단체 검증위도 〈조선일보〉 보도에 성명서를 냈다.

"〈조선일보〉는 취재 대상인 조직의 대표도 아닌, 조직구성에 참여한 단체의 대표에게 '5개월이나 검증했다는데 내용을 모르느냐'고 물었고, 적절한 답변자에게 물으라는 취지의 대답을 '모른다'로 뭉뚱그렸다. 〈조선일보〉의 구체적 기사내용에 대해 〈조선일보〉 사장에게 물으면 그는 뭐라 답하겠는가?"

〈조선일보〉는 한국기자협회 160개 회원사 가운데 한 곳이다. 언론 3단체 천안함 언론검증위는 한국기자협회가 실시한 여론조사를 바탕으로 본격 활동에 들어갔다. 〈조선일보〉 기자협회 지회나 기자들이 천안함 언론검증위 활동이 온당치 않다고 생각했다면 정정당당하게 협회나 지회 소속 〈조선일보〉 기자가 회장인 나에게 이의를 제기하는 것이 더 바람직했다.

색깔론에 호소하는 언론

> "무슨 수를 쓰더라도 팩트를 부정해 김정일이한테 아부는 해야겠고, 과학적으로 증명해서 사실을 부정하기는 불가능하고 그래서 한다는 짓이 사실 별로 관여 안 했다와 전화받는 것조차도 기피하는 것인지, 참 하루 세 번 끼니 때우는 밥이 아까운 인간들이다."
> "후안무치한 이런 인간들 주장 누구를 위한 것인가? 대한민국을 위한 것이 아닌데 너희들이 대한민국 국민들인가?"
> "이런 헛소리나 늘어놓는 것들이 아직도 언론에 몸담고 있다는 것은 이해될 수 없는 것이다. 뻔뻔한 얼굴과 이름을 보도한 기사는 이것들이 죽을 때까지 목을 조를 것이다."

3월 21일자 조 기자가 쓴 기사에 대해 〈조선일보〉 열혈 네티즌들이 남긴 댓글이다. 한국전쟁 때 혈혈단신 월남해 국군으로 참전한 선친께서 이 글을 보면 어떤 심정이실까? 이런 정도의 댓글이 달렸으니 〈조선일보〉는 천안함 1년 특집으로 소기의 성과를 거둔 셈이다. 〈조선일보〉는 정부가 발표한 천안함 조사결과에 의혹을 제기하는 시민단체나 언론단체를 독자들로 하여금 색깔론으로 공격하게 하려고 한 것이 아닌가 생각된다.

그런 〈조선일보〉도 2010년 9월 '천안함 의혹 제기하면 색깔론자'라는 기사를 보도했다. 기사내용은 이렇다.

> 국방부는 9월 13일 천안함 관련 민군합동조사결과 보고서를 발간하며, 일반인들의 이해를 돕기 위해 '천안함 피격사건의 진실'이란

> 제목의 32페이지 분량의 만화를 제작·배포했다. 만화는 기자를 주인공으로, 그가 천안함 사건을 취재하며 이와 관련된 의혹들을 풀어가는 과정을 그리고 있다. 그러면서 중간중간 만화는 천안함 사건에 의혹을 제기하는 이들에 대해 색깔론을 제기하는 듯한 내용과 인신공격성 내용을 담았다. 이와 함께 "천안함의 진실을 파헤치기 위해서는 너무 한쪽으로 치우쳐서는 안 된다", "확실한 증거 없이는 기사 함부로 쓰지 마라", "워낙 험한 세상이라 잘못했다간 한방에 가는 수가 있다"는 등 기자들을 향한 경고성 메시지도 담겨 있다.

이처럼 국방부의 문제점을 지적한 〈조선일보〉가 6개월이 지난 뒤 참여연대와 언론 3단체를 색깔론으로 매도하기 위해 천안함 특집을 마련한 것은 아닌지 의심스럽다.

역사와 사회발전을 위해 보수와 진보 모두 존재의 가치가 있다. 새는 좌우의 날개로 날고, 사람도 오른발과 왼발로 걸어 다닌다. 보수의 가치인 자유, 진보의 가치인 평등은 인간의 존엄성이란 쌍두마차를 이끄는 두 마리의 말이다. 그런 점에서 2011년 하반기 보수언론 〈조선일보〉가 평등의 가치에 무게를 실은 '자본주의 4.0'을 연재한 것은 반가운 일이라 말하고 싶다. 보수도 진보가 제대로 존재할 때 빛을 발하고 진보도 제대로 된 보수가 있을 때 선의의 경쟁을 하고 싶어진다. 시민들과 함께 우리 언론인이 경계해야 할 것은 보수나 진보를 가장한 교조주의자(敎條主義者)들이다.

인생은 아름다워

개봉 1997년
감독 로베르토 베니니
출연 로베르토 베니니(귀도),
니콜레타 브라스치(도라),
조르지오 깐따리니(조슈아)

©Cecchi Gori Group Tiger Cinematografica · Melampo Cinematografica

희망이 있는 곳에 시련이 있다

유쾌하고 생기발랄한 비극

무솔리니의 파시즘이 맹위를 떨치던 이탈리아 1930년대 말. 레스토랑 웨이터로 일하는 귀도는 우연히 만난 초등학교 교사 도라를 사랑하게 된다. 도라는 약혼자가 있지만 유머감각과 엉뚱한 면이 있는 귀도에게 끌린다. 결국 귀도는 사랑하는 도라와 함께 마을에서 도망친다. 둘은 결혼해 아들 조슈아를 낳는다. 세월이 5년 흐른 뒤 귀도는 작은 책방을 운영하며 도라와 아들 조슈아와 함께 행복하게 살아간다.

평화롭고 행복한 나날을 보내던 귀도 가족에게 불행의 먹구름이 다가온다. 제 2차 세계대전이 발발하면서 파시즘 이탈리아는 나치즘 독일과 같은 편에서 싸운다. 그러나 오합지졸 이탈리아 군대는 연전연패를 하며 연합군에 항복을 하고 독일군이 이탈리아에 들어와 연합군과

©Cecchi Gori Group Tiger Cinematografica · Melampo Cinematografica

싸우게 된다. 나치가 이탈리아를 점령하면서 귀도와 조슈아는 유대인 수용소로 끌려가고, 도라는 유대인이 아니었지만 남편과 아들을 사랑해 두 남자의 뒤를 따라나선다. 귀도는 수용소에 끌려가면서도 아들 조슈아에게는 여행을 떠나는 것이라고 거짓말을 한다. 수용소에 도착했지만 남녀는 따로 분리 수용된다.

귀도는 수용소에 도착한 순간부터 어린 아들 조슈아를 안심시키고 희망을 주기 위해 자신들이 처한 현실이 실은 하나의 신나는 놀이이자 게임이라고 속인다. 귀도는 자신들이 특별히 선발된 사람이라며 1,000점을 제일 먼저 따는 사람이 1등상으로 진짜 탱크를 받게 된다고 설명한다. 어릴 때부터 장난감 탱크를 좋아했던 조슈아는 귀가 솔깃해 아버지 귀도의 이야기를 사실로 믿는다.

©Cecchi Gori Group Tiger Cinematografica · Melampo Cinematografica

수용소의 참혹한 현실 속에서도 귀도는 자신의 거짓말을 그대로 믿는 아들을 지키려고 눈물겨운 사투를 한다. 귀도는 조슈아에게 독일인에게 들켜서 잡히지 않으면 점수가 올라간다고 말한다. 나치는 노인과 어린아이는 노동력이 없어 분리해 사형을 시켰지만 조슈아는 아버지 귀도의 재치와 노력으로 잡히지 않는다. 마침내 독일이 패망하자 귀도는 조슈아를 숨겨 두고 아내 도라를 구하기 위해 남자 수용소 밖으로 나갈 것을 결심한다.

귀도는 여성들이 수용소 밖으로 나간다는 말을 듣고 여자 분장을 하고 여자 수용소 쪽으로 가기로 한다. 독일군은 학살의 증거를 없애기 위해 수용소 유대인을 모두 죽이려 한다. 귀도는 아들 조슈아를 작은 사물함 같은 상자에 숨기고 "지금은 960점이고, 네가 인기척이 없을 때

ⓒCecchi Gori Group Tiger Cinematografica · Melampo Cinematografica

까지 가만히 있으면 1,000점을 완성한다"고 말한다. 어린아이처럼 천진난만하게 말하는 아버지의 말을 철석같이 믿으며 아들 조슈아는 그렇게 상자 안에 있기로 한다. 그러고 나서 귀도는 곧바로 독일군에게 잡힌다. 아버지가 독일군에게 끌려가는 것을 상자 틈으로 보지만 조슈아는 "이것은 게임"이라고 한 귀도의 말을 믿고 동요하지 않고 그대로 상자 안에 숨는다. 아버지 귀도는 독일군에게 끌려가면서 상자 속에 있는 아들을 향해 웃으면서 '이것은 게임'이라는 표정으로 조슈아를 안심시킨다.

귀도는 결국 사형을 당하지만 조슈아는 아버지가 죽은 줄 모른다. 그리고 다음날 누가 1등상을 받게 될지 궁금해하며 텅 빈 사방을 두리번거리는 조슈아 앞으로 요란한 소리를 내며 연합군의 탱크가 다가온다. 조슈아는 미군 탱크를 타고 엄마를 만난다.

누가 인생은 아름답다 했는가?

80년대 대학을 다녀 지금은 40대가 된 사람들을 486세대라 부른다. 이들은 10년 전에는 386세대였다. 나이가 들어 연식은 오래됐지만 컴퓨터 용어를 기준으로 보면 오히려 진화했다. 나는 1980년 전두환 5공 시절 대학에 들어가 5공 시절 졸업했다. 5공화국 시절 불멸의 히트곡 가운데 하나가 조용필의 〈창밖의 여자〉다.

'누가 사랑을 아름답다 했는가?' 암울하고 엄혹했던 5공화국 시절 대학을 다닌 청춘들에게는 남녀사이 사랑도 어쩌면 사치였고 고통이었다. 그래서 〈창밖의 여자〉가 더 마음에 와 닿았을 터다. '사랑은 아름답다'보다 '인생은 아름답다'는 더 거대한 담론이다. '누가 인생을 아름답다 했는가?'

1940년 멕시코 한 마을에 러시아에서 망명한 혁명가 레온 트로츠키(Leon Trotskii)가 있었다. 러시아 혁명을 성공시킨 레닌(Vladimir Lenin)이 죽은 뒤 권력은 트로츠키가 아닌 스탈린(Stalin)에게 돌아갔다. 트로츠키는 스탈린이 언젠가 자신을 암살할 것을 알고 있었다.

트로츠키는 암살 6개월 전 그의 운명을 예감하듯 유서를 작성했다.

> 방금 전 나타샤가 마당을 질러 와 창문을 활짝 열어 주었기에 공기가 훨씬 자유롭게 내 방을 들어오게 되었다.
> 벽 아래로 빛나는 연초록 잔디밭과 벽 위로는 투명하게 푸른 하늘, 그리고 … 모든 것을 비추는 햇살이 보인다. 인생은 아름다워!~

훗날의 세대들이 모든 악의 억압과 폭력에서 벗어나 삶을 마음껏 향유하게 하자.

어두컴컴한 독방에서 스탈린이 보낸 암살자에 의해 손도끼로 처형당하기 직전, 트로츠키는 암살자를 응시하며 이렇게 말했다고 한다.

"그래도 인생은 아름답다."

트로츠키의 역설인 '인생은 아름다워'를 모티브로 이 영화는 만들어졌다. 트로츠키가 말한 '인생은 아름답다'는 그의 인생처럼 비장하면서 쓸쓸하지만, 영화 〈인생은 아름다워〉는 주인공이자 감독인 로베르토 베니니의 명연출과 명연기로 관객들에게 인생에 대해 또 다른 깊은 여운을 남겨준다.

영화 속에서는 '인생은 아름답다'는 대사는 없다. 감독은 나치의 유대인 학살이란 처참한 상황에서도 인생은 아름다울 수 있다는 역설을 코미디로 풀어냈다. 김대중 대통령도 자서전에서 '인생은 생각할수록 아름답다'고 말했다. 김 전 대통령은 돌아가시기 전 마지막 일기에 "인생은 아름답고, 역사는 발전한다"고 썼다. 태어난 곳과 살던 시기는 다르지만 한 시대를 풍미한 개혁가이자 정치인인 두 사람이 생을 마치기 전 남긴 마지막 말은 후세를 사는 이들에게 희망이란 교훈을 남겨주고 있다.

명품드라마와 막장드라마

〈인생은 아름다워〉란 영화와 똑같은 제목의 드라마가 2010년 방송돼 좋은 반응을 얻었다. 한국 드라마의 대표작가 김수현 씨가 집필한 작품이다. 김수현 씨는 젊은 시절에는 남녀 간 극적인 사랑이야기를 드라마로 만들었는데 최근엔 〈인생은 아름다워〉처럼 가족이야기를 많이 다루고 있다.

〈인생은 아름다워〉는 제주도에서 4대가 살아가는 모습을 담은 드라마다. 〈인생은 아름다워〉가 요즘 대세인 막장드라마가 아니라 명품드라마가 될 수 있는 것은 가족드라마 속에 사회 소수자의 문제를 담담히 담아냈기 때문이다. 제주도에서 펜션을 운영하는 주인공 부부는 남편 아이 하나, 부인 아이 하나씩 데리고 재혼을 한 뒤 그 사이에 두 명의 아이를 낳았다. 4명의 자식들이 커서 결혼하거나 사랑하는 사람을 만나면서 겪게 되는 사연들이 드라마의 주된 이야기다.

이 드라마는 동성연애자 문제를 다뤄 사회적으로 관심을 끌기도 했다. 재혼한 주인공 부부의 큰아들이 극중에서 의사인데 동성연애자로 나왔기 때문이다. 기독교 시민단체 등 동성연애에 대해 보수적인 단체들이 신문광고 등을 통해 드라마가 동성연애자를 미화시켜 동성연애를 부추기고 있다며 방송사를 규탄했다. 법무부는 이에 영향을 받아 교도소 내 〈인생은 아름다워〉 드라마 방영을 중지시키기도 했다.

김수현 작가는 언론 인터뷰에서 "자식이 많다 보면 동성애자도 하나 끼어 있을 수 있지 않나. 조금 시끄럽겠다 싶었지만 사회적 이슈를 의도한 건 없다. 어느 집안에서나 있을 수 있는 일을 그렸다"고 밝혔다. 김수현 씨는 자신의 말처럼 동성연애자란 소수자의 이야기를 떠들썩하게 그리지 않았다. 그러나 김수현 씨가 동성연애자 문제를 다뤄 큰 홍역을 치렀기 때문에 당분간 동성연애자 같은 소수자를 다룬 드라마가 나오기 어려울 것 같다.

종교, 시민단체, 이익집단이 드라마 소재와 관련해 이렇다저렇다 말이 많으면 드라마 작가는 마음껏 창작의 날개를 펼 수 없다. 보도지침으로 인해 기자들이 제대로 된 기사를 쓸 수 없는 것과 마찬가지다. 결국 드라마 작가들은 이 눈치 저 눈치 보다가 막장드라마를 선택하게 될 수도 있다.

《TV드라마 연출론》을 쓴 장기오 PD는 "영화가 자의적 선택에 의한 것이라면, 전파를 통해 방송되는 드라마는 이보다 공적으로 훨씬 더 많은 도덕성을 요구받는다"고 말했다. 그러면서 무의미한 폭력이 난무하고 도박과 불륜도 모자라 온 세상 사람들의 바람피우는 이야기로 지새우는 드라마에서는 희망을 찾을 수 없다고 말했다. 세상엔 불륜도 있고 무의미한 폭력도 있지만 막장드라마처럼 복잡하게 꼬인 치정사건은 상당히 드문 일이다.

치열한 시청률 경쟁 속에 PD도 목구멍이 포도청이라 중독성 강한 막장드라마에 쉽게 손이 갈 수 있다. 그러나 어렵더라도 최소한 PD로서 직업인의 양심과 상식을 지키려고 노력하다 보면 시청률도 높은 명품 드라마를 만들 수 있을 것이다.

"불가능하지만 그럴듯하게 여길 수 있는 사건이, 가능하지만 도저히 그럴듯하게 여길 수 없는 사건보다 낫다."

아리스토텔레스가 《시학》 24장에서 한 말이다. 드라마에서 악화가 양화를 구축하는 것은 시청자들 입장에서 가장 큰 비극이다. 드라마 〈인생은 아름다워〉는 영화 〈인생은 아름다워〉만큼 다시 봐도 질리지 않을 클래식 같은 명품이다.

도전정신으로 만든 휴먼다큐

KBS 다큐멘터리 〈울지마 톤즈〉가 2011년 4월 미국 휴스턴 국제영화제에서 다큐부문 대상인 플래티넘 상을 수상했다. 〈울지마 톤즈〉는 한국에서 장래를 보장받는 의사라는 직업을 버리고 사제의 길을 택해 세계에서 가장 가난하고 위험한 아프리카의 수단에서 봉사의 길을 걸었던 이태석 신부의 이야기를 담은 작품이다.

이태석 신부는 아프리카 현지에서 학교와 병원을 짓고서 세상에서 버림받았던 한센병 환자들의 손을 잡아주는 좋은 친구로 사랑의 기적을 불러왔다. 하지만 정작 자신의 건강을 챙기지 못해 이 신부는 마흔여덟의 나이로 선종한다.

구수환 PD는 이태석 신부가 세상에 남긴 사랑과 헌신의 의미를 통해 우리의 모습을 되돌아보고자 〈울지마 톤즈〉를 제작한다. 구 PD는 이태석 신부를 생전에 만난 적이 없다.

구 PD는 2010년 1월 15일 이태석 신부의 선종 소식을 듣고 관련 자료를 보다가 세 가지 궁금한 점이 있어 다큐멘터리를 제작하게 됐다고 한다. 하나는 이태석 신부 장례식에 참석한 1,500명 대부분이 이태석 신부와 만난 적 없는 사람들이라는 것이었다. 도대체 어떤 분이었기에 일면식도 없는 사람들이 마지막 길을 배웅해 줬을까 궁금했다. 두 번째는 왜 평생 장래를 보장받을 수 있는 의사라는 직업을 버리고 신부가 되었을까 하는 점이었다. 그리고 마지막으로 누구도 가기 싫어하는 분쟁지역을 왜 스스로 찾아갔을까 하는 점이었다. 구 PD는 이 세 가지 궁금증을 가지고 〈울지마 톤즈〉 제작을 결심한다.

구수환 PD는 이태석 신부를 직접 만난 적이 없기 때문에 이 신부의 어머니와 형을 만난 뒤 관련 자료를 모으기 시작했다. 다행히 5명이 이태석 신부의 아프리카 수단 생활기와 투병과정을 담은 영상자료를 갖고 있었다. 그런데 아마추어들이 찍은 영상자료가 방송전문가의 영상보다 이태석 신부를 자연스럽게 잘 조명하고 있었다. 구 PD는 영상자료를 꼼꼼히 살피며 다큐멘터리에 사용할 화면을 하나하나 정리했다. 다큐멘터리 주인공이 죽고 없는 상태에서 PD로서 구수환 씨의 감이 없었다면 〈울지마 톤즈〉란 걸작은 세상에 빛을 볼 수 없었다.

구수환 PD는 영상자료를 살핀 뒤 아프리카 톤즈 사람들은 이태석 신부를 어떻게 기억하고 있을까 궁금해 2010년 2월 직접 수단으로 날아간다. 50℃를 웃도는 찜통더위에다 치사율 세계최고 수준의 말라리아 등 풍토병 위험까지 있는 아프리카였다. 호기 있게 비행기에 올라탔지만

10일 동안의 수단 취재는 견디기 힘든 고통의 연속이었다. 거기에 언제 전쟁으로 번질지 모르는 수단 종족 간 갈등은 취재를 더욱 힘들게 했다. 구 PD는 짧은 취재기간 동안 이태석 신부를 만날 수 있었다.

"낮에 달궈졌던 벽돌집은 밤에 완전 한증막이었어요. 지하수도 34℃나 됐어요. 그런데 이태석 신부는 그런 열악한 환경에서 8년을 보냈다니 정말 믿어지지 않더군요."

이태석 신부의 삶을 몸소 체험하면서 구수환 PD에게도 큰 변화가 나타났다. 구 PD는 휴먼 다큐멘터리 전문 PD가 아니었다. 그는 시사고발 프로그램인 〈추적 60분〉의 책임 PD이자 MC로 비교적 얼굴이 알려진 인물이다.

"고발 프로그램을 오래 하다 보니 세상을 부정적으로 보는 시각이 있었는데 이태석 신부를 접한 뒤 남을 원망하지 않고, 세상을 긍정적으로 보게 됐어요."

〈울지마 톤즈〉로 제목을 정한 이유는 분쟁지역 수단의 아픔과 이태석 신부의 삶을 연결하기 위해서였다. 톤즈는 수단 남부지역에 있는 아주 조그마한 마을이다. 북수단과 남수단은 수십 년간 내전을 치러 왔는데 톤즈는 가장 치열한 전투가 벌어진 곳 가운데 하나다. 지금도 전기가 들어오지 않아 지하수를 먹고 있고, 전염병이 많이 돌아 어린아이와 노약자 사망률이 매우 높은 곳이다.

구수환 PD는 수단 현지에서 이태석 신부가 한 일을 쉽게 찾을 수 있었다. 이 신부는 수단 톤즈에서 유일한 의사로, 병원을 만들어 환자를 진료했다. 또 이 신부는 병원뿐 아니라 학교를 지어 수학을 직접 가르치는 등 아이들 미래를 걱정하는 교육자가 되기도 했다. 가난하고 병든 사람들, 특히 전쟁터에 버려진 아이들에겐 아버지 역할도 했다. 이 신부는 공부를 하고 싶어도 집이 멀어 애태우는 아이들을 위해 기숙사를 만드는 건축가가 되기도 했다.

구수환 PD가 수단 현지취재에서 가장 뭉클했던 순간은 35인조 브라스밴드의 아이들이 눈물을 흘릴 때였다. 세상에 태어나 전쟁 속에 살아온 아이들이 한 사람의 헌신적인 사랑으로 자신감을 되찾고 무엇보다 남을 사랑하는 감정을 표현할 줄 알게 되었다는 것이다. 아이들의 눈물을 보면서 현지에 있는 외국 신부조차도 기적이라고 했다고 한다.

구수환 PD가 휴먼 다큐멘터리 전문 PD가 아니었는데 어떻게 〈울지마 톤즈〉를 만들 수 있었을까? 기획력과 도전정신이 없었다면 전 세계인을 감동시킨 대작은 나올 수 없었다.

그는 이태석 신부의 선종 소식을 듣자마자 20년 이상 프로듀서를 한 경험에서 얻은 직감으로 방송프로그램으로 만들어야겠다고 생각했다. 물론 휴먼 다큐멘터리 형식으로 만들겠다고 생각하지는 못했을 것이다. 자신이 휴먼다큐 전문 PD가 아니란 점도 있었겠지만 그보다는 이태석 신부를 생전에 만난 적이 없어 이 신부의 모습을 영상에 담거나 인터뷰한 적이 없었기 때문이다. 그러나 그는 특유의 장인정신으로 이태석 신부의 주위 친지들을 찾아다니며 관련 자료를 하나둘씩 모으기 시작했다. 뜻이 있는 곳에 길이 있다는 말처럼 그가 이태석 신부를 주인공으로 하는 프로그램을 만들겠다는 일념으로 취재를 해나가자 뜻하지 않은 영상자료를 얻을 수 있었다. 그 영상자료가 없었다면 〈울지마 톤즈〉 휴먼다큐 제작은 사실상 불가능했다. 영상자료 없이 이태석 신부에 대한 책을 만드는 것은 가능하겠지만 방송 프로그램은 어렵기 때문이다.

영상자료를 확보하자마자 그는 수단으로 거침없이 날아갔다. 머릿속은 이미 프로그램에 대한 생각으로 가득 차 있었기 때문에 전쟁과 전염병의 위험은 생각할 수 없었다. 미쳐야〔狂〕 미친다〔及〕. 프로듀서가 프로그램 제작에 미치지 않고서는 좋은 프로그램에 미칠 수 없는 법이다.

사람이 주는 감동에 빠지다

MBC 〈휴먼다큐 사랑 — 풀빵엄마〉편이 2010년 11월 뉴욕에서 열린 국제 에미상 다큐멘터리 부문 수상작으로 선정됐다. 에미상이 어떤 상인가 하는 것은 국내 다큐멘터리 가운데 어떤 작품들이 후보에 들었는지 보면 알 수 있다. 국내에서는 국제 에미상 다큐멘터리 부문에 1999년 MBC의 〈건널 수 없는 바다〉, 2008년 KBS 〈차마고도〉가 노미네이트됐지만 수상하지 못했다.

〈풀빵엄마〉는 풀빵을 팔며 두 아이를 키우는 위암 말기의 싱글맘 최정미 씨의 이야기를 담은 작품이다. 두 어린 자식을 두고 시한부 암과

싸워 나가는 최정미 씨의 사연은 방송 당시 시청자들의 가슴을 적셨고, 이후 두 아이를 위한 모금운동까지 이어질 정도로 반향이 컸다. 〈풀빵엄마〉로 에미상을 받은 유해진 PD는 수상소감에서 영예를 모두 최정미 씨의 모성애로 돌렸다.

"고(故) 최정미 씨의 위대한 모성애가 상을 받은 거죠. 저는 다만 영상으로 옮겼을 뿐인데, 영상은 그의 사랑을 10분의 1도 담지 못했습니다."

유해진 PD가 〈풀빵엄마〉를 제작한 것은 탤런트 최진실 씨의 자살이 계기가 됐다. 최 씨의 추모 다큐를 만들면서 싱글맘들의 처지에 관심을 갖게 됐다. 유 PD는 〈사랑〉이란 제목을 단 프로그램인 만큼 6개월 이상 촬영하면서 자신이 사랑할 수 있는 주인공을 찾으려고 했다. 그는 영상에 담는 출연자들과 가족 같은 관계를 맺고 행복하게 지내면 그 시간이 그대로 시청자에게도 감동으로 전해진다고 생각한다.

유해진 PD는 〈풀빵엄마〉를 만들기 전에 2006년 〈너는 내 운명〉, 2007년 〈엄지공주, 엄마가 되고 싶어요〉 등 명작 휴먼다큐를 여러 편 만들었다. 에미상 수상에 앞서 전도연 주연의 동명 영화로 만들어진 〈너는 내 운명〉 편(2008)으로 아시아 TV 어워즈 최우수상, 반프 월드 TV페스티벌 심사위원 특별상을 수상하기도 했다.

화려한 경력을 보면 타고난 휴먼 다큐멘터리 PD일 듯하지만, 그는 원래 거대담론을 통해 세상과 교감하는 사회적인 발언을 담은 다큐멘터리를 만들고 싶어 하였다.

"처음 욕심과는 다르지만 휴먼다큐를 하면서 많은 걸 느꼈습니다. 〈너는 내 운명〉을 본 뒤 자신의 삶을 되돌아봤다는 시청자들을 접하고, 사람이 주는 감동이 어떤 것보다도 크다는 생각이 들었어요. 사람들의 마음을 정화시키고 사회를 따뜻하게 만드는 휴먼다큐의 힘을 느꼈지요."

유해진 PD는 386세대의 끝자락인 88학번이다. 시대적 고민을 갖고 지상파 방송에서 다큐멘터리를 통해 사회를 아름답게 바꿔 보자는 생각으로 교양 PD를 선택했다. 입사 10년 만에 그는 자신이 원하는 정통 휴먼다큐를 처음 만들게 됐다. 〈너는 내 운명〉이 방송에 나가자 많은 시청자들이 드라마보다 더 감동적이었다고 칭찬했다. 〈너는 내 운명〉은 다큐라는 비인기 장르와 심야시간이라는 약점에도 불구하고 전국 기준 12.3%의 높은 시청률을 기록했다.

흔히 휴먼 다큐멘터리는 있는 상황을 그대로 촬영하면 되니 드라마나 시사고발 프로그램 제작보다 쉬울 것으로 생각할 수 있다. 그러나 휴먼다큐는 주인공이 카메라 앞에서 있는 그대로의 모습을 보이기까지 많은 시간이 필요하다. 〈풀빵엄마〉, 〈너는 내 운명〉 모두 6개월 이상 시간이 필요했다. 커다란 카메라와 카메라 감독이 계속 촬영하고 있고 거기에 PD도 있기에 처음엔 휴먼다큐의 주인공들이 어색해하기 마련이다.

유해진 PD는 다큐의 주인공이 카메라와 제작진들이 곁에 있는 것을 느끼지 않을 때까지 기다렸다. PD가 좋은 다큐를 만들 때 가장 필요한 덕목 가운데 하나는 기다릴 줄 아는 것이다. 그래서 휴먼다큐는 '기다림의 예술'이라고 말할 수 있다. 그렇다고 기다리기만 해서 좋은 다큐가 탄생하는 것은 아니다. 유 PD는 6개월에서 1년 가까이 주인공들 곁에 있으면서 그들과 하나가 되고 가족이 된다. 그리고 촬영이 끝나고 나면 틈틈이 영상을 보고 또 본다. 주인공들의 숨소리 하나도 놓치지 않고 제작노트에 촬영한 테이프에 담긴 영상과 오디오를 기록한다.

다큐에 따라 조금 다르겠지만 6개월 정도 휴먼다큐 촬영을 하고 나면 30분 분량 테이프 200개가량이 나온다. 이 테이프 200개에 들어간 내용을 기록하는 것까지는 그래도 시간을 들이면 된다. 30분 테이프 200개면 모두 6,000분으로 시간으로 환산하면 100시간이다. 100시간짜리 원본에서 1시간짜리 다큐 프로그램으로 제작하는 작업은 정말 쉽지 않다. 그래서 다큐멘터리 제작은 편집의 예술이기도 하다.

6개월을 같이 보내며 그 가운데 의미 있는 100시간을 촬영했는데 거기서 100분의 1을 다시 뽑아내는 것은 여간 고된 작업이 아니다. 유 PD는 6개월 대장정 촬영이 끝나면 1평 가까운 편집실에서 밤새우기를 밥 먹듯 한다. 100개의 화면 가운데 하나의 화면을 고르는 작업이다. 주인공을 담은 화면 모두 의미가 있고 아름다우면 단 1분을 편집하기 위해 고민 고민하다 며칠 밤이 시나브로 지나간다.

유해진 PD는 수개월 편집을 하며 99시간 촬영한 테이프를 버린다. 주인공들과 함께한 시간을 버리는 것 같아 마음이 편하지 않다. 그러나 1시간 프로그램으로 완성돼 방송을 타고 시청자들로부터 좋은 반응을 얻을 때 그런 미안함은 봄눈 녹듯이 없어진다.

휴먼다큐 PD는 드라마 PD처럼 작가의 대본에 따라 연출하는 것이 아니다. 다큐 주인공의 인생에 끼어들지 않고 옆에서 PD만의 시각으로 주인공의 모습을 영상에 담는다. 휴먼다큐의 리얼리티를 높이려면 옆에서 카메라로 촬영하는 것보다 주인공의 동의를 얻어 집안 곳곳에 CCTV를 설치하는 것이 효과적일 수 있다. 그러나 만약 CCTV로 촬영된 화면으로 프로그램을 만들면 시청자들이 훔쳐보기의 묘미는 느낄 수 있을지 모르겠지만 〈풀빵엄마〉, 〈너는 내 운명〉 같은 감동은 느끼지 못할 것이다.

사람을 영상에 담는다고 모두 휴먼 다큐멘터리가 될 수는 없다. 휴먼 다큐멘터리 가운데 최장수 프로그램으로 기록된 〈인간시대〉의 이긍희 PD는 "수많은 사람 중에 하필 왜 그 사람을 보여주는가? 그 사람은 도대체 어떻게 살고 있는가? 이 두 가지 질문을 갖고 제작하는 것이 휴먼 다큐멘터리"라고 말했다.

유명 연예인이 아닌, 우리 곁에서 흔히 볼 수 있는 보통사람들의 사는 모습을 카메라에 담아 그 화면 가운데 그 시대를 살아가는 사람들과 소통할 수 있는 인생의 희로애락을 편집해 프로그램으로 만들었을 때 우리는 진정한 휴먼 다큐멘터리를 만날 수 있다.

'누가 인생을 아름답다 했는가?'

아마 '시련을 극복하며 희망을 노래할 수 있는' 인간만이 대답 가능한 질문일 것이다.

희망 있는 곳에 반드시 시련이 있다.
단 희망은 수도 적고 대부분이 추상적이지만,
시련은 진저리날 만큼 구체적인 경우가 태반이다.

— 무라카미 하루키 〈1Q 84〉 3권

친 구

개봉 2001년

감독 곽경택

출연 유오성(준석), 장동건(동수),
정운택(중호), 서태화(상택),
김보경(진숙)

유오성
장동건
함께 있을 때,
우린 아무것도 두려울 것이 없었다!
친구
親舊

기자와 취재원은 불가근불가원 관계

아무리 미화해도 깡패는 깡패

〈친구〉엔 4명의 남자가 나온다. 이들 4명이 초등학교 시절 친구로 만나 부산 앞바다에서 커다란 튜브에 매달려 수영하는 장면부터 영화는 시작한다. 주인공 4명은 각각 자라온 환경이 다르다. 준석은 조직폭력배 두목의 아들이었고, 동수는 가난한 장의사의 아들이었다. 영화의 내레이션을 맡은 상택은 평범한 가정에서 모범생으로 자랐고, 중호는 집안에 돈은 있지만 공부엔 관심이 없는 친구다.

이들 4명은 고등학생이 돼서도 함께 어울렸다. 1981년 교복 자율화가 실시되기 전 4명의 친구는 목까지 단추를 채우는 교복을 입고 부산 거리를 뛰어다닌다. 준석은 초등학교 시절부터 4명 가운데 리더 역할을 맡았는데 여전히 카리스마가 넘친다. 동수는 항상 준석의 그늘에 있

ⓒ 씨네라인 II

지만 그 그늘에서 벗어나고 싶다. 상택은 여전히 공부를 잘하는 모범생이고 중호는 까불거리지만 언제나 유쾌한 친구다. 어느 날, 부산에 있는 여고 그룹사운드 '레인보우'의 공연을 보러가고, 그곳에서 상택과 준석은 싱어 진숙에게 반한다. 그러나 친구 상택의 마음을 안 준석은 자기 집에 상택과 진숙을 불러 만나게 해준다.

고등학교를 졸업하고 중호와 상택은 대학에 진학했다. 둘은 대학생이 된 이후 연락이 끊겼던 준석과 동수를 찾아갔다. 동수는 어찌된 이유인지 수감돼 있었고, 준석은 어머니를 여읜 충격으로 마약에 빠져 있었고 그리고 상택의 첫사랑 진숙이 준석의 곁에 있었다.

20대 중반을 넘어 준석은 조직폭력배 두목 출신인 아버지를 여의고

폭력조직의 행동대장이 된다. 세월이 흘러 상택은 대학을 졸업하고 다시 부산으로 돌아온다. 시내에 들어섰는데 검은색 세단 몇 대가 상택을 가로막는다. 조폭 두목이 된 준석이 길 한복판에서 친구 상택을 반갑게 맞이한다.

상택이 군대를 다녀온 사이 준석과 동수는 서로 라이벌 조직폭력배의 우두머리가 돼 있었다. 폭력조직의 사업권을 놓고 준석과 동수는 피할 수 없는 경쟁을 벌인다. 두 조직이 살인과 폭력으로 앙갚음을 하는 사이 준석의 조직에서 동수를 제거해야 하는 상황이 찾아온다.

준석은 친구를 살려야겠다는 심정으로 동수를 찾아간다. 준석은 상황이 좀 나아질 때까지 하와이로 가 있으라고 동수에게 제안한다. 여기서 유명한 동수의 대사가 나온다.

"니가 가라, 하와이."

하는 수 없이 준석은 동수의 나이트클럽 사무실에서 나온다. 준석이 떠난 뒤 동수도 유학을 떠나는 상택을 배웅하러 나온다. 비오는 부산 시내 동수가 차를 타려고 할 때 우산을 팔던 청년이 동수를 덮친다. 동수는 도망가려 하지만 괴청년은 계속 칼로 동수를 찌른다. 이때 동수의 명대사가 나온다,

"고마 해라. 마이 묵었다 아이가."

준석은 살인교사 혐의로 법정에 서게 되고 결국 사형을 선고받는다.

영화 〈친구〉는 2001년 개봉 당시 전국에서 818만 명을 동원하며 한국 영화의 흥행 신기록을 세웠다. 또 부산에서 영화의 전 장면을 촬영

해 부산이 한국 영화의 새로운 메카로 자리잡는 계기가 되기도 했다. 그러나 한편에서는 깡패들을 미화하고 폭력묘사가 지나치다는 지적도 있었다.

사실 깡패는 깡패일 뿐 미화 대상이 아니다. 깡패근성은 깡패에게만 있지 않다. 기자들에게도 있다. 정치인, 경제인, 고위공무원 등 힘 있는 자들을 '오야붕'으로 모시고, 스스로 '꼬붕'이 되려는 기자들이 동서고금을 막론하고 존재해왔다. '오야붕-꼬붕' 문화에 기생하려는 기자들은 밖에서는 힘 있는 권력자들에게 자신을 의탁하고, 언론사 안에서는 패거리 문화를 조성해 좋은 자리를 대물림하려고 애쓴다.

'오야붕과 꼬붕'은 일본말로 아버지와 아들을 뜻한다. 야쿠자 조직에서는 부하가 우두머리를 마치 아버지처럼 모시고 절대복종하기 때문에 오야붕과 꼬붕이란 말이 나왔다. 오야붕과 꼬붕 사이에 의리나 신의는 있을 수 있겠지만 정의(正義)가 존재하기는 어렵다. 오야붕이 옳지 않은 일을 지시했을 때 꼬붕이 옳지 않다고 거부하는 경우는 거의 없다.

기자들이 유력 정치인이나 경제인과 '오야붕-꼬붕' 관계를 맺어서 안 되는 이유가 여기에 있다. '오야붕-꼬붕' 문화에는 옳고 그름을 따지지 않는 것이 미덕인데, 기자가 시시비비를 가리지 않는다면 언론인으로서의 역할을 스스로 포기한 것이라 할 수 있다.

오야붕-꼬붕 문화와 관련해 취재원과 기자 간의 관계도 짚어볼 만한 대목이 있다. 기자와 취재원은 '불가근불가원'(不可近不可遠)의 관계라고 한다. 지나치게 가까워서도 안 되지만 그렇다고 너무 멀리하면 국민의 알권리를 위한 취재가 이뤄지지 못한다. 불가근불가원의 관계는 사실 '불가근'에 더 무게가 실린다. 너무 멀리하면 취재가 좀 안 될 뿐이지만 너무 가까이 하면 권언(權言) 유착을 넘어 사회를 좀먹는 범죄행위로 확대될 수 있기 때문이다.

언론의 사명은 취재원과 너무 떨어지지 않은 거리에서 권력을 갖고 있는 취재원을 감시하고 비판하는 것이다. 기자가 이 언론인의 사명을 망각할 때 급속히 부패하게 된다. 문제는 기자가 한 번 부패하기 시작하면 그 끝을 가늠할 수 없을 만큼 썩게 돼 회복이 불가능하게 된다는 것이다. 실제 부패한 기자들이 브로커나 로비스트처럼 활동하며 검은돈을 받다가 형사 처벌되는 경우도 있다. 법의 심판을 받은 기자들보다 불가근불가원 관계를 지키지 못해 동료 기자들의 빈축을 산 사례를 살펴보자.

"기자는 소액으로 매수 가능"

1991년 노태우 정부 당시 수서택지 비리사건이 터졌다. 서울시가 강남의 마지막 노른자위 땅 수서지구를 힘 있는 기관과 돈 있는 기업에 특별분양한 비리사건이다. 특별 분양을 받은 민간조합에는 경제기획원, 서울지방국세청, 군부대, 언론사 등 영향력 있는 기관들이 포함돼 있었다. 서울시가 특별분양 결정을 내리기 직전 열린 서울시 관계자 대책회의에는 청와대 비서관과 민자당 의원이 참석했다. 검찰 수사과정에서 한보그룹 정태수 회장이 청와대 관계자, 국회 건설위원회 소속 의원들, 건설부 공무원에 뇌물을 준 사실이 밝혀졌다. 그러나 수서비리 사건의 외압의 배후와 몸통은 밝히지 못하고 수사는 마무리됐다.

수서비리사건은 정치인, 경제인, 관료들의 유착관계가 드러난 6공화국의 대표적 비리사건이다. 당시 정치인과 고위공무원들은 한보 정태수 회장에게 억 단위의 뇌물을 받았다. 그런데 수서비리 사건에는 정치인, 경제인, 관료들 말고 기자들도 끼어 있었다. 한보그룹은 서울시청 출입기자단에 4천만 원, 각 언론사 편집국 간부들에게 2천만~3천만 원씩 모두 5억 원의 촌지(寸志)를 뿌렸다.

한보 정태수 회장은 정치인들에게는 억 단위 뇌물을 줬지만 기자들에겐 수십만 원에서 수백만 원의 뇌물을 줬다. 억 단위 뇌물을 받지 않았다고 직업윤리상 용서되는 것은 아니겠지만 수서사건 때 언론인은 구속되지 않았다. 그러나 이미 박정희 정권부터 곪을 대로 곪은 기자 촌지관행이 세상에 드러난 것이라 사회적으로 큰 충격을 주었다.

정태수 회장이 당시 살포한 뇌물은 밝혀진 것만 수십억 원이다. 실제 배후와 몸통에게는 수백억 원이 은밀히 제공됐을 가능성이 높지만 밝혀지지 않았다. 정 회장은 훗날 수서사건과 관련해 사석에서 "기자는 소액으로 매수가 가능한 사람"이라고 했다고 한다. 정 회장이 공식석상에서 한 말이 아니라 사실 확인을 본인에게 직접 들어볼 필요가 있겠지만, 수서사건 전체를 놓고 볼 때 정 회장의 말은 개연성이 있다.

정 회장은 기자들에게 굳이 뇌물을 줄 필요가 없었다. 수서 특혜분양 자체는 국회의원 등 정치인이나 관료들의 도움이 필요했지 언론인의 도움은 굳이 필요하지 않았다. 그러나 기자가 특혜분양의 냄새를 맡고 취재하기 시작하면 문제가 복잡해질 수 있었다. 서울시청 출입기자가 수서비리 냄새를 맡더라도 미리 취약을 먹여 놓으면 굳이 취재에 나서지 않을 것이란 계산이 깔려 있었다. 그리고 정 회장의 말대로 기자들을 매수하기 위해 그렇게 많은 돈이 필요하지 않았을 듯하다.

그런데 정태수 회장은 세상을 너무 쉽게 봤다. 5억 원의 돈으로 수십 명의 기자들을 꿀 먹은 벙어리로 만들 수 있다. 그러나 전체 언론과 여론의 눈과 귀를 막을 순 없었다. "기자는 소액 매수가 가능하다"는 말은 그 이후 기자 촌지사건이 터질 때마다 기자들 사이에서 자조 섞인 말로 회자되고 있다.

돈을 주지 않고 부인이 쓸 핸드백을 주면 뇌물도 진화하는 것이라 할 수 있나? MBC 이상호 기자는 2005년 자신의 홈페이지에 양심선언을 한다. 기업체로부터 구찌 핸드백을 받았다가 돌려주었다는 내용이다. 이 기자는 시사교양 프로그램 〈사실은〉에서 취재 고발한 기업으로부터 얼떨결에 구찌 핸드백을 받았다 돌려준 사실을 고백했다.

이 기자는 기업에서 구찌 핸드백을 주었을 때 자신의 부인을 생각하며 머뭇거렸을 것이다. 기업도 그런 점을 노려 돈 봉투가 아닌 명품 핸드백을 준비했을 것이다. 당시 이 기자의 양심선언에 일부 기자들은 비판적이었다. 이 기자 때문에 함께 구찌 핸드백을 받은 다른 MBC 기자가 곤욕을 치렀기 때문이다. 이 기자의 양심선언은 일종의 내부자 고발로 반향을 일으켰다. 이 기자의 고백으로 기자들이 재계나 관계로부터 촌지나 고가명품을 받는 행위가 줄어들었을 것이라 확신한다.

요즘 기자들이 촌지를 받지 않는다고 말할 수는 없지만 언론계 촌지 문화는 많이 정화됐다. 과거 기자들은 박정희 정권 시절부터 노태우 정권 초반부까지 출입처 고위공무원들을 이용해 대놓고 촌지를 요구했다. 고위공무원들은 자신에게 돈이 없으면 유관공기업이나 기업체를 동원해 정기적으로 출입기자단 촌지를 마련했다.

그 가운데 가장 물이 좋은 곳은 건설교통부와 보건복지부였다. 90년대 초까지 도급순위가 손가락 안에 꼽히는 건설사는 정기적으로 건설교통부 기자단에 촌지를 제공했다. 당시 건교부를 출입했던 기자에 따르면 건설회사 임원이 건교부를 오면 기자실에 들렀다고 한다. 건설회사 임원은 항상 백화점 쇼핑백을 들고 왔는데 쇼핑백엔 선물이 들어 있을 때도 있고 돈 봉투가 들어 있을 때도 있었다 한다.

전두환 정권은 1980년 언론사를 강제로 통폐합했기 때문에 건설사가 돈 봉투를 뿌릴 언론사 기자가 요즘처럼 많지 않았다. 건설회사 임원은 건설교통부 출입기자 수에 맞게 돈 봉투를 준비했다. 촌지는 건설회사 임원이 기자들을 일일이 찾아다니며 주지 않아도 됐다. 건교부 출입기자단 간사가 하는 일 가운데 가장 큰 일은 돈 봉투를 공평하게 분배하는 것이었다. 배달사고도 가끔 일어났다. 돈 봉투를 받지 못한 기자는 자신의 봉투는 어디 있냐며 기자단 간사에게 얼굴을 붉히기도 했다.

기자 촌지문화는 국민의 힘으로 직선제 개헌이 이뤄지면서 개선되기 시작했다. 전두환 정권의 언론사 통폐합으로 형성됐던 기자단 카르텔은 직선제 이후 새로운 매체가 등장하면서 깨지기 시작했다. 특히 〈한겨레〉의 등장은 언론계 촌지수수 관행을 획기적으로 바꿔 놨다. 〈한겨레〉 기자를 중심으로 그동안 관행으로 이어지던 기자단 촌지를 거부하는 기자들이 하나둘씩 생겨났다.

1991년 11월 1일 〈한겨레〉는 대형사고를 터트린다. 사회면 톱기사로 언론계 촌지문화를 고발한 것이다. 〈한겨레〉는 언론계 내부비리는 건드리지 않는다는 암묵적 카르텔을 깨고 보사부 기자단 촌지사건을 고발한다. 당시 보건사회부 기자단 기자 14명이 해외시찰 명목으로 보사부 관련업계로부터 음성적으로 거둬들였던 부정한 돈이 1억 원에 가까웠다. 이 돈을 2명의 보사부 기자단 간사가 대부분 착복하고 나머지는 모든 기자들이 나눠 가졌다.

기자들의 윤리불감증을 고발한 〈한겨레〉 기사가 나가자 국민들의 지탄은 거셌다. 언론사마다 개별적으로 사과문을 공지하고 윤리강령을 만드느라고 북새통을 이뤘다. 〈한겨레〉 보도로 노골적 금품수수와 향응접대 등은 줄어들었지만 완전 근절되지는 못했다.

1991년 〈한겨레〉의 언론계 비리 내부고발은 그 이후 〈미디어오늘〉, 〈기자협회보〉 등 미디어비평 매체들이 주로 맡게 됐다. 인터넷이 발달하면서 〈오마이 뉴스〉, 〈프레시안〉 등 온라인 유력매체가 등장해 미디어 비리 감시가 한층 강화됐다. 요즘은 기자단 간사에게 알아서 쓰라고 돈 봉투를 맡기는 기업은 거의 없다. 주요 출입처에는 100개가 넘는 언론사가 가입돼 있어 출입기자 전체를 대상으로 촌지를 주는 것은 생각하지 않고 있다.

천학범 전 NHK 서울주재 기자는 촌지관행을 놓고 1970~1980년대 한국기자와 일본기자를 비교했다.

"한국기자들과 일본기자들은 확실히 대별된다. 일본기자들은 절대 촌지를 받지 않는다. 식사나 술은 하지만 선물이나 촌지를 절대 받지 않고 기사를 쓴다. 그것이 일본기자들의 관례다. 그래서 부정과 타협하지 않았고, 정치가 안정됐다고 생각한다. 반면 한국기자들은 월급보다 촌지를 더 많이 받아 그 촌지로 생활하는 예가 적지 않았다. 그래서 재벌과 권력이 유착되고, 나중에 기자들이 정치인이나 공직자로 발탁되는 경우가 있었다."

작은 오욕도 역사에 남는다

2011년 초 《언론노조 총파업 백서(2008~2010년)》가 출간됐다. 기자협회장 책상 위에 배달된 백서는 1,152쪽이나 됐다. 요즘은 사라진 전화번호부 책을 보는 느낌이었다. 이명박 정부 출범 2년 동안 언론 민주주의 투쟁의 역사가 오롯이 담겨 있었다. 이번 백서는 1부 전국 언론노조의 총파업과 2부 방송사 파업으로 구성됐다. 2부 방송사 파업은 YTN, MBC, KBS의 총파업 기록을 담았다. 언론노조가 그동안 총파업 백서를 여러 차례 발간했지만 YTN이 언론사 가운데 맨 앞을 장식한 것은 처음이었다.

YTN 총파업과 공정방송 쟁취 투쟁기록은 100쪽가량을 차지했다. 2008년 YTN 노조성명서를 2년이 지나 다시 읽어 보니 감회가 새로웠다. 노조성명서에 가장 많이 등장하는 인물은 구본홍 사장과 배석규 사장이었다. 구 씨와 배 씨는 노조성명 제목에만 각각 11차례, 9차례 등장했다.

그런데 YTN 성명서에서 눈에 띄는 등장인물이 있었다. 윤 모 정치부장이었다. 윤 씨는 대구출신으로 자신이 이명박 대통령의 측근인 박영준 씨와 고향친구 사이라고 나에게 과시한 적도 있는 인물이다. 윤 씨는 성격상 드러내놓고 나서기를 꺼려하는 사람인데 친구 덕분에 정치부장이 된 이후 활약을 하기 시작했다. 윤 씨가 정치부장 자리에 있으면서 YTN 노조성명서에 등장한 이유는 언론사 정치부장으로 정치적 중립을 잃고 이명박 정부와 여당을 두둔했기 때문이다.

2009년 1월 3일 '자칭 정치부장의 망언을 규탄한다!'라는 제목의 성명서 내용은 이러하다.

"어찌 구본홍의 완장을 찬 인사들은 이리도 하나같은가? 정치부장을 자처하는 윤 씨가 차마 입에 담을 수 없는 소리를 했다. 문제는 정세균 민주당 대표의 발언을 인용한 단신기사가 작성되면서 일어났다. 기자는 민감한 시기에 나온 야당대표의 발언을 취재해 중요 '워딩'(*wording*)을 살려 단신을 작성했다. 그러나 윤 씨는 구본홍으로부터 부여받은 기사 승인권을 이용해 해당 워딩을 다른 표현으로 바꿨고, 이에 항의하며 대체기사를 작성한 기자에게 "워딩을 그대로 하는 것은 대서소 직원이 하는 일"이라고 비판했다.

정치부 기사는 어떤 분야의 기사보다 '워딩'이 중요하다는 것은 기본

중의 기본이다. 문제의 '워딩'은 'MB악법'이었다. 정치부장을 자처하는 윤 씨에게 묻는다. 기사작성의 기본을 문제 삼았는가, 아니면 정권에 비판적인 표현을 문제 삼았는가? 여든 야든, 정치인이 한 발언은 그 표현이 매우 자극적이고 공격적이라 하더라도 기사에 담기곤 한다. 이는 한편으론 발언의 취지가 왜곡돼지 않게 하기 위함이고, 한편으로 정치인에게 발언의 책임을 지게 하기 위함이다. 'MB악법'이란 표현이 잘못됐다면 더욱이 발언자가 책임지게 해야지 YTN이 나서서 순화시킬 이유가 없다. 그 자체로 공정성 침해다. 윤 씨 기준으로는 정치인의 녹취구성이나 출연, 〈돌발영상〉 등은 '대서소'에서 제작해야 마땅하다. 노조는 이번 사안을 윤 씨가 자기 자신의 정치적 편향성을 그대로 내보인 사건으로 규정하며 구본홍을 저지하고 공정방송을 지켜야 하는 당위를 재확인했다고 판단한다. 구본홍의 완장들이 공정방송을 위해 노력하는 조합원들에게 얼마나 적개심을 품고 있는지 여실히 보여주는 사례라고 생각한다."

윤 씨는 2009년 7월 23일 '정치부장의 정치적 편향성을 규탄한다'는 성명서에 또 등장한다.

"오늘 아침 보도국 회의에서 YTN 주요간부가 한 말이라고 믿기 어려운 발언이 나왔다. 정국의 핵심쟁점으로 떠오른 방송법 재투표 논란과 관련해 정치부장은 "과거에도 재투표 사례가 있었다"고 보고하고, 보도국장이 "몇 차례 있었나?" 라고 묻자, 정치부장은 "몇 차례 있었다"고 답했다. 과거에도 재투표 사례가 있었다는 발언은 한나라당과 국회 사무처의 입장에서 부화뇌동하는 발언이다. 이에 대해 언론노조와 야권은 어제와 같은 불법 재투표는 헌정 사상 초유의 일이라고 주장한다. 그렇다면 과연 한나라당과 국회 사무처가 제시한 과거의 재투표 사례란 무엇인가? 확인결과 과거 사례는 회기를 바꾸고 다시 안건을 상정해 합법적으로 재투표한 것이었다. 어제처럼 투표를 종료하고 의장이 어떠한 법적 근거도 없이 재투표를 실시한 사례는 단 한 번도 없었다.

정치부장은 한나라당이나 국회사무처가 던지는 정보를 제발 기자의 입장에서 비판적으로 재확인하라. 정치부장의 친여 성향과 기자 소양을 의심케 하는 사례들은 구성원들로 하여금 정치부장의 교체를 요구하고 있다."

윤 씨의 노골적인 한나라당 편향 언행은 성명서에 나온 사례만 있지 않다. 김대중 정부와 노무현 정부 시절에도 YTN에 정치부장은 있었다. 그러나 윤 씨처럼 마치 집권여당 당원이나 청와대 비서관이 된 듯 막무가내로 정치부장의 권한을 남용하는 사람은 없었다.

나는 2년 전 YTN 후배기자들로부터 윤 씨가 'MB 악법'이란 야당 대표의 워딩을 부장의 직권을 남용해 삭제했을 때 윤 씨가 원래 그런 사람이니 그렇게 놀랄 일도 아니라고 생각했다. 그러나 2년 뒤인 2011년 언론노조가 발행한 백서를 보면서 역사와 기록의 무서움을 새삼 느끼게 된다. 대수롭게 생각하지 않았던 적절치 못한 윤 씨의 정치편향이 백서에 고스란히 담겨 있었다.

훗날 역사가 YTN 공정방송투쟁을 평가할 때 윤 씨는 어떻게 기록될까? 또 윤 씨의 자손들이 우연히 《언론노조 총파업 백서》를 읽게 되면 어떤 심정이 들까? 부끄러운 역사인 친일파들의 행적을 기록한 역사가 자손 대대 교훈이 되듯 스스로 여당 당원이 된 듯한 착각 속에 정치부장의 권한을 남용한 언론인의 언행도 백서에 또렷이 이미 기록돼 있다.

MB 독수리 5형제는 존재하나?

〈독수리 5형제〉는 일본 만화가 원작으로 우리나라에서도 방송돼 큰 인기를 얻었다. 세계 정복을 꿈꾸는 악의 무리들을 독수리 5형제가 물리친다는 이야기다. 독수리 5형제가 이명박 정부에 있다는 주장이 있다. 본인이 MB의 '독수리 5형제' 가운데 한 명이라고 주장하고 있는 기자가 나에게 친절히 설명한 내용이다.

K기자는 2008년 이명박 정부가 출범한 이후 나에게 자신이 '독수리 5형제' 가운데 한 명이라고 자랑하듯 수차례에 걸쳐 이야기했다. 이명박 정부의 독수리 5형제의 탄생 스토리는 이러하다.

2007년 한나라당 대통령 후보 경선 당시로 거슬러 올라간다. 당시 한나라당 출입기자들은 박근혜 후보와 이명박 후보 취재를 나눠 맡았다. 신문사나 방송사에서 선배들인 1진은 당대표였던 박근혜 후보를 취재했고, 2진은 주로 이명박 후보를 취재했다. 기자들은 취재원과 불가근불가원의 원칙을 가져야 하지만 자신이 취재하는 후보에게 인지상정으로 어쩔 수없이 우호적인 면을 갖게 된다.

K기자는 MB의 독수리 5형제가 A신문의 A기자, B신문의 B기자, C

신문의 C기자, D방송의 D기자 그리고 자신이라고 주장했다. 어느 날 이명박 후보를 취재하고 있는데, A기자가 훗날 독수리 5형제가 되는 기자들을 소집했다. A기자는 5명 기자 가운데 가장 나이가 많고 가장 영향력이 큰 신문의 기자였다. A기자는 독수리 5형제를 소집하고 이렇게 말했다고 한다.

"이번에 한나라당 경선에서 우리는 MB가 대통령 후보가 되도록 최선을 다하자."

A기자의 말은 독수리 5형제가 지구를 지키는 것이 아니고, MB가 대통령에 당선되는 데 5명 기자가 협력하자는 제안이었다. 독수리 5형제는 그렇게 도원결의(桃園結義)를 한 뒤 이명박 후보가 박근혜 후보를 이길 수 있도록 온갖 노력을 다했다. 박근혜 후보에게는 독수리 5형제가 없으니 언론 싸움에서 불리할 수밖에 없었다. 박근혜 후보를 취재하는 기자들도 이왕이면 박근혜 후보가 경선에서 이기길 원했다. 그러나 이들은 MB의 독수리 5형제처럼 결속력을 갖지 못했다.

독수리 5형제는 모두 유력 언론사의 기자들이다. 유력 언론사에 들어오는 대선 관련 정보들 가운데 기사로 처리할 수 없는 것도 있었다. 독수리 5형제는 언론사로 들어오는 모든 정보를 취합해 서로 공유하고 대책을 숙의했다. 결과는 이명박 후보의 승리였다. 박근혜 후보를 취재했던 일부 기자들은 풀이 죽었고, 이명박 후보를 취재했던 독수리 5형제는 천하를 손안에 거머쥔 것처럼 득의양양했다. YTN에서 박근혜 후보를 취재했던 기자는 박근혜 후보가 경선에서 패배하자 휴가를 내고 며칠간 회사에 나오지 않았다. 한나라당 후보 경선은 대통령 선거 예선이었지만 결선과 같았다. 그렇기 때문에 이명박 후보 진영과 박근혜 후보 진영은 건곤일척(乾坤一擲)의 경선을 펼쳤다.

K기자는 "박근혜 후보 캠프에서 이명박 후보의 독수리 5형제 때문에 경선에 졌다는 평가도 나왔다"고 말했다. 나는 박근혜 캠프에서 그런 분석을 했다고 생각하지 않지만, 박근혜 캠프에서 독수리 5형제의 실체를 안다면 불만은 가졌을 것이라 생각했다. 독수리 5형제 때문에 박근혜 후보가 졌다는 말에 내가 별 반응이 없자 K기자는 비장한 말투로 한술 더 떠 박근혜 후보 진영에서 독수리 5형제 기자들을 벼르고 있다고 말했다. K기자의 말이 사실이라면 이명박 정부가 독수리 5형제에게 뭔가 보답이나 보호를 해주겠다고 생각했다.

이명박 후보는 2007년 12월 19일 민주당 정동영 후보를 500만 표 차이로 누르고 대통령에 당선된다. K기자를 포함한 독수리 5형제는, 시차는 있지만 모두 청와대 출입기자로 입성한다. 청와대 출입기자들은 대통령이 참석하는 행사에 순번을 정해 취재한다. K기자는 자신이 풀기자로 행사에 참석하면 대통령이 다른 기자들과는 악수 한 번 하고 그냥 지나가지만 자신에게는 꼭 한 마디 이상 말을 건네면서 관심을 보인다고 했다. 그러나 내가 본 바로는 대통령이 말을 건네는 것이 아니고 K기자가 먼저 악수를 하며 이 대통령에게 너스레를 떨면 대통령이 그에 답하는 모습이었다.

2008년 4월 29일 YTN은 월드 사이언스 포럼을 주최했다. YTN 주최 행사에 이례적으로 이명박 대통령이 참석했다. K기자는 풀기자를 자원해 현장에 갔다 오더니 나에게 투덜거렸다. 월드사이언스 포럼엔 손학규 민주당 대표도 참석했다. 손 대표는 민주당 출입기자단과 당직자 간 축구경기에 출전했다가 부상을 당해 목발을 짚고 행사장에 나왔다. K기자는 손 대표가 여러 기자들이 있는 가운데 큰 소리로 이렇게 말했다고 내게 이야기했다.

"K기자 오랜만이야. 근데 K기자가 독수리 5형제 가운데 한 명이라며?"

K기자는 손 대표의 돌발행동에 난처했다고 말했지만 야당 대표도 자신의 존재감을 알아준 것이 싫지만은 않은 눈치였다. 사실 나는 손학규 대표가 YTN 행사장에 와서 무슨 말을 했는지 전혀 알지 못했다. 그런데 K기자는 내가 묻지도 않은 말에 친절하게 당시 상황을 설명했다.

내가 해직기자가 돼 청와대 춘추관에서 쫓겨난 뒤 내 물건을 가지러 기자실로 갔는데 청와대 경호팀에서 나를 쫓아와 일거수일투족을 감시했다. 이명박 정부는 적과 동지의 개념이 분명하다. 이 대통령의 선거캠프 출신 구본홍 씨가 언론사 사장으로 오는 것이 온당치 않다고 주장한 기자들은 가차 없이 밥줄을 끊어 놓았다. 반면 이명박 정부에 우호적인 독수리 5형제 같은 기자들에겐 많은 애정과 관심을 표시했다.

2008년 당시 증권사 정보지에는 독수리 5형제 기자들이 청와대 인사 등에 개입한다는 얘기도 나왔다. 나는 춘추관에서 쫓겨난 뒤 독수리 5형제들의 활약상을 잘 듣지 못했다. 다만 신재민 씨가 문화부 차관 시절 광화문 파이낸스 빌딩 식당가 등에서 독수리 5형제의 좌장격인 A기자와 도란도란 얘기를 나누고 있는 모습은 본 적이 있다. 독수리 5형제가 지구를 지키듯 MB의 독수리 5형제가 MB를 지켜낼 수 있을지 지켜볼 일이다.

영화 〈친구〉에서 동수가 준석에게 한 명대사가 하나 더 있다. 고등학교 시절 장동건이 유오성 집 화장실에서 자신을 무시하는 유오성에게 한 말이다.

"내가 니 시다바리가?"

이 대사는 영화의 흥행과 더불어 유행어가 됐고, 당시 수많은 패러디를 만들어냈다. '시다바리'는 일본어로 '꼬붕'과 비슷한 말이다. 깡패나 건달들이 의리를 중요하게 여기는 것은 의리라는 말로 '오야붕-꼬붕' 관계를 정당화할 수 있기 때문이다.

깡패 세계의 오야붕-꼬붕 문화는 음지에 있기 때문에 세상에 크게 영향을 미치지 못한다. 그러나 일부 기자들이 정치권력이나 경제권력과 결탁해 권력자와 '오야붕-꼬붕' 관계를 맺는 것은 깡패조직보다 시민들에게 더 큰 폐해를 끼친다. 뒷골목 깡패 조직에는 의리라도 있을지 모르겠지만, 권언유착으로 뭉친 기자와 권력자 사이엔 부정과 부패가 있을 뿐이다. 물론 다수의 기자들은 일부 깡패 같은 기자들을 감시하고 견제하며 기자세계를 스스로 정화하려 노력하고 있다. 기자의 가장 큰 본분은 권력을 감시하고 견제하는 일이다. 옳지 않은 것에 대해 '아니다'라고 말을 못할지언정 부정한 권력에 붙어 이득을 취하려는 기자는 깡패보다 못한 놈이다.

영웅

개봉 2003년
감독 장예모
출연 이연걸(무명), 양조위(파검), 장만옥(비설)

© Miramax Films

사실을 바르게 기록하는 놈, 기자

천하를 위해 암살을 포기하다

기원전 475년에서 221년까지 중국대륙은 '전국 7웅(진, 초, 연, 제, 한, 위, 조)' 일곱 국가로 나뉘어 있었다. 영화는 끝없는 전쟁과 살육으로 민생이 피폐해진 참혹한 전국시대를 배경으로 한다. 7개 왕국은 천하 통일의 대업을 이루기 위해 영웅호걸을 길러내며 무자비한 전쟁을 이어갔다. 그중에서도 가장 강력한 군대를 갖고 있는 진나라의 왕 '영정'(훗날 진시황)은 대륙 전체를 지배해 최초 황제가 되려는 야심에 가득 차 있었다. 이미 절반이 넘는 대륙을 평정한 영정은 나머지 여섯 국가 영웅호걸들의 가장 큰 암살 표적이 돼 있었지만, 1만 명이 넘는 왕실의 군사가 호위하고 있어 자객들이 영정을 암살하는 것이 그렇게 쉬운 일은 아니었다.

© Miramax Films

파검, 비설, 은모장천 등 전설적인 무예를 지닌 자객들은 호시탐탐 진시황의 목을 노렸다. 암살 위협에 불안한 진시황은 자신의 100보 안에 그 누구도 가까이 하지 못하게 하는 100보 금지령을 내렸다. 그리고 자객들의 목에 현상금으로 내걸고 그들의 목을 친 자는 황제의 10보 안에서 황제를 직접 만날 수 있다고 널리 알렸다.

어느 날 조나라의 미천한 검객 '무명'이 정체 모를 3개의 칠기상자를 가지고 진시황을 찾아온다. 무명은 진시황에게 큰 위협을 줬던 파검과 비설, 은모장천을 죽인 공로로 진시황에게 초청을 받은 것이다. 은모장천을 죽인 증거로 무명은 장천의 칼을 내놓는다. 무명은 왕의 20보 앞까지 다가선다. 이어 파검과 비설을 죽인 증거로 그들의 검을 내놓는다. 그 덕에 무명은 진시황의 10보 앞까지 다가갈 수 있게 된다. 그런

데 무명은 이 모든 것이 황제를 암살하기 위해 이야기를 꾸민 것이었고 실제 파검이 자신에게 전한 뜻도 실토한다. 파검은 진시황 암살에 반대했고 무명에게 '천하'(天下) 라는 한자를 써주었다. 이는 고통 받는 천하가 평화로워지기 위해서는 전국 7웅을 통일할 필요가 있다는 뜻이다. 통일을 완성시킬 수 있는 인물은 진시황이며, 그를 암살하는 것은 대의에 어긋난다는 메시지였다.

사건의 전말을 들은 진시황은 3년 전 파검이 기회를 잡았는데도 왜 자신을 죽이지 않았는지 알게 되고, 파검이 자신을 세상에서 가장 잘 이해하는 사람임을 깨닫는다. 진시황은 자신을 알아주는 사람을 알게 됐으니 10보 안으로 다가온 무명에게 죽어도 여한이 없다며 자신의 칼

ⓒMiramax Films

을 던진다. 무명 또한 '천하'라는 뜻을 이해하며 진시황 암살을 포기한다. 그러나 무명을 살리고 싶은 진시황의 뜻에도 불구하고 무명은 신하들의 반대로 사형이 집행된다. 수만 개의 화살이 자객 무명에게 쏟아지며 영화는 끝난다.

영화 속 무명과 역사 속 자객 형가

〈영웅〉은 장예모 감독이 연출한 영화다. 장예모는 〈귀주 이야기〉, 〈국두〉, 〈홍등〉을 연출한 중국 감독이다. 장예모가 영화 〈영웅〉을 만들겠다는 영감은 아마 사마천의 《사기》에서 떠올랐을 것이다. 《사기》 '열전'에는 4명의 자객, 오늘날로 말하면 암살자들의 이야기가 나온다. 영화 〈영웅〉은 그 가운데 자객 '형가'를 모티브로 삼은 듯하다.

《사기》에는 진시황을 암살하려는 여러 시도들이 기록돼 있는데, 영화 속 무명과 가장 비슷한 것이 바로 형가의 이야기다. 사마천의 《사기》전체를 놓고 '형가 편'은 가장 생동감 있고 문장이 빼어나다는 평가를 받지만 지나치게 상세하고 유장해서 사마천이 역사적 사실을 윤색했다는 혐의도 받고 있다.

《사기》 '형가 편'의 이야기를 줄여보면 이러하다. 때는 기원전 227년, 진시황 즉위 20년이니 조나라는 이미 멸망한 뒤에 벌어진 일이다. 형가라는 자객은 전국 7웅 가운데 위나라 출신이다. 연나라 태자 단은 나라의 위태함을 느끼고 진시황을 암살하기로 결심한 뒤 형가라는 의인을 만난다. 형가는 태자 단의 부탁을 받았지만 난색을 표한다. 진시황에게 접근하기 위해서는 큰 선물이 필요했기 때문이다. 이미 연나라의 곡창지대를 넘겨주기로 했으나 그것만으로는 부족했다.

때마침 연나라에는 번어기라는 장수가 피신해 있었다. 번어기는 진시황을 배신하고 망명한 수배자였다. 형가가 번어기에게 자신의 의지를 알리자 번어기는 스스로 목을 찌르고 죽는다. 형가는 번어기의 목을 가지고 진시황에게 접근하기로 한다. 물론 영화 〈영웅〉처럼 《사기》 열전에서도 진시황 암살은 실패한다. 그러나 형가는 무명처럼 진시황 암살을 스스로 포기한 것은 아니다. 형가는 진시황의 호위무사에게 잡혀 죽으면서 암살이 실패한 이유를 말한다.

"내가 암살에 실패한 이유는 진시황을 산 채로 위협해 침략한 연나라 땅을 반환한다는 약속을 받고 태자 단에게 보고하려 했기 때문이다."

형가는 사실 진시황을 죽일 수 있었지만 자신을 알아준 연나라 태자 단에게 큰 선물을 주려다 실기(失機) 한 것이다.

형가가 진시황에게 접근하기 위해 가져간 선물과 무명이 진시황에게 접근하기 위해 가져간 선물은 비슷한 면이 많다. 역사에서 번어기의 목과 영화에서 장천의 창, 파검과 비설의 검이다. 또한 역사에서 형가가 진시황을 베기 위해 기둥 사이를 도는 동안 호위무사들이 어찌할지 몰라 허둥대는 모습과 영화에서 무명이 진시황을 베지 못하고 고민할 때 호위무사들이 어전 밖에서 머뭇대는 장면은 거의 일치한다.

자객(刺客)은 '사람을 몰래 암살하는 일을 전문으로 하는 사람'이다. 그렇게 보면 자객은 일반적으로 좋은 일을 하는 사람과는 거리가 멀다. 그런데 왜 사마천은 형가를 포함해 자객 4명을 열전에 포함시켰을까? 의로운 약자가 목숨을 걸고 온당치 않은 권력자를 암살하기 위해 자객이 된 것을 사마천은 높이 평가한 것이다. 저항할 수 있는 수단과 무기가 제도적으로 봉쇄된 상황에서, 상식에 어긋나는 횡포를 부리며 약자를 괴롭히는 강자를 척살하는 것은 일종의 정당방위다. 맹자의 역성혁명사상도 안중근의 의로운 행위도 같은 맥락이다.

사마천은 수단과 방법에 논란이 있지만 의(義)를 위해 암살을 시도하다 최후를 맞은 형가의 이야기를 역사로 만들었다. 실패한 자객의 이야기가 전설로 남는 것이 못내 애잔했던 것이 아닐까 싶다.

사마천의 《사기》를 보고 장예모 감독의 〈영웅〉을 본 사람들은 주인공 무명이 스스로 진시황 암살을 포기하는 것에 대해 의문을 가졌다. 물론 장예모 감독이 역사 속 인물 형가를 재해석한 것에 대해 동감하는 사람들도 있을 것이다. 그러나 '자객열전 형가 편'을 접한 사람들은 장예모의 재해석에 대부분 동감하지 않을 것이라 생각한다. 장예모 감독은 동양 최고의 역사서 《사기》에 자객열전을 별도로 마련한 사마천의 마음을 제대로 살피지 않았다. 형가는 자신이 생각하는 대의를 위해 진시황을 암살하려다 실패한 사람이다.

나는 형가가 수양대군(세조)을 암살하려다 실패한 사육신과 비슷하다고 생각한다. 사육신 역시 형가처럼 그들이 생각하는 대의를 위해 수양대군을 죽이려 했다. 수양대군은 진시황이 통일중국을 세운 것처럼 조선을 반석 위에 올려놓는 데 큰 역할을 했지만 무고한 사람을 많이 죽였다. 장예모의 〈영웅〉은 성삼문이 수양대군에게 조선을 천하제일 국가로 만들어 달라고 부탁하고, 스스로 목숨을 끊는다는 설정과 비슷하다고 생각한다. 조선이란 국가의 관점에서 보면 수양대군과 신숙주 모두 큰 업적을 남겼다. 그러나 백성들은 수양대군이나 신숙주보다는 단종과 성삼문에 더 안타까움과 애잔함을 느낀다.

더구나 영화 속 자객, 무명은 진시황과 같은 진나라 사람이 아니다. 당시 중국은 통일국가라는 개념이 없던 시기였다. 죽이지 않으면 죽을 수밖에 없는 약육강식이 지배하는 전국시대였다. 통일국가나 민족이라는 개념이 없던 시기에 '천하'라는 통일국가를 위해 자객이 진시황의 암살을 스스로 포기한다는 설정은 설득력이 약하다. 마치 백제나 고구려의 자객이 신라 김춘추나 김유신의 목에 칼을 들이대다가 신라의 삼

국통일을 위해 칼을 스스로 내려놓는다는 설정과 같다.

장예모 감독은 현재 중국의 입장에서 과거 중국의 역사를 재해석했다. 그러나 나는 장예모의 재해석보다 자객열전 형가 편을 역사에 남긴 사마천의 마음 씀씀이에 더 공감이 간다.

장예모는 중화인민공화국 인민들의 고단한 삶을 스크린에 담은 반체제 감독이었지만, 〈영웅〉을 만들 때는 어느덧 중국 정부의 전폭적인 지원을 받는 감독으로 변신한 뒤였다. 장예모는 한일 월드컵이 열리던 2002년 우리 돈으로 400억이 넘는 제작비와 6,500명이 넘는 인원을 동원해 〈영웅〉을 만들었다. 중국 정부는 〈영웅〉을 제작할 때 대규모 엑스트라로 군대까지 동원해 주었다. 그래서 영화는 역사를 다룬 《사기》 열전과 달리 자객 형가를 영웅으로 다루지 않고 진시황을 영웅으로 만들고 있다는 인상을 풍긴다.

영화 속 자객 파검이 모래에 쓴 '天下'라는 한자는 다민족 국가인 중국의 단합을 강조하는 것으로 해석될 수 있다. 이런 변신은 2008년 베이징올림픽 개막식과 폐막식 연출에서도 고스란히 드러난다. 여기서 전 세계인들이 본 것은 장예모 감독의 색채예술과 중화사상(中華思想)이다. 세상의 중심이 중국이며, 중국인들의 생각만이 옳고 빛난다는 그런 낡은 이데올로기!

사마천에게 배우는 기자정신

사마천은 스물여덟 살 때, 아버지 사마담의 유지를 받들기 위해 궁중의 자료를 관리하는 태사령이라는 직책에 오른다. 한나라 무제 때의 일이다. 사마천의 집안은 대대로 사관(史官)이었다. 사마천은 사관의 직책으로 나라의 기록을 하나하나 읽어가면서 아버지로부터 시작된《사기》의 집필을 시작한다.

태사령이 된 지 10년이 되던 해 사마천에게 생각지도 않은 사건이 일어난다. 흉노족 토벌을 위해 출정한 기병대장 '이릉'을 변호하다가 황제 '무제'의 비위를 거슬러 사형의 위기에 처해진다. 사형을 면하는 방법은 두 가지였다. 50만 전이란 큰돈을 내거나 궁형(宮刑)을 당하는 것이었다. 돈이 없던 사마천은 살아서《사기》를 완성하기 위해 궁형을 자청한다. '궁형'이란 남근을 잘라서 남자 구실을 못하게 하는 형벌로서 사형 다음가는 중형이다. 당시 궁형은 남자로서는 치욕 중의 치욕으로 차라리 죽는 것이 낫다고 생각할 정도였다.《사기》를 완성하겠다는 부친과의 약속을 지키기 위해 목숨을 버릴 수도 없었던 사마천은 어떤 치욕을 받든 살아남아야 했다.

한 무제 당시 중국 관리나 백성들 가운데 사마천에게 손가락질하는 사람도 있었을 것이다. 그 시대에 목숨을 부지하기 위해 궁형을 선택한 것은 군자나 사내대장부가 갈 길이 아니라고 여겼을 것이다. 그러나 지금 사마천이 목숨을 연명하기 위해 궁형을 선택했다고 비난하는 사람은 없다. 대업을 이루기 위해 불량배들의 가랑이 사이를 기어나간 한신도 훗날 긍정적으로 평가됐다. 사마천과 한신 모두 치욕을 와신상담하며 큰 업적을 이루었지만 사마천이 한 수 위인 것은 바로 《사기》라는 선물을 후세에 주었기 때문이다.

《사기》는 전체 130권에 글자 수는 52만 자가 넘는다. 130권은 본기, 표, 서, 세가, 열전으로 분류된다. 본기는 황제에 관한 기록이고, 표는 연표, 서는 제도와 문물에 관한 기록이다. 또 세가는 제후에 관한 기록이고 열전은 일반 사람에 관한 기록이다. 그런데 이 기록은 종이에 작성된 것이 아니고 대나무로 만든 죽간(竹簡)에 쓰인 것이다. 사마천이 《사기》를 완성했을 때 52만 자가 적힌 죽간이 큰 창고 두 개를 가득 채웠다고 한다. 이처럼 방대한 양의 역사서를 거세된 한 남자가 홀로 14년간 묵묵히 앉아 외롭게 썼으니 인간의 위대한 면을 보여준 것이라 하겠다.

사마담과 사마천 부자처럼 옛날 중국에서는 역사기록을 담당하는 사관이 세습되는 경우가 많았다. 중국 고사에는 왕을 시해하고 권력을 잡은 사람이 사관을 잇달아 죽이고 역사를 왜곡하려다 실패한 이야기가 있다. 춘추시대 일이다. 제나라 실권자 최저라는 사람이 사사로운 원한으로 임금인 장공을 죽였다. 당시 사관은 "최저가 그의 임금을 시해했다"고 기록했다. 최저는 크게 화를 내고 사관을 죽이고 그의 동생을 사관에 임명했다. 그러자 사관의 동생이 형과 똑같이 기록했다. 최저는 다시 사관을 처형하고 사관 집안의 막내를 사관에 임명했다. 그러나 두 형이 죽는 것을 본 막내 사관 역시 "최저가 왕을 시해했다"고 기록했다. 결국 최저는 자신의 기록을 없애는 것을 포기했다. 자신의 입맛대로 역사를 남기고 싶었던 실권자도 한 집안의 3형제를 모두 죽일 수 없었는지 아니면 훗날 역사의 평가를 두려워했기 때문이었는지 결국 자신의 고집을 꺾고 말았다.

기자라는 직업이 생겨난 뒤 과거 사관이 하던 일 가운데 일부를 기자가 대신한다. 기자(記者)라는 한자를 풀이하면 '기록하는 놈'이다. 좋은 기자는 '사실을 바르게 기록하는 놈'이고, 나쁜 기자는 '사실을 왜곡(歪曲)해 기록하는 놈'이다. 시대가 변했지만 옛날 사관이나 오늘날 기자에게 요구되는 직업정신이 있다. '옳은 것은 옳다고 말하고 그른 것은 그르다'고 말할 수 있는 직업정신이다. 기자정신은 선비정신과 상통한다. 그리고 대쪽 같은 선비정신의 표본은 목숨을 걸고 절대권력인 왕 앞에서도 사실은 사실대로 기록해야 한다고 말했던 사관에게서 찾을 수 있다.

《사기》의 문장은 팩트인가?

앞서 장예모의 중화사상에 대해 비판했지만 사실 사마천도 《사기》를 통해 중화사상을 확립했다는 후세의 평가를 받고 있다. 《사기》는 〈조선왕조실록〉과 달리 역사적 사실을 시간순서대로 기술하고 있지 않다. 본기(황제), 세가(제후), 열전(개인) 등 기전체 방식으로 기술하고 있다. 이는 황제를 정점으로 하는 위계적 세계관을 녹여낸 것이라는 의심을 받을 만하다. 중화사상을 옹호하기 위한 것이라는 평이다.

또한 사마천은 흉노에 대해 '음습하고 불길한 땅에 사는 호전적 야만인'이라고 기술했다. 세계를 '중화'와 '화이(華夷)'로 세계를 나눈 뒤 중화가 오랑캐인 화이를 다스려야 한다는 역사관이 《사기》에 고스란히 담겨 있다.

그럼에도 불구하고 사마천이 《사기》에서 담고자 했던 핵심은 '사람들이 사는 이야기'였다. 그가 심혈을 기울여 쓴 열전 편은 '의로운 일을 하다 하나뿐인 목숨을 버린 사람들'에 대한 연민과 후한 평가가 들어 있다. 백이와 숙제, 관중과 오자서, 자객 형가도 같은 맥락에 닿는 인물들이다.

자객열전(刺客列傳)은 의를 위해 목숨을 거는 사나이들의 세계를 보여주고 있다. 사마천이 형가 등 자객들에게 연민을 갖고 열전을 기록하다 보니 《사기》의 일부가 과장되거나 각색됐다는 논란도 있다. 형가열전 가운데 '과연 역사적 사실을 기술한 것인가?' 라는 의문을 제기할 수 있는 부분을 옮겨 본다. 형가가 진시황을 암살하기 위해 쫓고 쫓기는 명장면이다.

> 형가가 지도를 받아 진나라 왕에게 바쳤다. 진나라 왕이 지도를 펼쳤는데, 지도가 다 펼쳐지자 비수가 드러났다. 그러자 형가는 왼손으로 진나라 왕의 소매를 붙잡고 오른손으로는 비수를 쥐고 진나라 왕을 찌르려 했다. 그러나 비수가 몸에 닿기 전에 진나라 왕이 놀라 몸을 일으키면서 소매가 떨어졌다.

진나라 왕은 칼을 뽑으려 했지만 칼이 길어 뽑지 못하고 칼집만 잡았다. 너무 황급한 데다 꽉 꽂혀 있어서 곧바로 빠지지 않았다. 형가가 진나라 왕을 쫓아가자 진나라 왕은 기둥을 돌며 달아났다. 신하들은 모두 놀랐으나 뜻밖에 일어난 일이라 어찌할 바를 몰랐다. 그리고 진나라 법에 따르면 전 위에서 왕을 모시는 신하들은 한 자 한 치의 무기도 몸에 지닐 수 없었다.

낭중들이 무기를 가지고 뜰아래에 늘어서 있으나 왕이 부르기 전에는 전 위로 올라갈 수 없었다. 진나라 왕은 다급한 나머지 아래에 있는 병사들을 부를 겨를이 없었다. 그래서 형가가 진나라 왕을 쫓아다닐 수 있었던 것이다. 대신들은 사태가 급박해지자 형가를 맨손으로 내리쳤다. 이때 시의 하무저는 가지고 있던 약주머니를 형가에게 던졌다. 진나라 왕은 기둥을 돌며 달아날 뿐 당황하여 어찌할 바를 모르고 있을 때, 주위에 있던 신하들이 이렇게 말했다.

"왕께서는 칼을 등에 지십시오!"

진나라 왕은 칼을 등에 지고서야 칼을 뽑아 형가의 왼쪽 다리를 베었다. 형가는 쓰러진 채 진나라 왕에게 비수를 던졌지만 맞히지 못하고 구리기둥을 맞혔다. 그러자 진나라 왕은 다시 형가를 쳐서 여덟 군데나 상처를 입혔다. 이때 주위 신하들이 몰려와서 형가를 죽였으나 진나라 왕은 꽤 오랫동안 불쾌해하였다.

현장에 있지 않았던 사마천이 어떻게 이처럼 상세하게 묘사할 수 있었을까? 사마천은 기원전 145년에서 기원전 86년까지 살았고, 진시황은 기원전 259년에서 기원전 210년까지 살았다. 사마천은 진시황이 죽은 지 65년 뒤에 태어났다. 그리고 《사기》는 진시황이 죽은 뒤 120년 뒤에 완성됐다. 그런데 사마천은 마치 기자가 조금 전 있었던 사건을 현장에 있던 목격자에게 들어 기사를 쓰듯 형가의 추격 장면을 상세히 기술했다.

이 부분은 사마천이 디테일에 강하다는 면을 유감없이 보여주고 있다. 비수가 구리기둥을 맞혔다는 부분과 여덟 군데나 상처를 입혔다는 부분은 《사기》를 읽는 후세에게 당시 상황을 생생하게 떠올리게 하는 데는 효과적이다. 그런데 100년이 지난 뒤 사마천은 형가의 몸에 여덟 군데나 상처가 난 것을 어떻게 알았을까? 또 그 궁전의 기둥은 구리로 덮여 있었을까?

사마천은 자객열전 끝부분에 형가열전을 자세히 기술할 수 있게 된 배경을 설명하고 있다.

"본래 공손계공과 동중서는 하무저와 교분이 있어 이 일을 자세히 알고 있었다. 두 사람은 나에게 이 '자객열전'과 똑같이 말하였다."

사마천은 공손계공과 동중서 등을 취재해 형가열전을 기록했다. 하무저가 공손계공과 동중서에게 진시황 암살미수 사건을 얘기했고, 다시 공손계공과 동중서가 사마천에게 그 사건을 설명한 것이다. 건너 건너서 들은 얘기니 일부는 사실이 아닐 수 있다. 특히 약주머니를 던진 하무저는 진시황으로부터 큰 상을 받았으니 사건진술을 자신에게 유리하게 했을 개연성이 있다. 그러나 사마천은 취재한 내용을 역사가의 입장에서 재해석해 형가의 암살미수 사건을 자객열전 취지에 맞게 서술했다. 역사가나 기자는 같은 사건을 취재했다 하더라도 보는 각도에 따라 내용을 달리할 수 있다.

일부 역사가는 있는 그대로의 역사를 기술해야 한다고 주장하지만 과연 있는 그대로의 역사를 기술하는 것이 가능한지는 의문이다. "역사는 현재와 과거의 끊임없는 대화"라는 카(Edward Hallett Carr)의 정의가 좀더 설득력이 있어 보인다. 사마천은 100년 전 진시황 암살미수 사건과 대화를 하듯 《사기》 형가열전 편을 써내려갔던 것이다.

사마천에게서 기자들이 배워야 할 점 여러 가지가 있다. 그 가운데 하나가 형가열전처럼 디테일하게 서술할 수 있는 능력이다.

나는 1990년 모 언론사 입사시험을 치렀다. 일요일 치러진 현장취재 시험에서 시민들에게 처음 개방된 청와대 앞길을 취재해 보라는 지시를 받았다. 휴일을 맞아 많은 시민들이 청와대 앞길을 찾았지만 나는 무엇을 어떻게 취재해서 기사로 써야 할지 갈피를 잡을 수 없었다. 현장상황은 있지만 누가 봐도 공감할 수 있도록 현장을 스케치하는 것이 얼마나 어려운 것인가를 처음으로 깨달았다.

기자가 된 지 10여 년 뒤 데스크가 돼 후배기자들의 기사를 살펴준 적이 있다. 어느 날 한 후배가 자신이 직접 목격하고 취재한 교통사고 현장상황을 기사로 작성했는데, 기사만 봐서는 사고상황을 쉽게 떠올릴 수 없었다. 1990년 기자 지망생이었던 나와 그 후배 모두 팩트는 챙겼지만 그 팩트들을 기사나 글로 쓸 수 있는 능력이 부족했던 것이다. 디테일하게 글로 쓰는 능력은 계속 노력하고 연습하지 않으면 결코 나아지지 않는다.

물론 기자는 무엇보다 팩트를 왜곡해서는 안 된다. 팩트를 왜곡하는 것은 거짓보도다. 팩트를 일부러 왜곡하는 기자가 간혹 있기는 하지만 대부분 취재를 제대로 하지 못해 결과적으로 팩트를 왜곡하는 어리석음을 범하게 된다. 기본이 안 된 것이다. 그러나 팩트만 챙기고 현장을 디테일하게 서술하지 못하는 것도 기자로서 자질이 부족한 것이라 생각한다.

요즘 일부 기자들은 나무만 보고 숲을 보지 못한 채 기사를 쓴다. 기자는 팩트 수집가를 넘어 작가가 돼야 한다. 팩트는 기본이지만 팩트에만 집착하다 보면 좋은 기사를 쓸 수 없다. 그렇게 되면 서사는 없고, 팩트만 있는 무미건조한 기사를 만들어낼 수 있다.

어떤 기자가 《사기》 형가열전처럼 기사를 썼다고 상상해 보자. 만약 팩트만 집착하는 언론사 데스크라면 형가가 쓰러지면서 비수를 던졌는지 쓰러지기 전에 비수를 던졌는지 따지며 흠을 잡으려 할 것이다. 형가가 진시황을 쫓는 장면은 2,100년이 지난 뒤에도 《사기》를 읽는 독자들에게 리얼하게 그 상황을 떠올리게 한다. 사마천이 쓴 자객열전처럼 오늘날 기자가 디테일하게 쓴다면 그 기사는 훌륭하다.

사마천은 형가의 암살미수 사건을 역사로 기술하기 위해 수많은 사람을 만났고 아마 궁전이 있던 현장도 직접 찾아갔을 것이다. 또한 자신의 의도에 맞도록 자객열전을 떼어 놓아 역사로 기술했다. 자객열전 제일 끝 문장은 사마천이 왜 형가열전을 썼는지 분명히 말하고 있다.

"그들(형가 등 자객)의 목적이 매우 분명하고 자신들의 뜻을 바꾸지도 않았으니, 그들의 이름이 후세에 전해지는 것이 어찌 망령된 일이

겠는가!"

또 하나 오늘날 기자가 사마천에게서 배워야 할 점은 《사기》라는 글을 썼던 그의 인내력이다. 기자가 사마천처럼 대하 역사서를 쓸 필요는 없다. 사마천은 16년 이상 《사기》 집필에 혼신의 노력을 다했다. 그 인내의 과정에서 형성된 사마천의 필력은 《사기》라는 대작을 낳았다. 사마천은 인간의 의지와 인내로 《사기》를 쓴 것인지, 천재성으로 쓴 것이 아니다. 작가 황석영은 후배들이 어떻게 소설을 쓰느냐고 물으면 항상 하는 말이 있다.

> –선생님은 이 시대 뛰어난 이야기꾼입니다. 천재가 아니고서 그런 이야기가 나올 수 없지 않습니까?
> "제 소설은 제 머리가 아니라 엉덩이가 쓰는 것입니다."
>
> –엉덩이가 소설을 쓴다는 것은 무슨 뜻인가요?
> "네, 술 마시고 놀 때는 놀지만 창작할 때는 며칠간 10~12시간 엉덩이를 붙이고 글을 씁니다."

사마천이나 황석영 모두 스스로를 천재라 생각하지 않았을 것이다. 아마 천재였다면 그렇게 훌륭한 역사서나 소설이 나오지 못했을 것이다. 오늘날 기자들은 글을 잔재주로 쓰려는 경향이 있다. 물론 엉덩이로만 기사를 쓸 수 없다. 그러나 글 쓰는 사람들의 필력은 머리보다는 엉덩이에서 나온다는 황석영 씨의 말은 사마천의 예에서 확인할 수 있다. 머리보다 엉덩이와 발로 쓴 기사가 더 사랑받고 공감도 더 크다.

나는 사마천과 《사기》를 끌어들이기 위해 영화 〈영웅〉을 선택했다. 사마천은 기록의 중요성을 알고 있었다. 후세에 기록을 남기겠다는 의지 하나로 치욕과 고난의 세월을 이겨냈다. 사람들이 글을 쓰고 기록을 남기는 여러 이유가 있다. 그 가운데 사마천이 《사기》를 기록한 이유가 가장 마음에 와 닿는다.

> "나는 목숨을 아끼는 비겁자이지만 나서고 물러남을 모르는 어리석은 사람은 아니다. 죄인이라는 오명과 치욕을 안고 목숨을 부지할 이유가 어디 있겠는가? 내가 멸시와 오명을 감수하고 오로지 참으며 살아가는 이유는 가슴속의 숙원을 이루지 못하고 이 세상에 문장을 남기지 못하는 것을 두려워하기 때문이다."
>
> — 사마천이 친구에게 보낸 편지

대통령의 음모

개봉 1976년
감독 앨런 J. 파큘라
출연 더스틴 호프만(칼 번스타인 기자),
로버트 레드포드(밥 우드워드 기자),
제이슨 로바드(밴 브래들리 편집장)

The most devastating
detective story of this century.
REDFORD/HOFFMAN
"ALL THE PRESIDENT'S MEN"
ROBERT REDFORD/DUSTIN HOFFMAN "ALL THE PRESIDENT'S MEN"
Starring JACK WARDEN • Special appearance by MARTIN BALSAM, HAL HOLBROOK and JASON ROBARDS as Ben Bradlee
Screenplay by WILLIAM GOLDMAN • Based on the book by CARL BERNSTEIN and BOB WOODWARD • Music by DAVID SHIRE
Produced by WALTER COBLENZ • Directed by ALAN J. PAKULA
A Wildwood Enterprises Production • A Robert Redford - Alan J. Pakula Film

큰 특종은 딥 스로트에서 나온다

대통령을 낙마시킨 세기의 특종

〈모두가 대통령의 사람들〉은 닉슨이 미국 대통령직에서 물러나는 워터게이트 사건을 영화화한 것이다. 우리나라에서는 〈대통령의 음모〉란 제목으로 텔레비전에서 방송되기도 했다. 영화의 영어제목이 *All the President's Men*이니 '모두가 대통령의 사람들'이 정확한 번역이라 할 수 있겠지만 우리나라 사람들에게는 '대통령의 음모'라는 제목이 영화의 주제를 더 잘 전달한다고 생각한다.

영화는 〈워싱턴포스트〉에 입사한 지 9개월밖에 안 된 신참기자 밥 우드워드의 의심에서 시작한다. 1972년 6월 17일 미국 수도 워싱턴 시내 워터게이트 빌딩에 있는 민주당 전국위원회 사무실에서 다섯 명의 침입자가 경찰에 붙잡힌다. 우드워드는 다섯 명의 침입자가 단순 절도

ⓒWarner Brothers

범들이 아니고 뭔가 수상쩍은 사람들이라고 기자로서 직감한다. 5명이 경찰에 조사받고 재판받는 과정을 취재하면서 밥 우드워드는 범인 가운데 한 명이 과거 CIA 소속이었다는 것을 알게 되고, 이 사건이 단순 절도 사건이 아니라는 심증을 굳힌다.

우드워드 기자는 〈워싱턴포스트〉 신문사로 돌아가 브래들리 편집장에게 이 사실을 보고한다.

브래들리 편집장은 우드워드 기자가 뭔가 대어(大漁)를 낚을 것 같지만 신참기자라 기사 쓰는 데 부족함이 있다고 생각해 경력기자 한 명을 붙여 준다. 칼 번스타인은 본인 주장에 따르면 고등학교를 졸업하고 열여덟 살부터 기사를 써왔다는 기자다. 그러나 나이는 칼 번스타인이

ⓒWarner Brothers

28살로 29살인 우드워드 기자보다 한 살 어리다. 번스타인 기자는 우드워드와 상의도 없이 우드워드가 쓴 워터게이트 사건 기사를 가져다가 처음부터 다시 고쳐 쓴다. 우드워드는 쿨하게 번스타인이 고쳐 쓴 기사가 자신이 쓴 것보다 훨씬 낫다고 인정한다. 세기의 특종, 미국 역사상 처음으로 대통령을 스스로 물러나게 만든 워터게이트 사건을 보도한 두 기자는 이렇게 만나 환상의 호흡을 이룬다.

그러나 사건취재는 난관에 부딪힌다. 그때 밥 우드워드에게 한 명의 구세주가 나타난다. '딥 스로트'(*deep throat*) 란 암호명의 정부쪽 내부고발자가 자발적으로 접근해온 것이다. 우드워드는 취재가 오리무중에 빠지면, 어디선가 전화를 받고 워싱턴 DC 외각의 어느 건물 지하주차장에서 은밀하게 '딥 스로트'를 만났다. 우드워드의 비밀정보원이었던 그는 신출내기 기자가 도저히 접근할 수 없는 정부 최고위층의 비리사실을 흘려주었다. 브래들리 편집장은 이 사건이 최고 권력과 관련될 수 있음을 직감한다. 그는 우드워드가 팩트 일부를 제대로 파악하지 못하고 기사를 쓰자 편집장 방으로 부른다. 브래들리는 의자에 앉아 다리를 자신의 책상 위에 올린 채 우드워드에게 팩트를 제대로 취재하라고 따끔하게 야단치며 다시 한 번 기회를 준다.

우드워드는 딥 스로트로부터 팩트를 확보하기 위해 전화로 긴장감 넘치는 취재를 하기도 한다. 우드워드가 딥 스로트에게 이런저런 팩트가 사실이냐고 묻자, 딥 스로트는 차마 자신의 입으로 사실 여부를 말하지 못한다. 우드워드는 "만약 내가 묻는 질문이 사실이라면 내가 열(*ten*)까지 헤아릴 동안 전화를 끊지 말라"고 얘기한다. 우드워드는 수화기를 든 채 하나부터 열까지 세고 딥 스로트는 수화기를 내려놓지 않는다.

영화는 닉슨이 사임하는 것으로 끝나지 않는다. 또 영화는 워터게이트 사건이 단순 절도사건이 아니고 정치적 음모로 일어났다는 것도 속시원하게 밝히지 않는다. 이 영화에는 닉슨은 나오지 않는다. 닉슨의 정치적 음모가 초점이 아니라 기자가 특종을 어떻게 취재하는지가 영화의 핵심이기 때문이다. 우드워드와 번스타인이 워터게이트 사건을 계속 취재하는 과정에 닉슨은 재선에 성공한다. 그러나 〈워싱턴포스트〉가 특종 보도한 워터게이트 사건은 〈뉴욕타임스〉 등 다른 언론이

경쟁을 하며 함께 취재하는 과정에서 더 많은 비리와 문제점들이 속속 밝혀진다.

영화는 우드워드와 번스타인 두 기자가 워터게이트 사건 관련 기사를 열심히 쓰고 있는 장면으로 끝난다. 두 기자가 기사를 쓸 때 사무실 TV 화면엔 닉슨이 재선에 성공해 취임연설을 하는 모습이 나온다. 이후 닉슨은 사임하게 되는데, 야당인 민주당 선거본부 사무실을 도청한 책임으로 사임하는 것이 아니라 국민과 언론에 계속 거짓말을 한 것이 드러나 스스로 물러나게 된다.

세상에 스스로 나온 딥 스로트

밥 우드워드는 워터게이트 사건을 특종 보도했지만 내부고발자인 딥 스로트의 신원을 밝히지 않고 끝까지 보호했다. 그러나 딥 스로트는 33년이 지난 뒤 스스로 세상에 나왔다.

2005년 5월 31일 닉슨 대통령을 사임하게 한 워터게이트 사건의 정보 제공자는 당시 FBI(미 연방수사국)의 넘버 투, 마크 펠트로 밝혀졌다. 33년 전 워터게이트 사건 당시 마크 펠트 부국장은 자신이 내부고발자, 즉 딥 스로트가 아니라고 부인했었다.

"저는 워터게이트 호텔 지하에서 〈워싱턴포스트〉 기자를 만난 사람이 아니며, '딥 스로트'가 아닙니다. 내가 할 수 있는 유일한 말은 내가 부끄럽지 않다는 것입니다."

그러나 한 세대가 지난 뒤 펠트의 가족들은 자신들의 아버지이고 할아버지인 91살 마크 펠트가 〈워싱턴포스트〉에 도청장치 설치 사실을 알려준 인물이라고 공개했다. 펠트의 손자인 닉 존슨은 할아버지가 부끄럽지 않다고 말했다.

"우리 가족들은 나의 할아버지인 마크 펠트 시니어가 미국을 무시무시한 부정에서 구하기 위해 큰 위험을 무릅쓰고 자신의 의무보다 더 큰 일을 한 위대한 미국의 영웅이라고 믿습니다."

워터게이트 사건을 최초로 보도한 〈워싱턴포스트〉의 밥 우드워드와 칼 번스타인도 펠트가 내부고발자라고 확인했다.

"마크 펠트는 워터게이트 사건 취재에 엄청난 도움을 주었다."

죽을 때까지 내부고발자의 신원 공개를 않기로 했던 브래들리 당시 편집장도 펠트의 공을 인정했다.

딥 스로트는 1970년대 초 유명한 포르노 영화의 제목에서 딴 암호명이다. 그리고 이 암호명은 워터게이트 사건을 파헤친 우드워드와 번스타인이 함께 쓴 《모두가 대통령의 사람들》(*All the President's Men*)이라는 책에서 처음 등장했다. 1970년대 초 언론은 딥 스로트가 닉슨 대통령 비서실장이었던 알렉산더 헤이그일 것이라고 의심했다. 또 헨리 키신저 전 국무장관이 딥 스로트일 것이라는 얘기도 있었지만, 정확한 사실은 결국 닉슨이 죽고 난 뒤 세상에 알려지게 됐다.

딥 스로트가 마크 펠트인 것으로 밝혀지자, 미국 내에선 그가 과연 '영웅인가 배신자인가' 하는 공방이 벌어졌다. 1970년대 당시 닉슨 행정부에 몸담았던 인사들은 펠트가 배신자라고 주장했다. 펠트는 국가 안위를 취급하는 FBI 부국장으로 직무상 취득한 기밀을 언론에 흘린 것은 명백한 '실정법 위반'일 뿐 아니라 대통령을 배신한 것으로 공직자의 직업윤리에 어긋난다는 논리다.

펠트가 결과적으로 정직하지 못한 닉슨을 사임하게 한 것에는 기여했지만, 행위는 순수하게 정의감에서 나온 것은 아니다. 워터게이트 빌딩 침입사건은 펠트의 후원자였던 에드거 후버 전 FBI 국장이 사망한 직후 일어났다. 당시 펠트 등 FBI 고위관리들은 후버가 사망한 뒤 FBI의 베테랑이 그 뒤를 잇기를 바라고 있었다. 펠트 자신도 차기 FBI 국장이 되려는 희망을 갖고 있었으나 닉슨은 그 자리에 패트릭 그레이 법무부 차관보를 임명했다.

미국 언론은 펠트가 이처럼 닉슨에 대한 앙심으로 딥 스로트가 됐다고 보고 있으나, 펠트의 제보는 미국 현대사에서 '대통령도 거짓말을 반복할 경우 물러날 수밖에 없다'는 귀중한 선례를 남기는 데 기여했다. 펠트가 미국의 영웅이라 말하기는 어렵지만 펠트가 닉슨의 부패와 불법행위 등 권력남용을 저지한 것은 역사적 사실로서 펠트의 불순한 동기를 덮어줄 만하다는 판단이 대체적인 미국의 여론이다. 마크 펠트는 2008년 12월 18일 95세로 세상을 떠났다.

의로운 고발자인가, 배신자인가?

닉슨의 불법도청을 터뜨린 워터게이트 사건처럼 2001년 SK 최태원 회장 구속, 그리고 2006년 현대자동차 비자금 사건, 황우석 교수의 몰락은 모두 딥 스로트의 제보에 의해 세상에 그 실체가 드러난다.

2001년 SK그룹 최태원 회장은 내부고발자의 제보로 구속됐다. 당시 검찰에 모든 자료를 제공한 딥 스로트는 SK그룹 빌딩 안에 어느 책상 몇 번째 서랍에 어떤 서류가 있다고 구체적으로 제보했다. 회사 사정을 속속들이 잘 아는 내부자 아니고서는 제보할 수 없는 내용이었다.

2006년 어느 휴일 현대자동차 그룹 글로비스 본사에 검사와 수사관들이 들이닥쳤다. 한 수사관이 책장을 치우고 벽면을 밀자 벽속에서 대형금고가 나타났다. 수사관들은 현대자동차 직원에게 물어보지 않고 비밀번호를 눌렀다. 금고 안에는 50억 원 상당의 달러와 수표 등이 쌓여 있었다. 현대차그룹 비자금 사건의 '판도라 상자'는 마치 영화의 한 장면처럼 이렇게 열렸다. 현대차 관계자는 "내부의 딥 스로트가 있지 않고서는 도저히 있을 수 없는 일"이라고 말했다. 검찰도 제보자의 도움이 결정적이었다고 인정했다. 현대자동차 그룹 안팎에서는 내부제보자가 전직 또는 현직 고위 임원일 것이라는 소문이 나돌았다.

2005년 6월 1일 〈PD 수첩〉 최승호 팀장은 인터넷 제보란에 올라온 글을 읽고 급히 한학수 PD를 찾았다. '황우석 교수 관련 건입니다'라는 제목의 글에는 황 교수의 연구가 허위라는 경천동지(驚天動地) 할 내용과 함께 제보자의 이름과 직장이 적혀 있었다. 이튿날 밤 한학수 PD는 일명 'K'라는 제보자를 만났다. 제보내용은 충격 그 자체였다. 매매된 난자와 연구원 난자가 황 교수 실험에 사용됐다는 것이었다. 더욱 놀라운 것은 2005년 5월 황 교수팀이 〈사이언스〉에 발표한 논문이 조작됐을 가능성이 크다는 것이었다. 최 팀장과 한 PD, 최진용 시사교양국장은 이 문제를 취재할 것인가를 두고 비밀리에 논의했다. 격론 끝에 이 사안을 끝까지 파기로 하고 취재에 착수했다. 우리나라뿐 아니라 세계 과학계를 들었다 놓았던 황우석 줄기세포 논문조작 사건의 단초도 내부제보였다.

밥 우드워드와 칼 번스타인의 책으로 '딥 스로트'는 내부고발자를 뜻하는 고유명사로 굳어지게 됐다. 내부고발자는 휘슬 블로워(*whistle-blower*), 우리말로 호루라기를 부는 사람이다. 호루라기를 부는 것은 반칙을 눈감아 주지 않는 용기 있는 행동으로 평가한다. 그러나 우리나라에선 내부고발자를 배신자로 취급하는 문화가 아직도 있다.

삼성 비자금과 불법 로비를 밝힌 김용철 변호사도 외로운 내부고발자다. 그러나 아직도 일부 사람들은 그를 '배신자', '변절자'라며 손가락질하고 있다. 김 변호사는 입만 가만히 다물고 있으면 아무 일 하지 않아도 은퇴할 때까지 매년 10억 원 넘게 벌 수 있었다. 김 변호사는 양심의 명령에 따라 삼성이란 재벌권력의 더러운 부분을 세상에 알렸다. 그러나 용기를 내서 한 행동이 오히려 비난의 대상이 됐다. 심지어 성격

이상자, 인격파탄자라는 음해까지 나돌았다.

> "내가 지금까지 공익 제보한 사람 중에서 유일하게 구속되지 않은 사람이라는 말을 들었다. 세상을 시끄럽게 하고도 구속이 안 됐으니 이것도 특혜다. 어차피 세상은 수많은 사람의 희생을 통해 발전한다. 선진국에서는 제보자 보호제도가 있다. 각자의 생존은 각자의 책임에 맡겨져 있는 게 한국이다.
>
> 몇 달 고민 끝에 배신자, 변절자가 되기로 했다. 욕먹을 각오는 했다. 비밀유지 의무라는 변호사 윤리를 어기게 된 문제도 내 나름대로 정리됐다. 그러나 단지 배신자라고만 욕하는 사람은 다른 문제를 덮는 꼴이다. 대형범죄는 입 다물면서 왜 남의 윤리의식에 대해 얘기하는지 모르겠다. 비난해도 좋다. 다만 국가를 좀먹는 대형범죄에 대해서도 똑같이 비난해 줬으면 한다. 고발자의 도덕성을 비난하는 만큼 기업범죄에 대해서도 비난해 달라."

1987년 민주화 이후 한국 사회는 김용철 변호사와 같은 의로운 내부고발자들이 잇달아 나타났다. 그들의 내부고발은 세상을 바꾸는 데 기여했다. 1990년 이문옥 감사관이 재벌 비업무용 부동산에 대한 감사원 감사비리를 고발한 것이 내부고발의 시초라 볼 수 있다. 이어 윤석양 이병의 국군보안사 민간인 사찰 고발, 1992년 이지문 중위의 군 부재자투표 부정 고발, 1996년 현준희 감사원 주사의 효산사건 감사비리 고발, 2008년 김이태 한국건설기술연구원 박사의 대운하 양심선언 등 굵직한 내부고발이 잇달아 나타나 세상을 밝게 비추었다.

우리나라도 2002년 부패방지법에 내부고발제도를 도입했다. 하지만 우리나라는 고발 자체를 배신으로 여겨 여전히 고자질로 치부하는 풍토다. 내부고발을 양심 있는 행동으로 여기는 서구 선진국과는 거리가 있다. 내부고발자를 보호해야 할 정부기관도 뿌리를 내리지 못하고 이름을 계속 바꿔가며 방황하고 있다. 2002년 1월 25일 직무상 독립성을 가진 대통령 소속의 합의제 국가기관으로 출범한 부패방지위원회는 2005년 7월 국가청렴위원회로 개칭됐다. 그리고 2008년 2월 이명박 정부가 출범하면서 국가청렴위는 국민권익위원회로 흡수 통합된다.

한 통의 제보에서 시작된 특종

2010년 제 41회 한국기자상 취재부문은 MBC 법조팀의 '촛불집회 몰아주기 배당과 이메일 압력' 기사가 받았다. 한국기자상의 꽃은 흔히 특종이라 할 수 있는 취재부문이다. 김연국 기자의 다음과 같은 '취재후기'는 짧은 한 통의 제보를 받고 기자가 발로 뛰어 특종하는 과정을 잘 보여주고 있다. 장문의 글이지만 현장감을 살리기 위해 김 기자의 글을 그대로 전제한다.

조각난 팩트, 드러난 진실

2008년 가을, MBC 보도국 법조팀 1진이던 나는 짤막한 제보 하나를 받았다. "서울중앙지법에서 촛불집회 사건들을 보수적 성향의 특정 판사에게 몰아줘 형사단독 판사들이 집단 반발했다." 이 단 한 문장의 제보에서 취재가 시작됐다. "민감한 정치적 사건을 판사 한 명에게 모두 배당했다면, 더구나 젊은 판사들이 집단 반발까지 했다면 … " 이건 큰 기사다 싶었다. 법원 출입기자에게 취재를 지시했다. 벽은 두터웠다. 법원 내부의 누구도 금시초문이라며 그런 일은 없었다고 부인했다. 수많은 제보들처럼 그 제보 역시 확인불가, 취재보류로 묻힐 것만 같았다.

실타래는 넉 달 뒤 술자리에서 풀렸다. 2009년 2월 초 용산참사 수사 취재로 한창 달아올랐던 법조기자실은 법원, 검찰의 인사철을 맞아 모처럼 숨을 돌리고 있었다. 법원을 출입하던 법조팀 막내 이정은 기자는 인사를 앞두고 곧 서울을 떠날 예정이던 판사 한 명과 늦은 밤까지 송별의 술잔을 기울이고 있었다. 술기운이 오르자 판사는 입을 열었다.

"이제 떠나게 됐으니 말하죠. 작년 가을에 이 기자가 물어봤던 거 있죠? 그거 다 사실이에요."

본격적인 취재가 시작됐다. 서울중앙지법의 형사단독 판사들을 하나하나 접촉했다. 그러나 입은 좀처럼 열리지 않았다. 그 누구도 사건의 전말을 속 시원하게 얘기하는 판사는 없었다. 여기서 조금, 저기서 조금. 수백 개의 흩어진 퍼즐조각을 맞추듯 고독한 팩트 싸움이 이어졌다. 법조팀은 "배당이 공정한 재판의 시작"이라는 독일 법학 교과서를 뒤졌고, 이미 법원을 떠난 전직 법관과 법학자들에게 수많은 자문을 구했다. 팩트와 팩트 사이에 끊어진 고리들은 상상력으로 메워갔다. 그러기를 3주. 이 지루한 작업 끝에 법원 내부에서 어떤 은밀한 사건이 벌어졌는지 전모가 드러나기 시작했다.

몰아주기 배당은 사실이었다. 컴퓨터 추첨에 의한 무작위 배당이라는 대법원 배당예규와 법원 관례를 깨고 당시 형사수석부장은 보수적 성향의 부장판사 한 사람에게 촛불집회 사건을 몰아준 것으로 드러났다. 단독판사들은 전원 회의를 소집해 문제의 심각성을 논의했고, 신영철 당시 법원장을 만나 항의한 것으로 드러났다. 신 법원장은 이 자리에서 "사과"하고 "시정"을 약속하기에 이르렀다.

기사화를 앞두고 반론을 듣기 위해 배당을 담당했던 서울중앙지법 형사수석판사를 만났다. 그는 몰아주기 배당 사실을 시인했다. 그러나 "몰아주기 배당은 오랜 관행이고 위법이 아니다"라고 해명했다. 판사들의 집단 반발에 대해서도 "반발이 아니라 건의였다. 건의를 수용해 그 뒤부터는 무작위 배당으로 방식을 바꿨다"고 주장했다. 이 해명을 전해들은 일선 판사들은 더욱 크게 반발했다. "시국사건에 대한 몰아주기 배당은 군사정권에서나 있었던 일"이라는 증언이 나왔다.

판사들의 집단반발 이후 법원은 촛불사건을 단독판사들에게 고루 배당했다. 그렇게 촛불사건을 맡게 된 형사 7 단독 박재영 판사는 그해 10월 광우병 대책위 안진걸 씨에 대한 재판에서 '집시법 야간집회 금지조항'이 헌법의 집회결사의 자유를 침해한다며 헌법재판소에 위헌심판을 제청하고 심리를 중단했다. 법원 고위층의 압력은 훨씬 노골화됐다. 신영철 당시 법원장은 판사들에게 개별적으로 이메일과 전화, 면담 등의 방식을 통해 '위헌심판 제청과 무관하게 촛불집회 재판을 계속 진행하라'고 압력을 넣었다. 판사들은 그러나 압력에 굴하지 않았고 법관의 양심에 따라 줄줄이 관련 재판을 연기했다.

그 길고 험했던 취재 끝에 드러난 진실은 상상 이상의 것이었다. 기자는 팩트를 추구한다. 그러나 눈에 보이는 팩트가 모든 것을 말해주지는 않는다. 팩트와 팩트 사이의 끊어진 고리를 상상력과 통찰력으로 메우지 못한다면 그저 단신 몇 줄밖에 쓸 수 없다. 그것이 바로 팩트의 맹점이다.

집시법 야간집회 금지 조항에 대해 위헌심판제청을 했던 박재영 판사는 이듬해 2월 법관 정기 인사 때 '내 뜻이 정권과 달라서 …'라는 말을 남기고 법복을 벗었다. 이 법관 인사에서 서울중앙지법의 형사수석부장은 1년 만에 교체돼 고등법원 부장판사로 좌천됐다. 통상 2년을 채우고 법원장으로 승진하는 관례와 달랐다. 서울중앙지법의 형사 단독판사들 역시 이례적으로 전원 교체됐다. 그리고 신영철 서울중앙지법원장은 3수 끝에 드디어 대법관 자리에 올랐다. 이 조각난 단신기사들이 그제야 모두 연결됐다. 법조기자를 꽤 오래 담당하며 사법부를 어느 정도 이해하고 있다고 생각했던 나는, 바로 곁에서 모든 걸 보고 있었다고 생각했지만, 사실은 아무것도 보지 못했던 것이다.

2009년 2월 23일 그렇게 첫 보도가 시작됐다. 파장은 일파만파로 커졌다. 이용훈 대법원장을 비롯한 법원행정처 수뇌부 역시 판사들의 집단반발 사실을 이미 당시부터 파악하고 있었던 것으로 드러났다. 그러나 개별법원 내부의 일이고 일찍 봉합됐다는 이유로 진상조사를 하지 않았다. 그렇게 사법부의 상처는 안으로 곪고 있었다.

변명으로 일관하던 대법원은 일선 판사들의 반발 조짐이 심상치 않자, 뒤늦게 진상조사에 착수했다. 진상조사 결과 대법원은 신영철 대법관이 사법행정권을 남용하고 재판에 개입한 소지가 있다는 조사결과를 발표했다. 이용훈 대법원장은 신 대법관을 윤리위원회에 회부했다. 그 해 5월 대법원장은 윤리위의 권고에 따라 신 대법관에게 구두로 "엄중경고" 하고, "유감과 노력"이라는 말로 사태를 종결했다.

일선 판사들이 각급 법원별로 연이어 판사회의를 소집해 신 대법관의 퇴진을 요구하는 사상 초유의 사태가 벌어졌다. 사실상 사법파동이었다. 그러나 신 대법관은 꿋꿋이 자리를 지켰다. 신 대법관은 기자와의 통화에서 "거취는 나 혼자 결정할 문제가 아니다"라는 말을 남겼고, 청와대 대변인과 한나라당 원내대표까지 나서서 신 대법관이 물러나서는 안 된다는 뜻을 밝혔다. 그리고 노 전 대통령의 자살이라는 대형사건이 터지면서 그해 봄 대한민국 사법부를 뒤흔들었던 사건은 그렇게 잠잠해졌다. 대법원은 사태가 진정된 뒤 문제가 된 배당예규를 개정했다. 또 이 사건의 배경으로 지목된 법원 내부의 관료화, 근무평정, 인사권 전반에 대해 개선을 약속했다.

이 특종기사는 지금도 진행형이다. 판사의 판결에 대해 이념공세와 인신공격, 심지어는 계란투척까지 벌어진 2010년. 왜 우리 헌법은 "사법부의 독립"이 아니라 "법관의 독립"을 규정하고 있는지 다시 자문해 본다.

딥 스로트 보호는 어디까지?

〈워싱턴포스트〉 밥 우드워드 기자는 자신에게 워터게이트 사건의 중요한 정보를 제공한 마크 펠트의 이름을 끝까지 밝히지 않았다. 내부제보자를 보호하는 것은 기자나 PD가 지켜야 할 의무 가운데 하나다. 기자가 자신에게 중요한 정보를 제공한 내부제보자를 쉽게 발설한다면 앞으로 누가 기자나 언론사를 믿고 국기기관이나 민간기관의 구린내 나는 정보를 알려주겠는가?

그러나 〈뉴욕타임스〉 주디스 밀러 기자의 구속과 사직은 기자와 내부고발자의 관계가 우드워드와 마크 펠트 관계처럼 바람직하게 마무리되지 않을 수도 있다는 것을 일깨워 준다. 밀러 사건은 기자가 제보자를 보호하는 미담으로 시작한다. 그러나 언론자유를 수호하는 영웅이었던 밀러 기자는 권력과 유착해 권력의 입맛에 맞는 오보를 쓴 기자로 밝혀진다.

부시 정권은 이라크를 침공하기 위한 명분으로 유력 일간지인 〈뉴욕타임스〉의 밀러 기자를 이용한다. 밀러 기자는 권력 실세가 제보한 잘못된 정보를 확인도 하지 않고 이라크에 대량살상무기가 있다고 보도한다. 밀러 기자가 언론자유 투사에서 권력과 유착해 추악한 오보를 쓴 기자로 밝혀지는 과정은 복잡하지만 한 편의 영화와 같은 이야기다.

2005년 7월 6일 57살 여기자 주디스 밀러가 법정모독죄로 구속된다. 주디스 밀러가 미국 중앙정보국, CIA 비밀요원의 신분을 누설한 사건인 리크게이트(Leak Gate) 심리에서 배심원에 취재원을 공개하라는 미국 연방법원의 명령을 거부했기 때문이다. 리크게이트 사건은 2003년 초로 거슬러 올라간다. 부시 대통령은 이라크를 무력 공격하기 위한 명분을 얻기 위해 이라크가 핵물질을 구입하려 했다고 말한다. 이에 조지프 윌슨 전 이라크 대사가 부시의 주장은 사실과 다르다고 반박하자, 이번엔 우파 성향의 칼럼니스트 로버트 노박이 윌슨 대사의 부인 발레리 플레임이 CIA 요원이라는 사실을 칼럼에 공개한다. 윌슨 대사는 부시 정부 관리들이 자신에 대한 보복으로 부인의 신분을 누설했다고 말해 공식조사가 시작된다. 밀러 기자에게 취재원을 공개하라고 연방법원이 명령한 것은 밀러가 노박에게 칼럼 재료를 준 것으로 알려졌기 때문이다.

결국 밀러 기자에게 법정모독죄가 적용되긴 했지만, 논란은 언론의 취재원 보호와 정부의 수사권 사이의 관계로 번졌다. 밀러 기자는 언론의 취재원 보호가 정부의 수사권보다 더 중요하다고 생각했다. 밀러의 소속사 〈뉴욕타임스〉는 밀러 기자가 구속되자 사설을 통해 그녀를 두둔했다. 〈뉴욕타임스〉는 '언론의 자유를 침해하는 그 어떤 법도 제정될 수 없다'는 미국 수정헌법 1조의 의미를 다시 강조했다.

그러나 〈뉴욕타임스〉는 밀러 기자가 석방된 뒤 그녀가 권력의 언론플레이에 놀아났다는 것이 밝혀지면서 곤경에 처하게 된다. 결국 2005년 11월 9일 밀러 기자는 〈뉴욕타임스〉를 떠날 수밖에 없게 된다. 밀러 기자는 '리크게이트'와 관련해 부시 정권의 실세인 부통령 비서실장이 흘린 거짓정보를 검증도 하지 않고 여과 없이 보도했다는 비판을 받게 된 것이다. 밀러 기자는 〈뉴욕타임스〉를 사직하기 4개월 전 법정구속됐을 당시에도 이라크 전쟁의 정당성을 조작하려는 부시 정권을 결과적으로 도와주는 행동을 했다는 비판을 받기도 했다.

부시 행정부는 이라크를 침공하면서 후세인이 대량살상무기를 갖고 있다고 밝혔다. 그러나 바그다드가 함락된 이후 내로라하는 전문가들이 이라크 전역을 이 잡듯이 뒤졌지만, 대량살상무기는 발견되지 않았다. 이라크를 공격하기에 앞서 부시 행정부 고위 관리들은 고의적으로 대량살상무기에 관한 잘못된 정보를 언론을 통해 국민에게 제공했다. 그 중 가장 대표적인 사례가 부통령 비서실장인 리비와 밀러 기자의 관계다. 리비 비서실장은 밀러 기자의 딥 스로트를 자처하며 거짓정보를 흘려준 것이다. 리크게이트보다 30년 전 발생했던 워터게이트 사건 당시 딥 스로트 마크 펠트가 밥 우드워드 기자에게 닉슨 정부와 관련된 내부 정보를 사실 그대로 제보한 것과는 대조되는 일이었다. 우드워드 기자는 마크 펠트의 제보를 받고 사실관계를 확인해 워터게이트 특종을 보도했다. 반면 밀러 기자는 리비의 거짓정보를 확인도 하지 않고 오보를 하는 어리석은 짓을 저질렀다.

밀러 기자는 이라크 전쟁이 일어나기 전 이라크 대량살상무기 등과 관련해 10여 건의 기사를 썼는데 이 가운데 10건 이상이 오보임이 드러났다. 그 가운데 장문의 기사 5건은 사담 후세인이 대량살상무기를 개발하고 있다는 내용이었다. 물론 취재원의 실명은 밝히지 않았다. "백악관이나 CIA 고위 관계자에 따르면 후세인이 대량살상무기를 개발하고 있다"는 식이었다.

빌 켈러 〈뉴욕타임스〉 편집인은 밀러 기자가 사임하자 "너무 쉽게 취재원의 얘기를 믿어 버렸다. 취재와 보도과정에 제도적 문제가 있었다. 밀러가 리비 비서실장과의 거래를 제대로 알리지 않아 신문을 잘못된 방향으로 이끌었다"며, 잘못을 인정하는 글을 〈뉴욕타임스〉에 실었다. 또 다른 칼럼리스트는 밀러를 '대량살상 여인'으로 칭하면서, "그녀가 이라크 대량살상무기와 관련된 과거의 잘못된 '특종'으로 지금 여러 사람을 '대량살상' 하고 있다"고 비꼬며, 〈뉴욕타임스〉 사내 분위기를 전했다. 〈로스앤젤레스 타임스〉도 "정치인 · 외교관들과의 밀접한 관계를 통해 정보를 얻어온 밀러 기자의 언론인으로서의 장점이 이제는 취약점이 되고 있다"며, 권력자에 의존한 언론의 취재관행에 일침을 가했다.

처음에 주디스 밀러는 취재원을 보호하기 위해 85일간 감옥행을 택한 참언론인으로 영웅 대접을 받았다. 밀러의 구속 기사는 전 세계 언론인에게 언론 민주주의를 위한 언론인의 사명에 대해 많은 고민을 하게 했다. 밀러 기자가 취재원을 보호하기 위해 구속을 감수한 것 자체만 놓고 보면 영웅 대접을 받을 만하다. 그러나 밀러 기자는 미국뿐 아니라 전 세계를 상대로 사기 기사를 쓴 셈이 됐다. 있지도 않은 대량살상무기를 기자로서 최소한의 확인도 거치지 않고 자신의 취재원(이런 경우 취재원이나 내부고발자라 하지 않고 언론계 속어로 '빨대'라 한다) 인 정부 관계자의 말을 그대로 기사로 옮겼으니 기자로서 부끄러운 일이 아닐 수 없다. 결국 부시 행정부는 〈뉴욕타임스〉의 밀러 기자가 쓴 기사를 내세워 이라크를 공격했고 그 과정에서 수많은 이라크 시민들이 무고하게 목숨을 잃었다.

〈대통령의 음모〉는 이 책에 나오는 영화들 가운데 유일하게 기자가 주인공이다. 〈대통령의 음모〉는 기자나 PD가 되고자 하는 미래의 언론인들에게 추천하고 싶다. 영화를 보기 어려우면 같은 제목의 책을 봐도 좋을 것이다. 영화와 책의 주인공은 로버트 레드포드와 더스틴 호프만이 열연한 우드워드와 번스타인 기자지만, 나는 브래들리 편집장에 더 호감을 갖는다. 브래들리 편집장을 맡았던 제이슨 로바드는 이 영화로 아카데미 남우조연상을 받았다.

명장 밑에 약졸 없다. 브래들리 편집장이 아닌 평범하거나 소심한 편집장이었다면 워터게이트 특종은 나올 수 없었을 것이다. 브래들리는 딥 스로트를 직접 만나 제보내용을 확인하지 않았다. 신참 기자인 우드워드가 사실관계를 제대로 취재하지 못하면 혹독하게 야단쳤지만 후배 기자를 믿고 대통령 비리 취재보도를 지원했다.

이 책이 나올 때쯤이면 나는 해직기자 3년차가 돼 있을 것이다. 해고무효소송과 관련해 1심, 2심에 이어 대법원에서도 승리해 복직한다면 나는 어떤 언론인의 길을 가게 될까? 곧 쉰 살이 되는 나는 우드워드 기자처럼 특종을 직접 취재하기는 쉽지 않을 것 같다. 기회가 된다면 후배기자가 권력의 심장부를 겨누는 취재를 할 때 그 기자의 든든한 버팀목이 되는 선배가 되고 싶다. 브래들리 편집장 같은 그런 선배.

리플리

개봉 2000년
감독 안소니 밍겔라
주연 맷 데이먼(톰 리플리),
주드 로(딕키 그린리프)

How far would you go to become someone else.
MATT DAMON
GWYNETH PALTROW
JUDE LAW
THE TALENTED MR. RIPLEY
CATE BLANCHETT
DECEMBER

언론인의
금기, 거짓말

〈태양은 가득히〉와 〈리플리〉

톰 리플리는 뉴욕의 가난한 청년이다. 낮에는 호텔 보이, 밤에는 피아노 조율사로 일하며 어렵게 살아간다. 어느 날 톰에게 기회가 찾아온다. 선박 재벌회장이 개최한 파티에서 피아노를 치게 된 것이다. 애초에 파티에서 연주할 예정이었던 재즈 피아니스트가 팔을 다쳐 톰이 그를 대신한다. 리플리는 자신이 프린스턴대학 학생이라고 거짓말을 한다. 회장은 자신의 아들도 같은 대학에 다닌다며 톰에게 더욱 친근하게 대한다. 재벌은 톰에게 이탈리아에 있는 자신의 아들 딕키 그린리프를 뉴욕으로 데려와 주면 거금을 주겠다고 제안한다.

톰은 이탈리아로 가 딕키를 만난다. 톰은 딕키에게도 프린스턴 동창이라고 거짓말을 해 친구가 된다. 망나니 딕키는 여자들에게 돈을 홍청

ⓒMiramax Films · Paramount Pictures

망청 쓰고 다닌다. 톰은 그런 딕키를 부러워한다. 딕키는 톰을 친구라기보다는 하인처럼 대하고 톰은 그런 그에게 정성을 다한다.

어느 날 톰과 딕키는 요트를 타고 바다로 간다. 요트에서 톰은 딕키에게 사랑한다고 고백하지만 딕키는 받아들이지 않는다. 톰이 진짜 동성연애자인지 아니면 그런 고백도 거짓말인지 영화에서는 분명하지 않다. 마침내 톰은 딕키를 죽이고 딕키 행세를 한다. 톰은 다른 사람의 사인을 똑같이 할 수 있는 타고난 재주가 있었다. 톰은 딕키가 자살한 것처럼 유서를 꾸며 딕키의 아버지로부터 많은 돈을 얻어낸다. 톰은 딕키의 행세를 하며 돌아다니다가 이를 눈치 챈 사람들을 잇달아 죽이는 연쇄살인범이 되고 만다. 영화는 톰 리플리의 완전범죄로 끝이 난다.

ⓒMiramax Films · Paramount Pictures

〈리플리〉의 원작은 패트리샤 하이스미스가 1955년 쓴 소설 *The Talented Mr. Ripley*다. 영화의 원제목도 똑같다. 하이스미스의 원작 소설을 처음 영화로 만든 사람은 르네 클레망 감독이다. 그는 원작 소설의 제목을 바꿔 1960년 알랭 들롱 주연의 〈태양은 가득히〉라는 영화를 만들었다. 맷 데이먼 주연의 〈리플리〉는 〈태양은 가득히〉를 리메이크한 영화다.

〈태양은 가득히〉는 원작 소설이나 영화 〈리플리〉와 결말이 다르다. 원작 소설과 〈리플리〉에서는 주인공 리플리의 살인이 완전범죄로 끝나지만 〈태양은 가득히〉에서는 리플리가 바다에 버렸던 재벌 아들의 시체가 요트 스크루 끝에 묶여 나오면서 끝이 난다. 1960년 프랑스는 지금보다 보수적이었던 것 같다. 소설보다 대중에 대한 영향력이 큰 영화에서 살인행위가 완전범죄로 끝나는 것을 바람직하지 않게 여기지 않았나 싶다.

1970년대 말 중학교 때 흑백 TV로 본 〈태양은 가득히〉는 나에게 깊은 인상을 남겼던 것으로 기억된다. 특히 동정심을 자극하는 알랭 들롱의 우수에 찬 눈빛 연기는 압권이다. 어린 나는 그의 범죄가 끝내 드러나지 않기를 바랐는지도 모른다. 내가 〈태양을 가득히〉가 아닌 〈리플리〉를 선택한 이유는 거짓말이라고 해서 반드시 밝혀지는 것은 아니라는 개연성 때문이다. 세상의 모든 일이 100% 정의가 이기는 것으로 끝나지 않지만 사필귀정이란 대체로 맞는 말이다. 언론과 관련된 거짓말 이야기를 한번 해보자.

황우석과 〈PD 수첩〉

황우석 줄기세포 논문조작은 언론이 깊게 개입된 희대의 거짓말 사건이다. 정부가 제작을 맡고 언론이 감독한 한 편의 영화다. 2005년 12월 황우석 논문조작이 드러나면서 대한민국 국민은 신화가 깨지는 고통을 겪어야 했다. 황우석 신화는 국민들이 만들어갔지만 그 중심에는 언론이 있었다. 황우석 씨는 스스로 과학자라고 했지만 홍보전문가 같았다. 황 씨는 언론을 잘 이용하였다. 언론이 무엇을 원하는지 그리고 그런 언론과 언론인의 약점을 누구보다 잘 알고 있었다. 황우석 씨가 〈사이언스〉 지에 논문을 발표할 때 국내 유력 일간지는 외국 언론과의 엠바고를 깨면서 황우석 신화를 보도하는 데 열을 올리기도 했다.

줄기세포가 도대체 무엇인지? 그럼 뿌리세포는 없는 것인지? 국민들이 쉽게 알 수 없는 생명과학 분야는 거짓신화가 만들어져도 검증되기 어려웠다. 국내 유력 신문사와 방송사에는 과학과 의학 전문기자들이 있다. 이들 전문기자들도 〈사이언스〉라는 세계적 학술지에 논문이 실렸다는 이유로 황우석 씨 거짓말에 아무런 의심을 하지 못했다.

청와대와 정부는 그를 정치적으로 이용했다. 세상을 살면서 별 희망이 없는 서민들에게 그는 희망을 넘어 신화가 됐다. 정부와 언론은 줄기세포가 상용화되면 돈으로 헤아릴 수 없는 경제적 효과를 가져다줄 것이라 선동했다. 국민들은 오늘은 배가 고프지만 내일은 배가 부를 수 있을 것이라는 믿음을 가졌다.

황우석 신화의 허구는 정부기관인 감사원이나 검찰이 밝혀낸 것도 아니고 언론사의 과학과 의학 전문기자들이 밝혀낸 것도 아니다. 과학에 문외한인 방송사 PD가 언론인의 상식으로 팩트를 하나씩 검증해 들어가면서 희대의 거짓말은 서서히 실체를 드러내기 시작했다. 2005년 〈PD 수첩〉의 한학수 PD가 황우석 신화 파괴의 중심에 있었다.

한학수 PD는 2005년 6월 1일 믿기지 않는 제보를 접한다. 2005년 5월 발표된 〈사이언스〉 논문이 조작됐을 가능성이 높다는 내용이었다. 제보자를 직접 만난 한 PD는 그 내용에 개연성이 있다고 판단했다. 그러나 제보자는 사실을 입증할 수 있는 증거를 갖고 있지 못했다. 과학자가 아닌 PD가 상식의 힘으로 세기의 거짓말을 밝히느냐 마느냐를 결정해야 했다. 대한민국에서 가장 믿을 수 있는 프로그램을 찾아왔다는 제보자의 말에 물러날 곳이 없었다. 제보자의 말이 사실이라면 황우석 논문조작은 언제가 밝혀질 일이었다. 한 PD는 〈뉴욕타임스〉 등 해외 언론에서 논문조작 보도가 먼저 나갈 수 있다고 판단했다. 그는 5개월 이상 과학적 전문지식을 배워가며 하나씩 차근차근 팩트를 취재했다.

2005년 11월 22일 〈PD 수첩〉은 '황우석의 신화 난자의혹'을 보도했다. 신문과 방송 모든 언론은 모두 머리를 세게 맞은 듯 황우석 신화의 거짓말을 다룬 〈PD 수첩〉팀을 집중 조명하기 시작했다. 황우석 지지자들은 방송이 나간 후 〈PD 수첩〉을 격렬하게 비난했고 심지어 담당자 가족들을 해칠 것이라고 위협했다.

12월 4일 YTN은 〈PD 수첩〉이 김선종 연구원을 위협했다며 취재윤리위반 문제를 제기했다. 당시 한학수 PD는 그 부분에 대해서는 사과하지만 이로 인해 논문의 진위여부가 가려져서는 안 된다고 강조했다. 논란이 진행되는 동안 대부분 언론은 황우석의 권위와 명성을 의식해 논문의 진위여부를 주목하지 않았지만 인터넷을 중심으로 젊은 과학자들은 황우석에 대한 의문점을 꾸준히 제기했다.

줄기세포 논문은 결국 거짓말로 드러났다. 황우석 씨는 논문만 조작하지 않고 잇달아 거짓말을 했다. 거짓말은 거짓말을 낳는다. 황우석 씨는 거짓말이 드러나는 것을 막기 위해 계속해서 거짓말을 할 수밖에 없었다. 그 가운데 가장 안타까운 것은 황우석 씨가 불치의 환자들에게 한 거짓말이다. 황 씨는 척추마비 환자도 곧 걸을 수 있다고 거짓말을 하며 환자의 세포를 채취해 가기도 했다. 어떤 언론인은 〈PD 수첩〉이 줄기세포 논문조작을 보도하지 않았다면 황우석 씨가 언젠가 척추마비 환자를 일으켜 세우는 기술을 개발했을 것이라고도 했다. 이렇게 미몽(迷夢)에서 허덕이는 사람들 때문에 거짓말하는 사람이 끊이지 않는 것이다.

거짓말에 놀아난 기자들

한학수 PD가 황우석의 논문이 거짓이라는 것을 밝혀나가자, 황우석 연구팀은 이를 어떻게 타개할까 고민한다. 황우석 씨는 한 PD가 2005년 10월 20일에 미국 피츠버그에서 김선종 연구원을 만나 취재한 사실을 김 연구원으로부터 보고받아 알고 있었다. 그는 〈PD 수첩〉이 논문이 조작된 사실을 이미 알고 있다고 판단하였다. 그러나 〈PD 수첩〉이 증거를 확보하지 못했다고 판단, 전세를 역전시킬 묘안을 생각해낸다.

황우석 씨는 자신에게 우호적인 언론사 간부에게 전화를 건다. 2005년 당시 YTN 보도국장 홍상표 씨는 그를 가장 따르는 언론인이었다. 황우석 씨와 홍상표 씨는 충청도 출신 유력인사들이 모이는 충청포럼에서 친분을 두텁게 쌓았다. 홍 씨는 고등학교를 서울에서 나왔지만 충청도 유력인사들과 교분을 쌓기 위해 충청포럼에 열심히 참석했다. 황우석 씨는 YTN 홍상표 보도국장에게 "〈PD 수첩〉이 김선종 연구원에게 내가 구속될 것"이라고 위협했다며 이를 어쩌면 좋겠냐고 물었다.

둘 중 누가 먼저 제안했는지는 확인할 수 없지만, 둘은 YTN 기자를 미국 피츠버그로 보내 김선종 연구원을 인터뷰하자고 의기투합한다.

홍 국장은 보도국 간부회의도 소집하지 않고 은밀하게 황우석 씨에 우호적이었던 김모 기자를 부른다. 김 기자는 보도국장의 지시를 받고 황우석 팀의 안규리 박사 등과 함께 미국 피츠버그로 급파된다. 홍 국장이 은밀하고 급하게 취재지시를 했기 때문인지 김 기자는 회사에서 출장처리도 제대로 못하고 공항으로 간다. 김 기자는 출장비를 못 받아 황우석 연구팀의 도움으로 비행기에 올라 나중에 논란에 휩싸이게 된다.

김 기자는 '황우석 구하기' 리포트를 YTN 뉴스에 내보낸 뒤 비행기 값이 문제가 되자 잇달아 거짓말을 한다. 김 기자는 처음에 항공료를 자신의 집에서 가져간 현금으로 냈다고 거짓말했다. 월급쟁이 기자가 평상시 집에 현금으로 600만 원이란 큰돈을 갖고 있냐고 묻자, 김 기자는 자신의 아내가 집에서 수표를 모으는 것이 취미라고 또 거짓말을 했다. 김 기자는 황우석 연구팀이 잡아 놓은 피츠버그 인근 호텔방에서 김선종 연구원을 인터뷰한다.

보통 방송사에서 인터뷰하면 촬영기자가 함께 가는데 당시 인터뷰는 급하게 서두르는 바람에 김 기자 혼자 갈 수밖에 없었다. 김 기자는 ENG 카메라 대신 집에서 사용하는 홈비디오 카메라를 갖고 김선종 연구원을 인터뷰했다. 인터뷰하는 호텔방에는 안규리 박사도 함께 있었다. 인터뷰를 마친 김 기자는 다음날 바로 한국행 비행기에 몸을 싣는다. 한국으로 빨리 와서 인터뷰한 것을 방송해야 했기 때문이다.

〈PD 수첩〉은 매주 화요일 밤에 방송이 나간다. 홍상표 국장은 황우석 팀의 입장을 충분히 알고 있던 터라 〈PD 수첩〉이 황우석 관련 보도 2탄을 방송하기에 앞서 김선종 인터뷰를 YTN에서 방송해야 했다.

12월 4일 일요일 오후 YTN은 "〈PD 수첩〉이 '황우석 교수를 죽이려 왔다'고 말했다"는 김선종 연구원의 인터뷰를 보도한다. 그러나 김 기자가 취재 보도한 내용 가운데 황우석 논문의 진위여부에 대한 언급은 한 곳도 없었다. YTN 보도는 〈PD 수첩〉이 황우석 논문의 진위여부라는 달을 가리키고 있는데 그 달에 대해선 언급이 없고 달을 가리키는 손톱에 낀 때를 나무라고 있었다.

YTN 방송이 나가고 얼마 뒤 젊은 과학자들이 황우석 논문의 조작된 사실을 밝혀낸다. YTN은 12월 29일 사과방송을 한다. YTN은 "그동안 황우석 교수의 2005년 〈사이언스〉 논문 논란에 대해 집중적으로 보도해왔지만, 황 교수 측의 논문조작 사실이 드러나면서 결과적으로 사실보도와 진실규명에 소홀했다는 지적을 겸허히 받아들인다. 이번 취재와 보도과정에서 나타난 문제점들을 규명하기 위해 노사공동으로 공정방송위원회를 가동해 철저한 조사를 진행하고 있고 결과가 나오는 대로 엄정하게 조치할 것"이라고 방송한다.

나는 노조위원장 추천으로 6명으로 구성된 황우석 보도 관련 공방위에 들어가게 된다. 처음에는 생명과학이나 황우석 논문 등에 대해 알고 있는 것이 없어 위원이 되는 것을 고사했다. 그러나 사이비 언론으로 전락할 위기에 처해 있어 공방위가 하루속히 시시비비를 가려야 한다고 판단했다. 공방위는 사회부 경찰기자부터 YTN 표완수 사장까지 회사 안팎의 사건 관계자들을 조사했다. 공방위 조사결과 YTN은 줄기세포 이외에도 복제소 영롱이의 진위검증에 나서 '판독불가' 통보를 받고도 보도하지 않은 것이 드러났다.

그런데 지금도 남아 있는 한 가지 의문. 홍상표 보도국장이 줄기세포 논문이 조작됐다는 것을 〈PD 수첩〉 보도에 앞서 알았는지, 적어도 의혹을 가졌는지 여부다. 황우석 씨는 김선종 연구원 인터뷰에 앞서 홍상표 국장에게 도움을 구했다. 홍 국장의 지시에 따라 김 기자는 줄기세포를 검증했다. 김 기자는 황우석 연구팀에게서 〈PD수첩〉에 준 것과 같은 줄기세포를 받아 고려대 법의학과 황적준 교수팀에 DNA 검사를 의뢰했다. 김 기자는 DNA 판독 결과 '오염된'(*contaminated*) 이라는 통지를 받았다고 공방위에서 진술했다. 홍 국장도 김 기자의 보고를 받고 줄기세포가 오염된 것으로 알았고, 재검사 의뢰를 지시했다고 공방위에 진술했다.

그러나 실제 홍 국장은 다시 검사를 외뢰하지 않았다. 그는 왜 이렇게 중요한 사안의 재검사를 의뢰하지 않았을까? 그는 그 이후 황우석 사태가 급박하게 돌아가 겨를이 없었다고 2005년 당시 진술했다. 홍상표 씨는 복제소 영롱이의 DNA 검증결과도 일치하지 않는다는 것을 알았다. 홍상표 씨가 황우석 팀 연구와 관련해 줄기세포와 복제소 영롱이 등 중요한 검증결과를 알고도 보도하지 않은 것은 무책임한 행위이다. 또 오염이 됐건 판독불가건 황우석 줄기세포가 일치하지 않는 결과를 통보받고도 〈PD 수첩〉의 진실규명을 덮으려는 청탁취재를 한 것은 언론역사에 남을 부끄러운 일이다. 의사나 과학자들은 DNA 판독결과에는 기본적으로 일치와 불일치가 있다고 말한다. 판독불가나 오염됐다는 표현은 불일치 결과의 한 이유에 불과하다.

이 글을 쓰기 위해 나는 황적준 교수에게 전화를 했다. 황적준 교수는 박종철 고문치사 사건의 진실을 밝힌 법의학계의 대가다. 그는 당시 황우석 줄기세포 DNA 검사를 의뢰받아 보고서를 작성해 의뢰인 YTN 김 기자에게 주었다고 말했다. 황적준 교수는 YTN에 준 검사결과를 알고 있지만 밝힐 수 없다고 말했다. 그는 2005년에도 이와 관련한 질문을 많이 받았지만 검사결과는 제 3자에게 알려줄 수 없는 것이라며 유감의 뜻도 표했다.

홍상표 씨와 김 기자가 〈PD수첩〉팀처럼 황우석 줄기세포가 가짜라는 것을 알면서도 황우석 청탁취재를 했는지 여부는 황적준 교수팀이 작성한 보고서를 보면 판가름 날 것이라 생각한다. 2005년 YTN 공방위는 홍상표 씨와 김 기자의 말이 어디까지 진실이고 어디까지 거짓인지 밝히는 데 한계가 있었다. 공방위가 검찰처럼 수사권을 갖고 있지 못했기 때문이다. 그러나 홍 씨와 김 기자의 거짓말 여부는 밝힐 수 없었지만 두 언론인이 잘못한 것이 있다. 홍상표 씨와 김 기자는 황우석 줄기세포가 오염됐다고 치더라도 그 중요한 검사결과를 보도국 다른 기자들과 공유하지 않았다. 그랬더라면 적어도 10명 가운데 한 명의 기자는 황우석 줄기세포 논문에 대해 의혹을 제기했을 것이다.

당시 황우석은 대통령급 경호를 받으며 대통령보다 더 큰 인기와 신망을 얻고 있었다. 그는 어떤 권력자보다 강한 권력을 갖고 있었다. 홍 국장은 황우석이란 권력자가 논문을 조작하지 않았을 것이라고 확신했다. 그렇지 않고서야 DNA 조사결과가 일치하지 않는다는 검사결과를 대수롭지 않게 여길 리는 없기 때문이다.

국민의 알권리를 위해 기자들에게 취재를 지시하는 보도국장이 사사로운 이해관계로 국민의 알권리를 저버린 결과는 참담했다. 10년 넘게 쌓아온 YTN의 공신력은 하루아침에 무너졌다. 당시 현장에 있는 YTN 젊은 기자들은 취재원들로부터 황우석 씨의 거짓말에 놀아난 언론이란 지적을 받아야 했다.

"나는 경찰에 고발하지 않았다"

2008년 9월 25일 오후 1시 YTN 기자들이 남대문경찰서 앞에서 기자회견을 열었다. 노조위원장 노종면 기자는 경찰 출두에 앞서 성명서를 낭독했다.

"지난 70일간 낙하산 사장의 출근 저지과정을 돌이켜 볼 때 단 한순간도 부끄럽지 않았다. 반면 30년간 언론인으로 살았다는 구본홍 씨는 순수하고 명예롭게 투쟁해온 언론계 후배 12명을 업무방해라는 미명으로 사정기관에 세웠다."

기자회견 뒤 11명의 기자들은 노조원 100여 명의 응원을 받으며 남대문경찰서에 들어갔다. 조사대상 기자 가운데 1명은 해외출장 때문에 이 날 조사를 받지 못했다. 11명의 기자 가운데 나도 포함돼 있었다. 나는 90년대 2년 동안 경찰서를 출입한 경험이 있어 경찰서 분위기에 익숙한 편이었다. 그러나 출입기자로 들어간 것과 조사받기 위해 들어온 것은 너무 달랐다. 내 나이 45세, 피의자 신분이건 참고인 신분이건 경찰조사를 받은 일은 한 번도 없었기 때문에 드는 느낌이었다.

기자 11명은 각각 분리된 방에서 조사를 받았다. 삭막한 조사실에서 형사 2명이 함께 업무방해 혐의에 대해 조사했다. 이명박 후보의 특보 출신 구본홍 씨의 사장 업무를 방해한 혐의였다. 나는 업무방해 혐의로 경찰에 불려와 조사받는 것이 부당하다고 생각해 형사들의 질문에 이의를 제기했다. 그러자 형사는 짜증스런 표정으로 "질문은 형사가 하는 것이고 피의자는 대답만 하라"고 으름장을 놓았다. 취조형사도 상대가 당시 청와대 출입기자라 긴장한 듯 질문서를 또박또박 적힌 대로 질문했다. 그러나 나를 조사할 것은 별로 없었다. 나는 이른바 업무방해죄에 해당하는 일을 한 기억이 없고, YTN 사측이 뒤집어씌울 만한 것도 없었다. 남대문서는 컬러 복사한 사진을 각각 100장 넘게 갖고 있었다. 그 사진들은 모두 YTN 노조원들이 낙하산 사장 출근 저지투쟁 시위장면을 찍은 것들이었다. 경찰이 업무방해 혐의로 조사하기 위해 거의 유일하게 필요한 증거자료였다. 100장이 넘는 사진에 수백 명의 YTN 기자들과 노조원들의 모습은 찍혀 있었지만 내 모습은 보이지 않았다. 사진에는 주로 젊은 후배 기자들이 찍혀 있었다.

나는 청와대라는 중요한 출입처를 나가고 있었기 때문에 YTN 노조 집회에 참석을 거의 하지 못했다. 노조가 구본홍 씨 출근 저지투쟁을 할 때 집회에 참석한 적은 있지만, 젊은 기자들이 선두에 서서 피케팅을 해 나는 구본홍 씨의 업무를 방해할 기회조차 얻기 힘들었다. 형사는 YTN 사측이 경찰로 보낸 증거사진 한 장을 내게 보여주었다.

"이 사진 속 인물이 본인 맞나요?"

"사진 속 인물이 누구인지 모르겠네요. 형사님은 이게 저라고 생각합니까?"

"글쎄요. 저도 누구인지 분간할 수 없네요."

취조형사마저 분간할 수도 없는 사진을 가지고 구본홍 씨와 YTN 사측은 나를 경찰에 넘긴 것이다. 사진에는 YTN 조합원 70~80명 정도가 찍혀 있었다. 사측이 나라고 주장한 인물은 맨 뒷줄에 앉아 있는 사람인데 사진에는 앞에 앉아 있는 사람 머리에 가려서 두 눈조차 보이지 않았다. 왼쪽 이마 부분만 사진에 나와 형사도 사진 속 인물이 누구인지 알 수 없는 노릇이었다. 100장이 넘는 증거사진엔 이른바 '업무 방해'라고 하는 집회에 참가한 YTN 조합원들이 수백 명 찍혀 있었다. 모두 한눈에 봐도 누구인지 알 수 있는 사진이었다. 그런데 왜 구본홍 사장은 증거가 확보된 수백 명은 놔두고 굳이 나를 경찰에 넘기려고 하였을까?

경찰에 불려가기 얼마 전 청와대 춘추관에서 이동관 홍보수석과 짧은 대화를 나눈 적이 있다.

"장균아, 구본홍 사장이 네가 배후에서 자신이 사장되는 것을 반대하고 있다고 생각하더라. 구 사장이 '이 수석의 대학 후배가 이 사태를 주도하고 있다'고 어필해서 내가 곤란했다."

"노종면, 현덕수 노조위원장이 저보다 훌륭한 기자들인데 제 말에 조종될 사람들이 아닙니다."

구본홍 씨는 나와 이동관 수석이 대학 선후배 사이라는 것을 알고 있었다. 구 씨는 이 수석을 통해 나에게 경고 메시지를 보낸 것이었다. 어찌됐건 그가 투쟁의 배후조종자로 나를 과대평가해 준 것은 고마운 일이다. 덕분에 사진에 얼굴이 크게 나온 수백 명의 후배 조합원을 대신해 해직도 되고 법정에도 섰으니 말이다.

노종면 기자와 현덕수 기자 등에는 조사할 것이 많았지만 나는 조사받을 것이 거의 없었다. 사진 증거물 조사가 싱겁게 끝나고 난 뒤 형사는 증언조사를 했다. 내가 경찰에 출두하기에 앞서 YTN 간부가 남대문경찰서에 직접 출두해 내가 업무방해를 했다고 증언했다. 형사는 그 간부의 말대로 업무방해를 한 적이 있냐고 다그쳤다. 그 간부가 무엇을 증언했는지는 모르나, 당시 상황을 살펴보면 업무방해란 증언은 참으로 어처구니가 없다.

구본홍 씨는 2008년 8월 5일 밤 노조의 출근 저지투쟁을 피해 사장실에 몰래 출근했다가 사장실에서 3박 4일을 보낸 뒤 귀가한 적이 있다. 나는 그때 국제부에서 하룻밤을 꼬박 새우는 야근을 했다. 아침 6시가 좀 넘어 여기자 한 명이 긴급하게 보도국으로 올라왔다. YTN 간부들이 사장실로 들어가려다 후배 기자들과 몸싸움이 벌어졌다는 것이다.

나는 당시 사회부와 국제부 야근을 하던 기자들과 함께 사장실로 내려갔다. 보도국장, 기술국장 등 간부 10여 명이 3~4명 정도 되는 젊은 여기자들과 거의 폭행수준으로 몸싸움을 벌이고 있었다.

그 맨 선두에 홍상표 보도국장이 있었다. 홍 국장은 사장실 안에 있는 구본홍 사장이 들으라고 여기자들에게 소리를 고래고래 질러대며 몸싸움을 하고 있었다. 나는 홍 국장과 여기자들 사이에 끼어들며 회사 간부들에게 "이거 뭐하는 짓입니까?" 이렇게 딱 한 마디만 하고 아무 말도 하지 않았다.

당시 이른 아침시간에 벌어진 일이라 그런지 사측은 증거사진을 찍지 못했다. 젊은 여기자들을 추행하듯 하는 것을 말린 것도 업무방해라면 그 벌은 달게 받을 것이다. 나는 형사에게 YTN 간부의 증언은 사실과 다르니 대질심문을 해 달라고 요청했다. YTN 간부의 증언은 검찰 공소기록에 지금도 남아있다. 나를 취조한 형사는 더 이상 조사할 것이 없었지만 다른 기자들과 비슷하게 끝내야 했는지 질문을 반복했다. 형사는 대질심문까지 가면 일이 더 꼬일 것 같다고 생각했는지 남대문경찰서에 와서 증언을 선 사람은 홍상표 씨라고 말해 줬다. 사실 대한민국 공권력이 언론사 노사관계로 벌어진 일에 대질심문을 할 필요는 없었다. 경찰이 조사받는 피의자에게 증인 이름을 알려주는 경우는 없다. 취조형사도 홍상표 씨의 고발내용이 애매하다고 판단한 것 같았다. 이해당사자들끼리 해결하는 것이 바람직하다고 생각해 나에게 고발인의 이름을 알려준 것이 아닌가 생각한다.

남대문경찰서에서 조사받고 며칠 뒤 나는 홍상표 국장을 회사에서 만났다.

"홍 국장, 경찰에 직접 가서 나를 고발했는데 왜 그랬습니까?"

"내가 안 그랬어, 내가 안 그랬어. 회사가 그런 거야."

홍상표 씨가 남대문경찰서에 가서 진술한 내용도 상당부분 거짓말인데 이제는 자신이 경찰서에 가지 않았다고 손바닥으로 하늘을 가리듯 거짓말을 했다. 더 이상 할 말이 없었다. 홍 국장은 나를 법정에 세우고 해직시키기 위해 직접 남대문경찰서를 찾은 것이다. 나와 원한관계도 없는데 왜 굳이 경찰서에 출두해 거짓말을 하면서까지 증인을 섰을까? 그는 이명박 정부의 낙하산 사장인 구본홍 씨에 잘 보이기 위해서 후배 기자를 경찰에 넘긴 것이다. 구본홍 사장은 나를 제거하는 데 1등 공신 역할을 한 홍상표 국장을 그 뒤 YTN 상무로 임명한다.

부끄러운 기자의 거짓말

2011년, 민주당 비공개 회의 도청(盜聽) 의혹사건에도 기자의 거짓말이 등장한다. 이 사건은 이 글을 쓰고 있는 지금은 경찰수사 중이며 사건의 실체가 명명백백하게 드러나지 않은 상태다. 그러나 경찰이 도청 의혹사건을 수사하는 가운데 KBS 기자의 거짓말이 드러나 언론계에 충격을 줬다. 민주당 당 대표실 도청의혹사건을 수사하고 있는 영등포 경찰서는 2011년 7월 26일 도청 당사자로 지목된 KBS 장 모 기자의 일부 내용이 거짓말인 것을 확인했다.

영등포경찰서 수사과장은 장 기자가 두 가지 거짓말을 했다고 밝혔다. 우선 6월 24일 장 기자가 다른 취재 일정 때문에 국회에 가지 않았다고 진술했지만 수사결과 그날 국회 폐쇄회로 카메라에 장 기자의 모습이 잡힌 것이 드러났다. 6월 24일은 한나라당 한선교 의원이 도청에 의해 작성된 것으로 의심되는 민주당 회의 녹취록을 입수해 공개한 날이다. 또 경찰은 노트북과 휴대폰을 택시에서 잃어버렸다는 장 기자의 주장도 거짓말임을 밝혀냈다. 경찰이 장 기자가 탔다는 택시 운전사를 찾아내 조사한 결과, 장 기자가 노트북과 휴대폰을 두고 내리지 않았음이 드러났다.

장 기자의 거짓말은 언론의 사명인 진실추구를 외면하고 언론의 금기인 거짓말을 했기 때문에 용납될 수 없는 일이다. 곧 드러날 거짓말을 왜 했을까? 그가 민주당 비공개회의 내용을 도청해 한나라당에 넘겼다면 이는 언론인으로 절대 해서는 안 될 일을 한 것이다.

장 기자가 도청에 관여했다면 입사한 지 몇 년 안 되는 그가 혼자 했다고 보기 어렵다. KBS 새 노조가 2011년 7월말 실시한 설문조사에서 응답자의 97%인 조합원 548명은 '도청사건에 KBS가 연루됐다고 생각한다'고 답했다. 흥미로운 점은 응답자의 95%가 경찰이 도청의혹에 대한 실체적 진실을 밝히지 못할 것이라고 답한 것이다.

〈조선일보〉와 〈한겨레〉 등 보수와 진보 매체 모두 KBS 경영진이 스스로 도청의혹의 진실을 밝히라고 사설을 통해 충고하고 있지만, KBS는 한 달 넘게 이에 응하지 않고 있다. 아마 경찰이 실체적 진실을 밝히지 못할 것이라고 보고 어물쩍 넘어가려는 속셈이 아닐까? 그러나 스스로 진실을 밝히지 않는다면 KBS는 영원히 도청 의혹에서 자유로울 수 없을 것이다.

언론인의 금기인 거짓말에 관한 얘기를 하며 〈리플리〉 영화를 선택한 이유가 있다. 2011년 MBC에서 방영된 〈미스 리플리〉라는 드라마가 인기를 끌었기 때문이다. 〈미스 리플리〉는 영화 〈리플리〉에서 제목을 빌렸다. 이 드라마는 학력위조 사건으로 우리 사회를 떠들썩하게 만들었던 신정아 사건을 모티브로 삼았다. 당시 많은 유명 인사들의 학력위조 거짓말이 속속 드러났고 많은 시민들은 크게 실망했다.

공인의 거짓말은 사회적 파장이 크기 때문에 보통 사람들의 거짓말보다 더 위험하다. 그러나 사회지도층이나 공인보다 더 거짓말을 해서는 안 될 직업인이 있다. 바로 기자를 포함한 언론인이다. 언론과 언론인이 추구해야 할 가치 가운데 가장 중요한 것은 진실이다. 때로는 불편한 진실이 언론인 자신과 가족 등 친한 주위 사람을 겨냥하고 있다고 하더라도 진실을 덮어서는 안 된다. 백 번 진실보도를 해도 한 번 거짓보도를 하는 순간 언론사의 신뢰도는 공든 탑이 무너지듯 사라지고 만다. 그래서 여론조사 기관에서 언론사를 평가할 때 영향력 못지않게 중요하게 여기는 것이 신뢰도(信賴度)다.

신뢰도는 하루아침에 무너질 수 있지만 하루아침에 얻을 수 있는 것이 아니다. 누구나 그렇듯이 기자도 영화 주인공 리플리처럼 한 번 거짓말하면 그 거짓말을 감추기 위해 또 거짓말을 하게 된다. 거짓말은 한때 진실을 이길 수 있어도 영원히 진실을 이길 수는 없다. 진실을 말할 용기가 부족한 사람은 거짓말을 하게 된다. 기자와 PD 등 언론인에게 가장 필요한 덕목은 진실을 말할 수 있는 용기다.

마이너리티 리포트

개봉 2002년
감독 스티븐 스필버그
주연 톰 크루즈(앤더튼),
콜린 파월(대니 위트워)

© Dreamworks · 20th Century Fox

국익은 국민의 알권리에 우선하는가

미래는 이미 정해져 있는 것인가?

2054년, 미국 워싱턴 DC. 미래범죄국 본부의 목욕탕 같은 특수 수조에 세 사람의 예지자가 누워 있다. 이들은 꿈을 꾸듯 조만간 일어날 살인범죄 현장을 머릿속에 떠올린다. 첨단 컴퓨터 시스템은 이들의 머릿속 영상을 내려받아 모니터에 보여준다. 3명의 예지자에 의해 범죄가 예견되면 범죄대상과 범죄자의 이름이 새겨진 둥근 공이 경찰에 제출된다.

보통은 3명의 의견이 일치하지만 가끔 쌍둥이인 두 명보다 예지력이 높은 다른 한 명의 결과가 다르게 나올 수 있다. 영화 제목 〈마이너리티 리포트〉란 한 명의 리포트, 즉 소수 의견이란 뜻이다.

예지자들이 리포트를 경찰에 제출하면 '프리크라임'(*pre-crime*) 이란

최첨단 치안시스템이 범죄가 일어나기 전에 이를 예측해 예비 범죄자를 체포한다. 이 시스템은 범죄가 일어날 시간과 장소 그리고 범행을 저지를 사람까지 미리 예측해낸다. 덕분에 온갖 범죄가 들끓던 워싱턴은 6년째 살인범죄가 한 건도 발생하지 않은 도시로 변한다.

주인공 존 앤더튼은 프리크라임 시스템을 활용하는 미래범죄국의 수사팀장으로 맹활약한다. 앤더튼이 프리크라임에 자신의 모든 열정을 기울이는 것은 6년 전 자신의 아들을 잃은 아픈 기억을 다른 사람에게만큼은 되풀이하고 싶지 않기 때문이다.

앤더튼은 프리크라임 감사를 위해 연방정보국에서 파견된 대니 위트워와 사사건건 대치하며 긴장관계를 유지하고 있다. 그러던 어느 날 프리크라임이 또 다른 살인을 예견한다. 그것은 바로 앤더튼 자신이 누군가를 살해하는 장면이다. 이제 미래범죄국의 모든 대원이 앤더튼을 쫓는다. 앤더튼은 자신의 결백을 밝히기 위해 직접 미래의 피살자를 찾아 나선다. 사실 미래범죄국 버지스 국장이 앤더튼을 음모에 빠뜨린 것이다. 버지스 국장은 자신의 음모가 담긴 사건에 앤더튼이 개입했기 때문에 그를 희생양으로 삼은 것이다. 음모에 쫓기던 앤더튼은 프리크라임을 만든 히네만 박사를 찾아간다. 히네만은 예지자 3명의 예언이 항상 같은 것은 아니라며 소수의견, 즉 마이너리티 리포트가 있다는 사실을 털어놓는다.

하지만 마이너리티 리포트는 프리크라임의 존재 의의를 지키기 위해 무시되고 있었다. 음모를 밝히려는 앤더튼과 그를 잡으려는 위트워 감사와 미래범죄국 대원들 사이에 쫓고 쫓기는 긴장감 넘치는 장면이 계속된다. 결국 모든 사람 앞에서 마이너리티 리포트가 있다는 사실이 밝혀지면서, 프리크라임의 또 다른 창조자이며 미래범죄국의 국장인 버지스가 자살하고, 프리크라임 시스템은 폐지되는 것으로 영화는 끝이 난다.

청와대에서 일어난 영화 속 이야기

"왜 공을 잡았죠?"

"떨어질 테니까."

"그러나 떨어지지 않았어요, 당신이 잡았잖아요."

"발생하지 않게 하려는 어떤 일이 발생할 일에 영향을 주진 못해요."

〈마이너리티 리포트〉의 한 장면에 나오는 대사다. SF영화 속에서 벌어질 만한 일이 2008년 3월 5일 청와대에서 일어났다. 이명박 대통령이 취임한 지 10일째 되는 날 일어난 일이다.

3월 5일 오후 3시, 이동관 대변인이 청와대 기자실인 춘추관에 브리핑을 하러 온다. 이 대변인은 예정된 브리핑이 끝난 뒤 기자들의 편의를 위한다는 명분으로 '사전 브리핑'을 제안한다. 한 시간 뒤 천주교 정의구현 사제단이 삼성 떡값 관련 기자회견을 여는데 4시에 그에 대한 청와대의 입장을 지금 미리 알려주겠다는 제안이었다. 청와대는 1시간 뒤에 벌어질 일을 미리 알고 있었다. 청와대가 천주교 정의구현 사제단을 염탐하고 있었을까? 아니면 청와대에도 영화 〈마이너리티 리포트〉처럼 3명의 예지자가 있었을까?

YTN 임장혁 기자와 정유신 기자가 이 해프닝을 〈돌발영상 — 마이너리티 리포트〉로 제작했다.

〈청와대 춘추관 이동관 대변인 영상〉

"김용철 변호사께서 삼성 떡값 관련한 그… 주장이라고 해야 되나요? 폭로라고 해야 되나요? 일단 자체 조사결과 거론된 분들이 떡값을 받았다는 주장은 근거가 없는 것으로 파악됐습니다."

〈사제단 기자회견장 영상〉

"4시 정각이 되면 성명서를 바로 낭독하겠습니다. 저희가 회견 시작 전에 청와대에서 오늘 사제단에서 발표하기로 마음먹은 몇 분에 대해서 자체 조사결과 사실과 다르다는 논평을 냈다고 하는데요. … 저희가 밝히지 않은 인사가 누구인지 … 저희 심정을 어떻게 알았는지는 모르겠습니다. '도둑이 제 발 저린다'는 그런 말을 이럴 때 써야 되는 것인지 모르겠군요?"

〈이동관 대변인 영상〉

"지금 예고되기로는 조금 있다가 4시에 회견하시는 걸로 알고 있는데, 그와 관련해서 편의를 위해서 제가 또다시 그거 땜에 오기가 그러니까 … 엠바고를 걸고서 제가 멘트를 할 테니까, 그 발표가 이루어지면 쓰는 걸로 양해를 해 주시겠습니까?"

"네~"

"거론된 분들이 떡값을 받았다는 주장은 근거가 없는 것으로 파악되었습니다."

〈이동관 대변인 기자들과 질의응답 영상〉

"미리 말씀을 해주셨으니 질문도 미리 할 수밖에 없는 것 같아요."

"허허 … 그래요. 그 질문은 나중에 좀 … ."

"근거가 없었다고 말씀하셨는데요. (발표되기 전에) 대체 몇 분의 사람들과 며칠을 조사를 하셨는지 …. "

"아, 그건 얘기가 그렇게 되면 제가 답할 수가 없으니까요 … 이를테면 (사제단이) 어느 선까지 (발표) 할지를 대충 알고 있지만, 지금 구체적으로 … 최종적으로 어느 선까지 (발표) 할지 모르니까 제가 지금 말하는 거는 적절치 않은 것 같아요."

"미리 파악했다는 것은 청와대 자체적으로 조사했다는 말씀이죠?"

"아니, 그러니까 이런저런 … 저 … 그 … 거명됐던 분들 얘기가 들리기에 내부적으로 아무래도 알아봐야 되지 않겠습니까? 일단 하여튼 4시까지는 … 발표하기까지는 제가 이 말을 하지 않은 것으로 해주셔야 돼요. 그걸 전제로 그걸 물어보시면, 자칫 오해를 부를 수가 있잖아요. 그죠? 지금 질문을 응대하는 거는 너무 빠른 거 같아요."

ⓒYTN

"엠바고는 4시인가요?"

"발표 이후로 해주셔야죠. 당연히. 왜냐면 발표에 대한 청와대의 코멘트니까. 근데 오늘 발표를 안 하면 … 안 쓰는 거죠. 허허."

이동관 대변인은 3월 5일 오후 3시에 청와대 기자실에서 브리핑을 했고, 오후 4시에 사제단 성명이 있은 이후, YTN 〈돌발영상〉은 3월 7일 오후 2시 40분에 첫 방송이 되었다. 그리고 오후 4시 40분 재방송된 뒤 YTN 홈페이지와 포털사이트 등에서 삭제됐다.

청와대 수석 살리기 위한 징계

이동관 씨는 이명박 정부 초대 홍보수석이었고, 나는 그때 YTN 청와대 출입기자로 일했다. 3월 7일 오후 3시가 넘어 내 휴대전화에 이동관 수석(2008년 3월 당시는 대변인을 겸함)의 전화번호가 떴다. 이 수석이 나에게 전달할 사항이 있으면 춘추관장이나 방송담당 비서관을 통했는데 직접 전화하는 것은 이례적인 일이었다. 이 수석은 다급하고 흥분한 목소리로 YTN이 비보도를 전제로 한 브리핑을 방송으로 내보내면 어떻게 하냐고 나에게 항의했다.

나는 무슨 얘기인지 몰랐다. 〈돌발영상 — 마이너리티 리포트〉는 YTN 청와대 출입기자가 만든 것이 아니고 YTN 〈돌발영상〉팀에서 만든 작품이었다. 청와대 브리핑 동영상은 방송사 카메라 기자들이 풀(*pool*) 기자단을 구성해 촬영한 뒤 각 방송사에 복사 테이프로 보내 방송리포트 제작에 활용한다. 나는 청와대 출입기자이지만 촬영기자는 아니기 때문에 이동관 수석의 백그라운드 브리핑이 카메라에 촬영됐는지 알 수 없었다. 백 브리핑은 말 그대로 배경을 설명하는 것이기 때문에 청와대나 정부부처에서 백 브리핑을 할 때는 카메라를 꺼놓게 한다.

청와대 대변인이 된 지 10일째인 신문기자출신 이동관 수석도 자신의 백 브리핑이 그대로 방송사 카메라에 담기는 줄 꿈에도 몰랐을 것이다. 이 수석은 〈돌발영상〉으로 큰 곤욕을 치른 이후에는 백 브리핑을 할 때 ENG 카메라가 켜져 있는지 여부를 확인했을 것이다. 아마 당시 촬영한 카메라 기자도 이동관 수석이 3시 브리핑에서 4시용 브리핑을 앞당겨 했기 때문에 무심코 ENG 카메라를 계속 켜놓았던 것 같다.

YTN이 아닌 청와대 풀기자단이 촬영한 이 수석 브리핑 내용은 KBS, MBC, SBS, YTN 등 10개 가까운 방송사로 모두 복사돼 전달됐다. 그러나 이 수석의 해프닝을 촌철살인(寸鐵殺人)의 감각으로 프로그램으로 만든 사람은 YTN 〈돌발영상〉의 임장혁, 정유신 기자밖에 없었다. 누구나 할 수 있지만 아무나 하는 것은 아니다. 임장혁, 정유신 기자는 방송사로 촬영돼 들어온 테이프를 처음부터 끝까지 샅샅이 살펴 이 수석의 백그라운드 브리핑이 우연히 촬영된 점을 찾아낸 것이다. 진흙 속에서 진주를 찾아낸 것이다. 방송사 기자나 PD는 밤새 촬영 원본을 살피고 편집하고 프로그램을 방송에 내보낸 뒤 시청자들로부터 좋은 반응을 얻을 때 가장 큰 보람을 느낀다.

이동관 수석이 청와대 출입기자에게 공식항의를 했으니, 나는 홍상표 보도국장에게 보고했다. 그런데 보도국장은 내 전화를 받기 전에 이미 자초지종을 알고 있었다. 청와대 홍보수석실에서 이미 홍 국장에 전화한 상태였다. 나중에 안 일이지만 내가 전화통화를 할 때 보도국장실에 〈돌발영상〉 팀장 임장혁 기자가 이미 와 있었다. 홍 국장은 청와대 전화를 받고 임 팀장을 불러들였다. 홍 국장은 임 팀장에게 오후 2시 40분 방송된 〈돌발영상〉을 다시 제작하라고 했으나 임 팀장은 이에 응하지 않았다. 그러자 홍 국장은 일방적으로 〈돌발영상〉 재방송을 하지 못하도록 했고, 홈페이지에 있는 〈돌발영상 — 마이너리티 리포트〉를 삭제시켰다. 그러나 〈돌발영상〉은 이미 수많은 네티즌들이 퍼 나르고 있는 상황이었다.

〈돌발영상〉 삭제와 관련해 청와대의 외압의혹이 불거지면서 여론은 더욱 악화됐다. 홍상표 국장은 기자들에게 "방송기자들이 사제단 발표에 대한 청와대의 반박을 먼저 요청했고, 청와대도 사제단 발표 이후에 쓴다는 전제로 엠바고를 걸고 발표한 것"이라며, "〈돌발영상〉은 이 엠바고를 어긴 것이므로 문제가 있다고 판단해 삭제한 것"이라고 밝혔다.

그러나 홍상표 씨가 국장의 직권을 남용해 〈돌발영상〉을 삭제한 이유는 논리적으로 틀렸다. 이동관 수석 관련 〈돌발영상〉은 사제단 발표 이후 이틀이 지난 뒤 방송됐다. 홍상표 씨는 〈돌발영상〉이 엠바고를 깼는지 여부를 제대로 파악하지 않고 청와대의 항의전화를 받자마자 〈돌발영상〉을 삭제한 것으로 보인다.

청와대 대변인실은 3월 8일 "청와대와 기자들 사이의 신사협정이 깨진 것에 대해 YTN 기자를 비롯한 청와대 출입기자에 유감을 표명했다"

며, “이 문제에 대해서는 출입기자단에서 적절한 논의가 있을 것”이라고 밝혔다.

청와대 출입기자 간사단(기자단 운영위)은 공고를 통해 “〈돌발영상〉이 대변인 ‘백그라운드 브리핑’을 방송한 것은 ‘백그라운드 브리핑’ 실명 비보도 원칙과 상호신의를 위배한 것으로 간주, YTN에 엄중 경고조치하고, 3일간(3. 10～3. 12) 취재기자의 춘추관 출입금지 조치를 취하기로 결정했다”고 밝혔다. 결국 나는 YTN 출입기자로 3일간 청와대를 출입하지 못하게 됐다. 3일 출입정지는 경미한 징계다. 보통 엠바고를 어기면 한 달 이상 출입을 못한다. 경미한 징계라 이의를 제기하지 않고 3일간 출입하지 않았지만 청와대 기자 간사단이 내린 결정은 원칙에 맞지 않는 점이 많았다.

임장혁 〈돌발영상〉팀장은 청와대 출입기자가 아니라 징계대상이 아니었지만 청와대 기자 간사단에 정면으로 반박했다. 그 결정이 논리적으로 맞지 않았기 때문이다. 기자는 사실관계를 다루는 직업이기 때문에 앞뒤가 맞지 않는 얘기는 그냥 넘어가지 않는다.

“만일 이번 브리핑 전체가 백그라운드 브리핑이라고 한다면 오히려 이 대변인의 실명과 얼굴·육성을 보도한 청와대 기자단 스스로 실명 비보도 원칙을 위반했다는 모순을 낳는다.”

사실 그랬다. 2008년 3월 5일 KBS, MBC 9시뉴스 등에 삼성 떡값과 관련해 해명하는 이동관 수석의 얼굴과 말이 그대로 나갔다. 이 수석은 청와대 브리핑 룸 정중앙에 있는 공식 단상에 선 채 마이크를 대고 멘트를 했고, 이는 그대로 방송카메라에 담겼기 때문이다.

청와대에는 백그라운드 브리핑을 하는 브리핑룸이 따로 있다. 이 수석과 청와대 기자 간사단 주장대로 당시 브리핑이 백 브리핑이라면 이 수석은 온(*on*) 브리핑을 하는 곳에서 카메라를 켜 놓고 멘트를 해선 안 되는 것이다. 삼성 떡값 관련 브리핑을 천주교 정의구현 사제단 발표에 앞서 하는 것부터가 어불성설이지만, 만약 양해의 말을 하려고 했다면 단상에서 내려와 배경설명을 하는 것이 상식이다.

이동관 수석이 100% 잘못하고 실수한 것을 〈돌발영상〉의 잘못이라고 주장했으니 이거야말로 적반하장(賊反荷杖) 격이었다. 또한 이 수석은 스스로 당시 브리핑을 실명 비보도 원칙으로 해달라고 사전 또는 브리핑 중간, 나아가 사후에도 요청한 적이 없다.

물론 당시 이동관 수석은 100여 명의 청와대 출입기자들의 편의를 위해 사전 브리핑을 한 것이다. 이 수석이 나쁜 의도로 사전 브리핑을 한 것은 아니다. 이 수석은 방송용 멘트 이외에 청와대 기자들과의 대화가 풀 카메라에 촬영되고 있는지 몰랐다. 아마 알았다면 원본 테이프에서 기자들과의 대화부분을 빼고 복사한 뒤 10여 개 방송사에 보냈을 것이다. 이 수석은 떡값 관련 사전 브리핑을 하면서 자신의 멘트를 사제단 발표 이후 언론용으로 사용하라고 했지, 브리핑 이후 기자들과의 대화를 보도하지 말라고 요청한 적이 없다.

이 수석의 사전 브리핑 해프닝은 당일 사제단의 지적으로 이미 세상에 알려졌다. 또 방송은 그날 이 뉴스를 다뤘고 조간신문은 다음날 보도했다. 〈돌발영상〉은 세상이 다 아는 이 수석의 실수를 48시간이 지난 뒤 방송에 내보낸 것이다. 〈돌발영상〉은 홍상표 국장이 말한 것처럼 엠바고를 깬 적도 없고 이동관 수석이 말한 것처럼 실명 비보도 원칙을 위배한 적도 없었다.

그런데 이 수석은 왜 〈돌발영상〉에만 민감하게 반응했을까? 〈돌발영상〉이 하루나 이틀 앞서 보도한 신문이나 방송보다 시청자나 네티즌들에게 그날 청와대 춘추관에서 벌어진 해프닝을 리얼하게 보도했기 때문이다. 여기에 〈돌발영상〉팀이 〈마이너리티 리포트〉 영화와 이 수석의 실수를 연결시켜 프로그램으로 만들어 많은 사람들이 관심을 가졌다. 〈돌발영상〉팀이 엠바고를 깨고 실명 비보도의 원칙을 위배했다면 〈돌발영상〉보다 앞서 이 수석의 실수를 보도한 다른 방송사와 신문사도 징계대상이 돼야 했다. 다른 언론사보다 늦게 보도한 YTN이 제재를 당하고 〈돌발영상〉 동영상이 삭제된 것은 명백한 언론탄압이었다.

〈돌발영상〉은 이동관 수석의 잘못과 실수를 풍자와 해학을 가미한 작품으로 만들었다. 〈돌발영상〉이 일파만파 시청자와 네티즌들에 의해 퍼져나가자 청와대 홍보수석실은 일단 급한 불부터 꺼보려고 했다. 여기에 훗날 이동관 수석의 뒤를 이어 홍보수석이 된 YTN 홍상표 국장이 〈돌발영상〉을 삭제해 문제가 더욱 커져 버렸다. 홍 수석은 청와대에서 항의전화를 받자 권력에 과잉충성을 하며 〈돌발영상〉을 인터넷에서 삭제시켰다. 그런데 이 삭제가 시청자와 네티즌을 더욱 분노케 했다. 홍 국장은 언론사 국장으로 〈돌발영상〉 삭제가 어떤 파장을 일으킬 것인지 알고 있었을 것이다. 홍 국장은 이동관 수석을 위해 〈돌발영상〉을 삭제시켰지만 네티즌들은 이 수석이 YTN 보도국장에 압력을 넣어 〈돌발영상〉을 삭제한 언론탄압이라고 생각했다. 결과적으로 홍상표 국장의 처신이 이 수석의 입장을 더 어렵게 만든 것이다.

홍상표 씨는 2010년 7월, 2대 청와대 홍보수석으로 임명된다. 권력이 자신을 위해 충성하는 언론인을 어찌 예뻐하지 않을 수 있겠는가?

이동관 수석이 '삼성 떡값' 관련 브리핑을 미리 한 것은 이 수석의 실수이지 권력의 음모로 확대 해석할 만한 것은 아니다. 이 수석이 자신의 실수를 겸허히 받아들이고 넘어갔다면 이 문제가 돌발영상 삭제라는 언론탄압으로 확대되지 않았을 것이다. 이 수석과 훗날 홍보수석이 되는 YTN 홍상표 국장이 영향력을 발휘해 〈돌발영상〉을 인터넷에서 삭제한 것이 문제를 키웠다. 이명박 정권 출범 10일 만에 일어난 첫 언론탄압이었다.

〈돌발영상〉 삭제사건은 결과적으로 6개월 뒤 YTN 사태에 큰 영향을 미친다. YTN 공정방송 투쟁은 6명의 기자가 해고되고 수십 명의 기자가 정직과 감봉 등 중징계를 당하는 이명박 정권 최대의 언론탄압이었다. 〈돌발영상 — 마이너리티 리포트〉를 만든 정유신 기자는 해고되고, 임장혁 기자는 6개월 정직됐다. YTN 〈돌발영상〉을 최초로 만든 노종면 기자도 해고됐다. 그리고 당시 청와대 출입기자였던 나 또한 해고됐다. 우연치고는 참 기막힌 우연이 아닌가?

워치독과 권력의 충견

기자들이 절대권력 대통령을 취재할 수 있는 것은 권리이자 의무다. 기자들은 국민의 알권리를 위해 취재에 성역이 없다고 주장한다. 기자들은 국민의 알권리를 위해 설사 절대권력이 불편해하는 진실이라도 알려줘야 할 의무가 있다. 언론이 권력을 감시하고 견제하는 것을 워치독(*watchdog*)이라고 한다.

일부 언론인은 좋은 뜻의 감시견(*watchdog*)이란 용어에 대해 언론과 기자를 개에 비유했다 해서 못마땅하게 생각한다. 그러나 나는 워치독이란 말이 마음에 든다. 기자를 개라고 놓고 본다면 크게 두 부류의 기자가 있다. 워치독과 권력의 충견(忠犬)이다. 기자는 권력이 주는 당근과 유혹에 항상 흔들릴 수 있다. 기자가 권력을 감시하고 견제하는 의무를 지키지 않을 때 권력의 충견이라고 비난받을 수 있다. 워치독과 권력의 충견은 종이 한 장 차이일 수 있다. 앞서 청와대 기자 간사단의 YTN 기자 출입정지 결정은 청와대와 이동관 수석을 위한 청부징계다. 간사단이 청와대 출입기자들의 의견을 제대로 수렴하지 않고 내린 결정이기 때문에 그 의혹을 피하기는 어렵다.

2010년 8월 8일 개각과 관련한 청와대 기자단의 결정도 언론의 워치독 기능을 스스로 포기한 것이다. 8·8 개각을 앞두고 청와대와 기자단은 개각과 관련된 하마평을 일체 보도하지 않기로 합의했다. 이명박 대통령의 여름휴가가 끝날 때까지 추측성 하마평 보도를 하지 말아 달라는 청와대의 엠바고 요청을 기자단이 수용한 것이었다.

이 결정은 곧바로 신문과 방송에 나타났다. 정운찬 국무총리가 사퇴하면서 개각이 국민적 관심사로 떠올랐지만 청와대 기자단이 엠바고를 수용한 6월 30일부터 개각과 관련된 내용은 언론에서 사라졌다. 국민들이 영문도 모르는 사이 청와대와 기자단의 엠바고 합의로 국민의 알권리가 박탈된 것이다.

김영호 언론개혁시민연대 대표는 청와대 기자단 엠바고 수용은 군사정권하에서도 없었던 일이라며 기자단의 자율적 보도관제를 비판했다. "박정희 · 전두환 군사정권 시절에도 개각이 임박하면 이른바 하마평이 신문, 방송의 머리기사를 장식하곤 했다. 집권세력은 언론의 취재경쟁을 이용해 후보명단을 언론에 슬쩍 흘려 여론을 떠보기도 했다. 언론을 통해 인사검증을 했던 것이다."

청와대의 엠바고 요청에 적극 동조하며 침묵의 카르텔을 형성하고 있는 출입기자들에게 쓴소리가 이어졌다. 김기만 전 청와대 춘추관장은 "청와대 기자들은 기자가 아니라 '리에종 오피서'(*Liasion officer*), 즉 연락관들이다. 기사는 안 쓰고 고급정보를 회사 고위층에 전달하는 역할을 한다"고 꼬집었다. 김주언 언론광장 감사는 "기자들이 고급정보를 회사에 전달하면 회사 경영진은 그 정보를 주식거래 등에 활용할 수 있고, 그 정보를 제공하는 기자들은 좋은 보직을 유지할 수 있다. 언론사 경영진과 기자들이 한데 얽혀 있는 것은 아닐까 한다"고 말했다.

최성주 언론인권센터 상임이사는 "시민을 대변해야 할 기자들이 스스로 권력이 되고 있다. 기자라는 특권의식에 젊을 때부터 사로잡혀 사회적 책임감을 망각하고 있는 것 같다"고 비판했다. 백병규 〈미디어오늘〉 편집국장은 "이모 전 홍보수석이 청와대를 출입했던 기자가 해외연수를 신청하면 회사에 일일이 전화를 해줬다는 얘기가 있다. 기자들이 정체성을 상실할 정도로 청와대 편에 서는 것은 개인적 편익을 도모하려는 것 아닌가 하는 생각까지 든다"고 말했다.

결국 8·8 개각에서 40대 총리가 깜짝 등장했다가 하차했다. 김태호 총리후보가 낙마한 이유는 전적으로 본인 탓이다. 일인지하 만인지상 총리가 되기에 김태호 씨는 거짓말을 되풀이하는 등 문제점이 많았다. 이런 인사를 총리로 앉히려고 한 이명박 대통령의 인사스타일도 문제지만 개각과 관련해 사전 검증을 하지 않은 청와대 기자단도 할 말이 없을 것이다. 청와대 기자단이 청와대의 엠바고 요구를 받아들이지 않고 제대로 된 하마평 기사를 쓰며 후보자들을 검증했다면 국민들이 이명박 정부 인사에 또다시 실망하고 짜증내지 않았을 것이다. 기자의 취재권은 대통령이 주는 것이 아니고 국민이 주는 것이다.

취재소스를 거의 일방적으로 받아야 하는 권력 심장부, 즉 청와대를 취재하는 기자들이 출입처의 요청을 거부하기는 쉽지 않다. 그러나 일반 직장인이 아닌 기자라는 직업을 선택했다면 권력을 견제하고 감시해야 하는 기자로서 최소한의 의무는 지켜야 할 것이라 생각한다. 정부부처가 엠바고를 원해도 언론사 가운데 한 곳이라도 엠바고에 동의하지 않으면 엠바고는 원칙적으로 성립되지 않는다. 그러나 이명박 정부 청와대에서 엠바고는 만장일치제로 운영되지 못했다. 좀더 정확히 말하면 청와대 기자단도 형식상 만장일치제로 엠바고 수용여부를 결정했지만 내용상 그렇지 못한 경우가 발생했다.

내용상 만장일치제로 운영되지 못한 이유는 간사단이 일정 부분 역할을 했기 때문이다. 간사단은 청와대 홍보수석실과 출입기자단 사이에 가교 역할 맡는데 출입기자들 가운데 선정했다. 청와대는 엠바고를 원하는 사안이 발생하면 주로 간사단에 엠바고를 요청한다. 간사단은 청와대의 엠바고 요청을 대부분 받아들인다. 간사단은 청와대 출입기자들에게 엠바고를 고지하는데, 이때 엠바고를 받지 않겠다는 언론사가 있어도 엠바고를 무조건 지켜야 한다. 일부 언론사의 기자가 엠바고를 받지 않겠다고 간사단에 얘기해도 홍보수석실에 그 의견이 전해지지 않는 경우가 있기 때문이다. 청와대 홍보수석실과 간사단 그리고 일반 기자들, 이 3자 가운데 소통이 제대로 되지 않아 어떤 언론사가 청와대 엠바고를 지키지 않으면 징계를 받게 될 뿐이다.

남발하는 청와대 기자 징계

엠바고는 주요 기관이 기자들에게 관련 내용을 설명한 뒤, 일정 시점까지 보도를 연기해 줄 것을 요청하는 행위다. 예를 들어 대통령 경호, 납치사건과 관련된 범인체포 관련 보도 등을 제외하곤 엠바고는 국민의 알권리를 위해 있어서는 곤란하다. 그러나 취재현장에서 정보를 독점하고 있는 정부부처에 을(乙)의 입장인 기자들이 엠바고 요구를 거부하기는 쉽지 않을 때가 많다.

그런데 문제는 청와대의 엠바고 남발이다. 엠바고는 언론사가 수용하지 않으면 성립되지 않는 개별적 신사협정이다. 권력기관이 남발할 수 있는 것이 아니다. 그런데 이명박 정부는 출범 초 엠바고를 활용해 보도통제를 강화하려고 했는지 엠바고 운영지침을 체계화했다.

2008년 5월, 청와대는 '청와대 출입기자 등록규정'을 개정하면서 '엠바고 파기에 따른 기자 징계'를 규정으로 만들었다. 이 규정에는 청와대 대변인은 기자실 간사단과 협의해 사전보도 금지를 설정할 수 있도록 돼 있다. 엠바고를 위반하면 출입기자 등록 취소, 기자실 출입정지, 출입기자 교체 등의 조치를 취할 수 있다고 명문화돼 있다.

그런데 이명박 정부 청와대가 개정한 엠바고 준칙은 청와대 기자단보다 홍보수석실 편의대로 운영됐다. 청와대 기자 간사단은 중앙지, TV, 지방지, 경제지를 대표하는 4명으로 운영됐다. 청와대 출입기자 수백 명을 대표하는 4명의 기자였다. 청와대 기자 간사단은 초등학교나 중학교 시절 학급 반장과 같은 존재였다. 내 학창시절 경험을 보면 학급 반장은 학생들과 선생님 사이의 메신저 역할을 하게 되는데 보통 선생님의 지시를 받는 경우가 많았다. 청와대 기자 간사단도 동료 기자들보다 홍보수석실의 편의대로 운영되는 경우가 많았다.

엠바고 준칙을 마련한 뒤 청와대 출입기자에 대한 보도 통제성 징계를 남발했다. 2008년 5월엔 청와대 출입기자가 한 달 출입정지 징계를 당했다. 이명박 대통령은 미국 순방중에 한・미 쇠고기 협상타결 사실을 정부의 공식발표보다 먼저 기업인 간담회에서 밝혔다. 그런데 이동관 수석은 협상타결을 일정 시점까지 보도하지 말라고 요청했다. 기자단은 이 사실을 폭로한 〈코리아타임스〉 기자를 징계했다. 이명박 대통령의 실수가 보도되는 것을 막기 위해 청와대 홍보실이 일이 벌어진 뒤 보도자제를 요청한 것이었는데 이런 것은 기본적으로 엠바고를 요청할 수 있는 사안이 아니라 생각한다.

2009년 11월엔 청와대 기자 간사단이 청와대에 출입하고 있는 인터넷매체 가운데 〈데일리안〉, 〈뷰스앤뉴스〉, 〈오마이뉴스〉, 〈프레시안〉 등 4개 언론사에 대해 15일 동안의 출입정지 결정을 내렸다. 11월 6일과 10일 이명박 대통령이 언론사 편집·보도국장단에 이어 정치부장단과 간담회를 가졌는데 이 대통령이 여기서 "김정일, 만나지 않으면 그만"이라고 말했다. 이 대통령 발언에 대해 엠바고를 걸고 이를 어긴 언론사를 징계한 것이다. 이 역시 엠바고 사안이 아닌데 대통령의 실언이 보도되는 것을 통제하려다 벌어진 일이다.

2010년 6월엔 한·미 정상회담에서 전시작전통제권 전환시점 연기 문제를 논의할 예정이라고 보도한 〈한겨레〉와 〈경향신문〉에 대해 징계를 내렸다. 일반적으로 엠바고는 모든 기자가 동의해야 성립하는데, 징계받은 언론사나 기자 모두 "엠바고를 요청받지도, 동의하지도 않았으니 엠바고 파기라는 징계 이유 자체가 성립되지 않는다"고 항의했으나 소용없었다.

2011년 1월 24일, 청와대는 〈미디어오늘〉, 〈아시아투데이〉에 출입기자 등록취소를, 〈부산일보〉엔 기자실 출입정지 1개월을 결정해 해당 언론사에 통보했다. 이들 언론사가 엠바고를 깨고 삼호주얼리호 피랍선원 구출 1차 작전 실패를 보도했다는 이유였다. 엠바고 파기와 관련해 일시적 출입정지는 있었지만 청와대 기자 등록을 취소한 것은 처음 있는 일이었다. '아덴만 작전'이 성공한 뒤 이 대통령은 신속한 담화를 내고 이번 작전을 자신이 직접 명령했음을 강조했다. 홍상표 청와대 홍보수석은 아덴만 작전 성공 홍보에 이 대통령이 얼마나 관심이 많은 줄 잘 알고 있었다. 청와대는 아덴만 작전에 흠집을 낸 언론사를 결코 용서할 수 없었다.

나는 한국기자협회 회장으로 회원들에 대한 부당한 징계를 묵과할 수 없었다. 당시 기자협회장으로 한국기자협회 회원사인 〈부산일보〉에 기고한 글의 원문이다.

국민의 알권리와 국익

1961년 4월 17일. 미국은 쿠바 남부 피그만에 미국 정부에 의해 훈련된 쿠바 망명군을 상륙시킨다. 미국 목에 걸려있는 가시 같은 피델 카스트로 정권을 전복시키기 위해 무리한 작전을 감행한 것이다. 침공작전은 3일 만에 대패로 끝났다. '피그만 사태'는 국민의 알권리와 국가의 이익 사이에 논쟁을 불러일으켰다. 당시 〈뉴욕타임스〉는 침공작전을 사전에 알고 있었지만 국가의 이익에 반한다는 이유로 케네디 정부의 엠바고(보도유예)를 받아들여 보도하지 않았다.

그러나 정작 케네디는 훗날 "만약 〈뉴욕타임스〉가 피그만 작전에 관한 사항들을 좀더 자세히 보도했더라면 미국의 결정적 실수를 막을 수 있었다"라고 후회했다.

이번에 우리도 '아덴만 작전' 엠바고를 놓고 국민의 알권리와 국익 사이에 논쟁을 벌이고 있다. 청와대는 삼호주얼리호 1차 구출작전 실패 기사를 내보낸 〈부산일보〉 등 3개 언론사에 대해 출입등록 취소와 출입정지 등 중징계 결정을 내렸다. 이에 앞서 국방부는 '엠바고 파기' 언론사에 대해 기자실 출입금지 등 제재 조치를 요구하는 협조 공문을 38개 모든 정부부처에 보냈다. 청와대는 출입기자 간사들에게 자체 징계를 타진했지만, 엠바고도 아닌 사안에 대해 청와대가 요청한 징계를 논의하는 것은 적절치 않다고 입장을 정리했다고 한다. 청와대가 출입기자들의 의견도 무시하고 언론사에 대해 중징계를 내린 것은 국익을 앞세워 언론에 재갈을 물리려는 의도로 해석할 수 있다. 또 〈부산일보〉 등 징계를 받은 언론사들은 국방부를 출입하지 않고 있다. 따라서 국방부와 엠바고를 합의한 언론사가 아니라 엄밀히 말해 국방부 엠바고를 파기했다고 보기도 어렵다. 이런 사안에 대해 중징계를 내린 것은 빵을 훔친 장발장에게 사형선고를 내린 격이라 볼 수 있다.

케네디는 '피그만 작전' 보도와 관련해 작전개시 전에 언론이 엠바고를 지킨 것을 유감이라고 했다. 케네디는 언론이 진정 국익을 위하는 길은 엠바고 수용보다 국민의 알권리를 위해 보도를 하는 것이라고 말한 셈이다. 하물며 이번 '아덴만 작전' 보도는 작전개시 전에 기사화된 것이 아니고, 1차 작전 실패 뒤에 보도된 것이다. 소말리아 해적이 우리 언론의 보도로 작전을 사전에 눈치 챈 것도 아니고 선장 등 국민의 생명이 언론 보도로 심각하게 위협받게 된 상황이라고도 보기 어렵다. 오히려 국방부가 작전 성공의 결과를 언론을 통해 과잉홍보한 것이 국익에 심각한 손해를 끼칠 수 있다. 아프리카 소말리아 인근 아덴만은 무역 강국 대한민국 선박과 국민이 앞으로도 계속 통과해야 하는 곳이다. 우리 국민의 생명권과 재산권을 위협하는 소말리아 해적에게 군사작전을 상세히 설명했으니 앞으로 또 우리 배나 국민이 피랍됐을 때 국방부는 국민의 생명과 국익을 위해 어떻게 군사작전을 수행하겠다는 것인지 이해가 되지 않는다.

지난해 말 민주화 운동의 상징이자 노벨평화상 수상자인 아웅산 수치 여사가 7년 만에 가택연금에서 석방됐다. 수치 여사는 풀려난 직후 "민주주의의 근간은 언론자유, 표현의 자유"라고 말했다. 수치 여사의 말은 언론자유가 없으면 국민의 생명권도 인권도 재산권도 위협받을 수 있고 결국 국익에도 큰 손해가 될 수 있다는 말이다.

동서고금을 막론하고 모든 위정자는 언론을 통제하고 정권의 홍보수단으로 삼으려고 끊임없이 노력했다. 이번 '아덴만 작전 보도' 과잉징계는 이명박 정부의 언론정책의 현주소를 알려주는 시금석으로 훗날 역사가 냉정한 평가를 할 것이다. 이명박 정부는 언론자유가 국익을 위해 가장 중요하다는 케네디 대통령과 수치 여사의 말을 되새겨 봐야 할 것이다.

"국가의 이익은 국민의 알권리에 우선하는가?"

결론부터 말하면 국민의 알권리가 국가의 이익에 우선한다. 언론자유가 없고 국민의 알권리가 무너지면 국가의 존립근거도, 국가의 이익도 실현될 수 없기 때문이다. 국가의 존립근거가 바로 국민의 생명과 재산권을 보호하고 민주주의와 환경, 인권을 보호해야 하는 것이며, 그것을 통해 국가의 진정한 이익도 실현되기 때문이다. 언론자유가 없으면 국민의 생명과 재산권은 물론 민주주의의 가치도 위협받게 된다. 그런데 청와대가 국익을 앞세워 기자들을 징계한 사안은 대부분 국익과 관계가 멀다고 생각한다.

청와대 홍보수석실은 이명박 대통령의 실언이나 실수를 보도하지 않는 것이 국익이라고 주장했다. 미국산 쇠고기 수입 문제부터 북한 김정일 관련 발언까지 국익과 바로 연결되는 실언은 없었다. 국가의 이익이 아니고 정권의 이익이라면 말이 된다. 권력의 주변에 있는 사람들은 대통령의 실수를 비호하는 것이 국익이라고 우기지만 국민을 기만하는 행위다. 설사 대통령의 실수를 비호하는 것이 국익이 된다고 백번 양보해도 기자는 대통령의 실수를 보도해야 한다. 국가의 이익은 국민의 알 권리에 우선할 수 없기 때문이다.